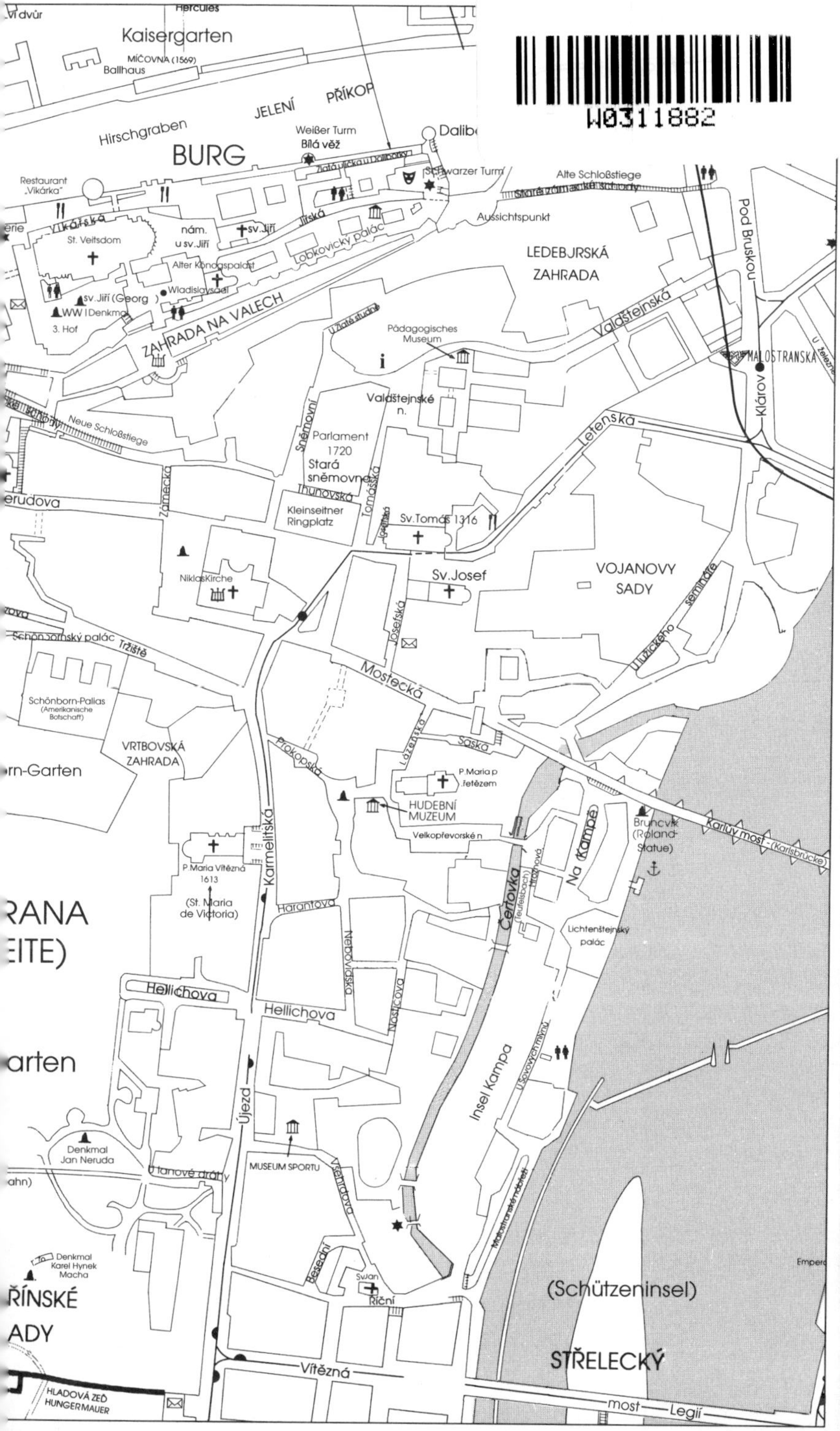
Kaisergarten
MÍČOVNA (1569)
Ballhaus
JELENÍ PŘÍKOP
Hirschgraben
BURG
Weißer Turm
Bílá věž
Zlatá ulička u Daliborky
Schwarzer Turm
Alte Schloßstiege
Staré zámecké schody
Restaurant „Vikárka"
Vikářská
St. Veitsdom
nám. u sv. Jiří
sv. Jiří
Jiřská
Lobkovický palác
Aussichtspunkt
LEDEBURSKÁ ZAHRADA
Alter Königspalast
Wladislavsaal
sv. Jiří (Georg)
WW I Denkmal
3. Hof
ZAHRADA NA VALECH
U Zlaté studně
Pädagogisches Museum
Valdštejnská
MALOSTRANSKÁ
Pod Bruskou
Klárov
Valdštejnské n.
Neue Schloßstiege
Sněmovní
Parlament 1720
Stará sněmovna
Letenská
Thunovská
Tomášská
Nerudova
Zámecká
Kleinseitner Ringplatz
Sv. Tomáš 1316
Josefská
Sv. Josef
NiklasKirche
VOJANOVY SADY
U lužického semináře
Schönbornský palác
Tržiště
Mostecká
Schönborn-Palias (Amerikanische Botschaft)
VRTBOVSKÁ ZAHRADA
Saská
Lázeňská
Prokopská
P. Maria p řetězem
HUDEBNÍ MUZEUM
Bruncvík (Roland-Statue)
Karlův most - (Karlsbrücke)
Velkopřevorské n
Karmelitská
P. Maria Vítězná 1613
(St. Maria de Victoria)
Čertovka
(Teufelsbach)
Hroznová
Na Kampě
RANA
EITE)
Harantova
Lichtenštejnský palác
Nebovidská
Hellichova
Nosticova
arten
Insel Kampa
U Sovových mlýnů
Újezd
Denkmal Jan Neruda
U lanové dráhy
MUSEUM SPORTU
Všehrdova
Malostranské nábřeží
Denkmal Karel Hynek Macha
Besední
Sv. Jan
Říční
(Schützeninsel)
ŘÍNSKÉ
ADY
STŘELECKÝ
Vítězná
HLADOVÁ ZEĎ
HUNGERMAUER
most Legií

HARTMUT BINDER

Prag

Literarische Spaziergänge durch die Goldene Stadt

Klett-Cotta

Inhalt

Hinweise zur Benutzung

Ganz Praha ist ein Goldnetz von Gedichten.
(Detlev von Liliencron, *Poggfred*)

Wer sich als kunstsinniger Zeitgenosse zu einer Reise nach Prag entschließt, darf reichen Gewinn erwarten. Er findet nicht nur eine fast gänzlich unzerstörte Stadt vor, sondern auch eine Vielzahl historischer Monumente, die nach Qualität und Bedeutung in Mitteleuropa ihresgleichen sucht. Da diese Baulichkeiten, aber auch die Prager Brücken, Inseln, Parks, Plätze, Quais, Straßenzüge, Lokale, Privathäuser und das unvergleichliche Stadtbild als Ganzes immer wieder Gegenstand von literarischen Gestaltungen geworden sind, bietet sich überdies die reizvolle Möglichkeit, die böhmische Metropole am Leitfaden ausgewählter Gedichte und Erzählstücke zu durchwandern, in denen sich Topographie, Atmosphäre und architektonische Eigenarten in besonderer Weise spiegeln. Der vorliegende Reisebegleiter möchte zu einer solchen Literaturbeschau vor Ort anregen.

Die ehedem in der alten Kaiserstadt an der Moldau lebenden deutschen Autoren haben eine Fülle wichtiger und interessanter Werke hervorgebracht, die zu einem nicht unbeträchtlichen Teil in Prag selbst angesiedelt sind. Von den älteren, noch unter der Herrschaft Franz Josephs geborenen, wurden berücksichtigt: Max Brod, Rudolf Fuchs, Camill Hoffmann, Franz Kafka, Egon Erwin Kisch, Salomon Kohn, Oskar Kraus, Paul Leppin, Alfred Meißner, Gustav Meyrink, Leo Perutz, Rainer Maria Rilke, Karl Hans Strobl, Inge Thiele, Friedrich Torberg, Johannes Urzidil, Karl Hans Weiskopf, Franz Werfel und Oskar Wiener sowie der aus Frankfurt stammende Paul Wiegler; von den jüngeren, schon im Territorium der 1918 entstandenen Tschechoslowakischen Republik geborenen, wurde Olly Komenda-Soentgerath aufgenommen, die in Prag aufgewachsen ist und der Stadt wichtige Schaffensimpulse verdankt.

Einen weiteren Schwerpunkt der Darstellung bilden die auf die böhmische Metropole bezüglichen Werke der tschechischen Schriftsteller Eduard Bass, Svatopluk Čech, Ota Filip, Alfred Fuchs, Jaroslav Hašek, Bohumil Hrabal, Pavel Kohout, Milan Kundera, Antonín Macek, Jan Neruda, Vítězslav Nezval, Jaroslav Seifert, Josef Škvorecký und Zigmund Winter. Schließlich sind in angemessener Weise Autoren wie Johanna Anderka, Guillaume Apollinaire, Christoph Braendle, Paul Claudel, Peter Härtling, Else Lasker-Schüler, Detlev von Liliencron, Christian Morgenstern, Rudolf Pannwitz, Wilhelm Raabe, Christian Saalberg, Ferdinand von Saar und Adalbert Stifter vertreten, die als Besucher der Stadt literarisch Tribut gezollt haben.

Wer sich entschließt, Prag mithilfe der sechs Spaziergänge kennenzulernen, die in diesem Band beschrieben werden, absolviert zugleich große Teile des üblichen kunstgeschichtlichen Besichtigungsprogramms. Kenntnis und Verständnis des Beschauers werden dabei jedoch um eine weitere Ebene bereichert, denn die einzelnen Sehenswürdigkeiten, baulichen Ensembles und stimmungsdichten topographischen Einheiten zeigen sich dem Betrachter zusätzlich aus ganz unterschiedlichen Perspektiven dichterischer Anverwandlung.

Die Spaziergänge sind als Rundwanderungen angelegt, die zu ihrem Ausgangspunkt zurückführen. Sie beginnen am Václavské náměstí (Wenzelsplatz) im Zentrum der Stadt, an dem sich die drei Prager Metro-Linien kreuzen, doch muß man bei der zweiten und sechsten Route für die An- und Rückfahrt Metro oder Straßenbahn benutzen. Die Verwendung des Wagens ist aufgrund des Geländes und wegen der heutigen Verkehrsführung nicht möglich.

Da die tschechischen Bezeichnungen der Straßen, Plätze, Monumente und topographischen Einheiten schwer zu behalten und noch schwieriger auszusprechen sind, wurden ihnen jeweils deutsche Übersetzungen beigefügt, die aber nicht immer als direkte semantische Entsprechungen aufgefaßt werden dürfen. Vielmehr wurden diejenigen Namen gewählt, die bis zum Ende des Ersten Weltkriegs von der in der Stadt lebenden deutschen Minorität gebraucht wurden, weil sie in dieser Form auch in den Werken und Lebenszeugnissen der Prager Autoren vorkommen. Die Identifizierung einzelner Objekte wird dadurch erleichtert, daß, wo immer möglich, die beiden Hausnummern genannt werden, die neben oder über den Portalen Prager Gebäude von kleinen Täfelchen abzulesen sind. Dabei meint die erste Zahl die eigentliche Orientierungsnummer, die das schnelle Auffinden eines Hauses innerhalb einer Straßenfront erlaubt, sich jedoch im Lauf der Zeit verändern kann und an den Bauwerken auf blauem Grund steht. Die zweite, rot unterlegte Zahl ist als sogenannte Konskriptionsnummer zu verstehen, die als Katasternummer Bestand hat, solange das ihr zugeordnete Bauwerk existiert.

In der Zeit, in der Hausnummern noch nicht üblich waren, wurden die Prager Häuser mithilfe von Hauszeichen benannt, die an der Fassade befestigt waren und sich teilweise erhalten haben. Wo sie sich eingebürgert haben, sind sie gelegentlich verwendet worden. Aus einem Wort bestehende tschechische Straßennamen hat man sich in der Regel durch ein ›ulice‹ (Straße) ergänzt zu denken; wo andere Zusätze gemeint sind, werden sie den betreffenden Bezeichnungen beigefügt.

Der Reisende möge bedenken, daß Prag seit der samtenen Revolution des Jahres 1989 unter ähnlichen Problemen zu leiden hat wie andere europäische Millionenstädte. Besonders in Bahnhofsnähe, auf dem Václavské náměstí und auf dem sogenannten Königsweg (vgl. S. 96) sowie in der Nacht besteht die Gefahr, daß man bestohlen wird, wenn man sich unvorsichtig verhält.

Hartmut Binder

Erster Spaziergang:

Auf den Spuren von Kafkas »Beschreibung eines Kampfes« Über Karlsbrücke und Kleinseite auf den Laurenziberg

Blick von der Karlsbrücke auf die Kleinseitner Brückentürme und die St. Niklaskirche

Der Weg:

Václavské náměstí (Wenzelsplatz) – Národní třída (Ferdinandstraße) – Smetanovo nábřeží (Franzensquai) – Křižovnické náměstí (Kreuzherrenplatz) – Karlův most (Karlsbrücke) – Na Kampě (Kampaplatz) – Hroznová (Traubengasse) – Čertovka (Teufelsbach) – Velkopřevorské náměstí (Grandprioratsplatz) – Maltézské náměstí (Malteserplatz) – Harantova (Harantgasse) – Karmelitská (Karmelitergasse) – Tržiště (Marktgasse) – Vlašská (Wälsche Gasse) – Petřín (Laurenziberg) – Seminářská zahrada (Seminargarten) – Hellichova (Neuhofgasse) – Nosticova (Nostitzgasse) – Kampa (Insel Kampa) – most Legií (Kaiser-Franzens-Brücke) – Střelecký ostrov (Schützeninsel) – Národní třída (Ferdinandstraße) – Václavské náměstí (Wenzelsplatz)

Auf den Spuren von Kafkas »Beschreibung eines Kampfes«

Der Rundgang sollte als Tagesausflug unternommen werden. Er folgt einer Route, die in der ersten Fassung von Kafkas »Beschreibung eines Kampfes« geschildert wird: In einer Rahmenerzählung, die den ersten und dritten Teil der Erzählung umfaßt, wird ein Spaziergang durch das winterlich verschneite Prag beschrieben, der in einem nicht näher bezeichneten Haus in der Prager Neustadt beginnt, über die Národní třída und das Smetanovo nábřeží auf die Karlsbrücke und von dort weiter über die Kleinseite (Malá Strana) zum Laurenziberg (Petřín) führt. Der zuletzt genannte Bergrücken empfiehlt sich überdies als Schauplatz von Kafkas *Prozeß*, dessen Schlußszene in einem ehemals hier gelegenen Steinbruch spielt.

In der »Beschreibung eines Kampfes« fehlen allerdings Aussagen zur Topographie der Kleinseite, die im Mittelteil der Erzählung durchwandert wird: Die Hauptfigur, in Begleitung eines Bekannten, den sie eben bei einer Faschingsveranstaltung kennengelernt hat, gibt sich während dieser Zeit phantastischen Belustigungen hin, die ihre Aufmerksamkeit vollständig von der äußeren Umgebung abziehen. Da das gesamte Geschehen aus der Erlebnis-Perspektive des Protagonisten erzählt wird, nimmt der Leser während dieser Phase der Introspektion so wenig von diesem Stadtteil und seinen Baulichkeiten wahr wie der Perspektivträger selbst. (Vgl. S. 66)

Der Spaziergang, der durch einen in der Erzählung nicht mehr dargestellten Rückweg zu ergänzen war, bringt nicht nur das vielgerühmte Prager Stadtbild in immer neuen Abwandlungen zur Geltung, sondern berührt auch auffällige

Monumente und reizvolle architektonische Ensembles, die wiederholt Gegenstand literarischer Betrachtung geworden sind, so in Texten von Max Brod, Ota Filip, Jaroslav Hašek, Egon Erwin Kisch, Olly Komenda-Soentgerath, Milan Kundera, Paul Leppin, Antonín Macek, Rainer Maria Rilke, Jaroslav Seifert, Karl Hans Strobl, Johannes Urzidil, Franz Karl Weiskopf und Franz Werfel.

☞ ***Národní třída (Ferdinandstraße)***

Die elegante, zur Moldau führende Geschäftsstraße war am Ende der Donaumonarchie und während der ersten Tschechoslowakischen Republik der Korso der Tschechen. Von 1864 bis zum Ende des Ersten Weltkriegs hieß sie Ferdinandstraße, zu Ehren Kaiser Ferdinands I. (1556–1564), der 1526 König von Böhmen und Ungarn geworden war.

Die »Beschreibung eines Kampfes«, der erste größere Prosatext Kafkas (Näheres S. 139), der sich erhalten hat, liegt in zwei Fassungen vor, die zwischen 1904 und 1907 und im Winter 1909/1910 entstanden sind. Die Ich-Erzählung steht ganz in der Erzähltradition der Prager Literatur, sowohl was die genaue topographische Fixierung des Handlungsgangs betrifft – Straßen und Baulichkeiten werden bei ihrem wirklichen Namen genannt – als auch im Blick auf die Verfremdung dieser detailreich wiedergegebenen äußeren Wirklichkeit ins Bizarre und Unwirkliche, die vor allem für den traumhaften Mittelteil »Belustigungen« kennzeichnend ist.

Die Verständigungsschwierigkeiten, die der Protagonist mit seinem Begleiter hat, gründen in seiner Ich-Schwäche und Bindungsängsten, die der Welt der Erscheinungen ein bedrohliches Ansehen verleihen. Sie spiegeln Probleme des Autors, die erst viel später, in den Verlobungsjahren, ihre volle Wirkung entfalten sollten, dann aber im literarischen Werk anders vergegenwärtigt werden. In den frühen Texten Kafkas wird die Außenwelt nur teilweise durch die wahrnehmenden Figuren umgeformt, deren Eigenart vielmehr in Erzählblöcken zum Tragen kommt, die allein den Gedankenabfolgen oder Halluzinationen der Perspektivträger gewidmet sind. Die beiden Hauptfiguren haben spät in der Nacht einen Hausball in der Prager Neustadt verlassen – es ist Faschingszeit – und befinden sich auf einem Spaziergang, der sie auf den am jenseitigen Moldauufer gelegenen Laurenziberg (Petřín) führen soll.

> Als wir in die Ferdinandstraße kamen, bemerkte ich, daß mein Bekannter eine Melodie zu summen begann; es war ganz leise, aber ich hörte es. Ich fand, daß es für mich beleidigend sei. Warum sprach er nicht mit mir? Wenn er mich aber nicht nöthig hatte, warum hatte er mich nicht in meiner Ruhe gelassen. [...]
> Doch, mein Bekannter gieng noch hinter mir, ja er beschleunigte sogar seinen Gang, als er merkte, daß er zurückgeblieben war und that, als wäre das etwas Natürliches. Ich aber überlegte, ob es nicht vielleicht passend wäre, in eine Seitengasse einzubiegen, da ich doch zu einem gemeinsamen Spaziergang nicht verpflichtet war. [...] Meine Beine wurden müde und schon war ich entschlossen auf jeden Fall nachhause zu gehn und mich in mein Bett zu legen, als mir der Zweifel kam, ob ich jetzt beim Weggehn meinen Bekannten grüßen solle oder nicht. Aber ich war zu furchtsam, um ohne Gruß wegzugehn und zu schwach, um laut rufend zu grüßen, daher blieb ich wieder stehn, stützte mich an eine mondbeschienene Häusermauer und wartete.

☞ ***Národní třída Nr. 20/116: Café-Restaurant »Louvre«***
In den Räumlichkeiten des heutigen Lokals war früher das vornehme, vorwiegend von Tschechen besuchte »Café Louvre« untergebracht. Hinter den großen Rundbogenfenstern mit den dazwischen liegenden floralen Jugendstilsegmenten pflegte sich zu Anfang dieses Jahrhunderts alle zwei Wochen

jedoch auch ein Zirkel deutscher Intellektueller zu versammeln, der den Lehren des in Prag hochgeschätzten Philosophen Franz Brentano (1838–1917) anhing. Zu dieser Gruppe gehörten der Philosoph Oskar Kraus (1872–1942), Verfasser der seinerzeit berühmten *Meyriade* (dazu S. 221), der Ästhetiker Emil Utitz (1883–1956) und der Zionist Hugo Bergmann (1883–1975). Bergmann war es vermutlich auch, der seinen Klassenkameraden Franz Kafka 1902 in diesen Kreis einführte. Max Brod (vgl. S. 97), Kafkas engster Freund, kam ein Jahr später dazu. Weil Brod in seiner 1905 gedruckten Novelette »Zwillingspaar von Seelen« kritisch auf Brentano Bezug genommen hatte, wurde er im Herbst dieses Jahres von der Gesprächsrunde ausgeschlossen. Kafka erklärte sich mit ihm solidarisch und schied ebenfalls aus.

☞ ***Národní třída Nr. 12/137: Ehemalige »Lese- und Redehalle der deutschen Studenten«***

Bis zum Sommersemester 1904 (im Herbst dieses Jahres bezog man in der Krakovská Nr. 14/1362 ein eigenes Vereinshaus) befanden sich auf dem Gelände unmittelbar links des Neubaus Nr. 10/138, in dem das Reisebüro »Prog« residiert, die Räumlichkeiten der 1848 gegründeten »Lese- und Redehalle der deutschen Studenten in Prag«. Heute sieht man an dieser Stelle lediglich einen bis zur Mikulandská reichenden, also das ehemalige Eckhaus einschließenden Bretterzaun, der das vorläufig unbebaute Grundstück sichern soll. Die »Halle« hatte es sich zur Aufgabe gemacht, die Studentenschaft im Geist der deutschen Kultur zu erziehen und zu festigen. Es handelte sich dabei um einen akademischen Dachverband deutschnationaler, seit der Jahrhundertwende aber eher liberaler Prägung, dem man angehörte, ohne die Pflichten zu haben, die damals eine Mitgliedschaft in einer studentischen Verbindung bedeutete: Man benützte die Vereinsräume mit ihrer ausgezeichneten Bibliothek, in der die zeitgenössische Literatur in besonders reichem Maße vertreten war, oder engagierte sich in einzelnen, teilweise den Fakultäten entsprechenden Sektionen, die durch eigene Ausschüsse geleitet wurden und vor allem durch Vorträge das kulturelle Leben an der Prager deutschen Universität anzuregen suchten. Hier sprach Max Brod, der gerade sein Jurastudium begonnen hatte, am 23. Oktober 1902 über »Schicksale und Zukunft von Schopenhauers Philosophie«. Unter den Zuhörern befand sich Franz Kafka, der schon im dritten Semester war und den ihm bis dahin unbekannten Referenten nach der Veranstaltung ansprach, die ihn als Nietzsche-Anhänger beunruhigte. Dies war der Beginn einer lebenslangen Freundschaft.

☞ *Národní třída Nr. 1/1012: »Café Slavia« (»kavárna Slavia«)*

In dem noch bestehenden, gegenwärtig aber geschlossenen Kaffeehaus gegenüber dem 1883 erbauten Tschechischen Nationaltheater (Národní divadlo) am Ende der Národní třída trafen sich seit dem Ende des letzten Jahrhunderts tschechische Theaterleute und avantgardistische Künstler. Hier hat Rainer Maria Rilke Teile seiner Erzählungen »König Bohusch« und »Die Geschwister« lokalisiert, die durch die Gestalt des tschechischen Studenten Rezek miteinander verbunden und 1899 unter dem Titel *Zwei Prager Geschichten* in Buchform herauskamen. Allerdings erscheint das Lokal in diesem Band als »Café National«, was die Stoßrichtung des nationalistisch gefärbten tschechischen Milieus verdeutlichen soll, von dem Rilke in seinen Erzählungen berichtet. Dieser Name ist jedoch keineswegs erfunden, sondern von der ehemals gegenüber dem Ursulinerinnen-Kloster (klášter voršilek), also Ecke Národní třída/Karolíny Světlé gelegenen »Národní kavárna« (Nr. 13/339) genommen, die den progressiven tschechischen Studenten und Künstlern neben der »kavárna Slavia« als Stammsitz diente.

Jaroslav Seifert, der am 23. September 1901 in Prag als Sohn eines Arbeiters geboren wurde, war schon als junger

Mann zu diesen tschechischen Intellektuellen gestoßen. Er schloß sich der 1921 gegründeten avantgardistischen literarischen Vereinigung »Devětsil« (wörtlich: Neunwurz) an, deren Wortführer der Literaturkritiker und Graphiker Karel Teige (1900–1951) und Vítězslav Nezval waren. 1922 wurde er Redakteur der kommunistischen Parteizeitung *Rudé právo* (Rotes Recht), trat aber 1929 aus der Partei aus. Von 1945 bis 1949 leitete er das Feuilleton einer Gewerkschaftszeitung, danach lebte er als freier Schriftsteller. Nachdem die politische Ära des Prager Frühlings aufgrund einer Invasion des Warschauer Paktes zusammengebrochen war, erhielt Seifert jahrelang Schreibverbot. Seine sich aus dieser Entwicklung zunächst ergebende Niedergeschlagenheit dokumentiert sich in seiner Lyriksammlung *Die Pestsäule* (1981), sein Widerstand gegen das neue System in der Tatsache, daß er zu den Mitunterzeichnern der *Charta* 77 gehörte, in der sich die tschechoslowakische Bürgerrechtsbewegung politisch Gehör verschaffte. 1984 erhielt Seifert den Nobelpreis für Literatur.

Seifert ist Vertreter einer melancholisch-meditativen Weltbetrachtung und in seinen lyrischen Hervorbringungen seit den sechziger Jahren zunehmend alltäglicher, schmuckloser Sprachgebung verpflichtet, die sich in eigenrhythmischen Versen ordnet. Er ist auch als Verfasser poetischer Feuilletons hervorgetreten, die in dem Band *Alle Schönheiten der Welt* (1982) vereinigt sind. Seiferts Werk hat vor allem die Liebe, die Musik und den Tod zum Gegenstand, ist aber zugleich durch eine intensive Beziehung zu seiner Heimatstadt gekennzeichnet, deren atmosphärische und topographische Besonderheiten hier vielfältig gebrochen in Erscheinung treten. Am 10. Januar 1986 ist er in Prag gestorben. (Vgl. auch S. 26, 69, 201 und 296)

Seifert hat in seinen Stimmungsbildern und Gedichten die Kaffeehausbesuche seiner Frühzeit literarisch Gestalt werden lassen, die sich für ihn mit der Sehnsucht nach Paris und einer

Wertschätzung der modernen französischen Dichtung verbanden. Durch die Übersetzungstätigkeit Jaroslav Vrchlickýs (1853–1912), der sich konsequent an der romanischen Welt orientierte (vgl. S. 298), vollendete sich die nationale Wiedergeburt der tschechischen Literatur im 19. Jahrhundert. Der Student Rezek, der einer Erneuerung aus volkhaften Wurzeln das Wort redet, bemängelt in Rilkes »König Bohusch« diese Entwicklung mit folgenden Worten: »Man importiert alles aus Paris: die Kleider und die Gesinnung, die Gedanken und die Inspiration. Man war gestern ein Kind und ist heute ein junger Greis, ein Übersättigter. Man weiß auf einmal alles.« In seinem Essay »Fräulein Toyen« schildert Seifert seine erste Begegnung mit dem Werk Guillaume Apollinaires (1880–1918), der, zwischen Symbolismus und Surrealismus stehend, 1913 die kubistische Schule begründet und eine experimentelle, von Simultaneität und den Gesetzen der Assoziation beherrschte Poesie verwirklicht hatte. Der Vermittler war Karel Teige gewesen, zusammen mit dem Lyriker und Dramatiker Vítězslav Nezval (1900–1958) Hauptvertreter des sogenannten Poetismus, der zwischen 1920 und 1928 den Weg der tschechischen Avantgarde bestimmte. Wenn Teige mit Seifert auf dem beim »Café Slavia« beginnenden, flußabwärts in nördlicher Richtung bis zum Novotného lávka (Novotny-Steg) sich erstreckenden Moldauquai flanierte, pflegte er Apollinaire und Verlaine zu rezitieren.

In seinem Gedicht »Café Slavia«, das der Sammlung *Der Halleysche Komet* (1967) entstammt, hat Seifert seine erste Berührung mit dem Werk Apollinaires nicht nur an den Ort versetzt, an dem sie tatsächlich stattgefunden hat, sondern auch eine Szenerie gewählt, die besonders geeignet war, die Atmosphäre von Paris zu beschwören. Zu den Schaffensvoraussetzungen gehört schließlich der Umstand, daß Apollinaire im März 1902 zwei Tage lang in Prag weilte, ein Besuch, der von den avantgardistisch gesinnten tschechischen Autoren mystifiziert wurde. (Vgl. auch S. 241)

Café Slavia

Von der Uferstraße durch eine Geheimtür
aus so klarem Glas,
daß sie fast unsichtbar ist,
                                        und deren Angeln
geschmiert sind mit Rosenöl,
pflegte Guillaume Apollinaire einst einzutreten.

Er trug noch den Kopfverband aus dem Krieg.
Er setzte sich zu uns
                                        und las brutal schöne Verse,
die Karel Teige sofort übersetzte.

Dem Dichter zu Ehren
                                        wurde Absinth getrunken,
der grüner
                                        als alles Grüne ist,
und wenn wir von unserem Tisch aus dem Fenster blickten,
floß die Seine unter dem Kai.
                                        Ach ja, die Seine!
Breitbeinig, ganz in der Nähe
erhob sich der Eiffelturm.

Einmal kam Nezval mit schwarzer Melone.
Damals ahnten wir nicht,
                                        ebensowenig wie er,
daß Apollinaire die gleiche getragen hatte,
als er sich in die schöne
Louise de Coligny-Châtillon verliebte.
Er nannte sie Lou.

Geheimtür: In Wirklichkeit natürlich nicht vorhanden.
Kopfverband: In seinem Essay »Russische Bliny« schreibt Seifert: »Dort [im Kaffeehaus] haben viele ausländische Dichter und Maler mit uns am Tisch gesessen. Durch unsere endlosen Debatten und Kontroversen zogen wir sie an. Am häufigsten natürlich

Apollinaire, mit verbundenem Kopf, wie Picasso ihn gezeichnet hat.« (Die Zeichnung ist in Pascal Pias Buch *Guillaume Apollinaire* veröffentlicht – Apollinaire wurde 1916 als Soldat schwer verwundet.)
Absinth: Den Hintergrund beschreibt Seifert in seinem Essay »Am Fenster des Kaffeehauses Slavie«: »Dort saßen wir an einem Fenster zur Uferstraße und tranken Absinth. Das war ein wenig Koketterie mit Paris.«
Eiffelturm: Gemeint ist der von den Fenstern des Kaffeehauses aus sichtbare, 60 Meter hohe eiserne Aussichtsturm auf dem Laurenziberg (Petřín), der 1891 nach dem Vorbild des Eiffelturms errichtet und im Volksmund auch so benannt wurde.
Melone: In seiner Betrachtung »Am Fenster des Kaffeehauses Slavie« schreibt Seifert: »Im Winter lichtete sich der Korso [der Franzensquai] zwar auffallend, aber die Brüder Čapek promenierten dort, selbst wenn es schneite. Beide mit Melone, dem gleichen bunten Schal um den Hals, gelben Handschuhen und einem Bambusstock. Sie fielen auf, und genau das wollten sie offenbar. Sie flanierten schweigend.« Pascal Pia hat in seinem Buch *Guillaume Apollinaire* ein Photo veröffentlicht, das den französischen Autor mit dieser Kopfbedeckung zeigt, und zwar auf der Reise, die ihn nach Prag führte.
Louise de Coligny-Châtillon: Apollinaire begegnete der jungen, heißblütigen Frau, von der Vladimír Diviš in seinem Buch *Apollinaire* ein Photo veröffentlicht hat, Ende September 1914 in Nizza. Sein Werben, auch in Gedichten, war erst im Dezember von Erfolg gekrönt, wo die Liebenden eine Woche in Nîmes verleben. André Rouveyre, ein Freund des Schriftstellers, spricht von ihr in einer auf den 8. Februar 1915 datierten Feldpostkarte als von der Frau, »die wir Lou nannten«.

Olly Komenda-Soentgerath, am 23. Oktober 1923 in Prag geboren, wurde möglicherweise durch Seiferts Werk veranlaßt, dieses Kaffeehaus zum Thema eines Gedichts zu machen. Nach dem Ende des Zweiten Weltkriegs als Deutsche interniert, verließ sie 1946 freiwillig ihre Heimatstadt und übersiedelte nach Köln, wo sie bis heute lebt. Sie veröffentlichte seit 1979 mehrere Lyrikbände und 1990 unter dem Titel *Im Schatten Prags* Erinnerungen an die Zeit zwischen Kriegsende und Aussiedlung. Seit 1985 sind drei ihrer Lyriksammlungen, die Jaroslav Seifert ins Tschechische übertragen hatte, in Prag erschienen, während sie ihrerseits seit 1982 mehrere seiner Gedichtbände ins Deutsche übersetzt hat. 1991 erhielt sie den Kulturpreis für Schrifttum des Freistaats Bayern.

Café Slavia

Ich habe dich herbeigewartet
auf dem Bahnhof.
Mit jedem Flugzeug
hab mich zu dir geträumt.

Jetzt im Café Slavia
an der gleichgültigen Moldau
bist du mir
unerreichbar nahe.

Zwischen uns ein Tisch,
eine Welt.

Wir kamen einen Traum zu spät.

Ota Filip, am 9. März 1930 in Ostrau (Ostrava) geboren, saß 1970 aus politischen Gründen im Gefängnis, wurde 1974 ausgebürgert und lebt seitdem in München. Der tschechische Schriftsteller, der auch in deutscher Sprache schreibt, hat in seinem Roman *Café Slavia* (1985) dem traditionsträchtigen Kaffeehaus ebenfalls ein Denkmal gesetzt. Ein Prager Adliger, der letzte seines Geschlechts, berichtet dem Ich-Erzähler auf dem Kreuzherrenplatz und auf der Karlsbrücke in Etappen von den verschlungenen Pfaden seines durch wechselnde Maskeraden bestimmten Lebens, die ihn immer wieder ins »Café Slavia« führen. Als Stammgast genießt er selbstverständlich beträchtliche Vorteile: Der Kellner Alois preist ihm das Etablissement als Zufluchtsort, der in willkommener Weise die Möglichkeit biete, sich gelegentlich vom Fluß des trivialen Alltagslebens abzusetzen. Die Vorzüge dieser Auffassung zeigen sich gleich im nächsten Kapitel, der »Zwanzigsten Geschichte«, die ein amouröses Abenteuer des wandlungsfähigen Helden zum Gegenstand hat:

Im Frühjahr war ich in ihre Kutsche gestiegen und fuhr mit ihr in ein Haus am Rande des Laurenziberges in eine grüne Wohnung. Sie schwieg, und ich hatte auch nichts zu sagen. Als ich mich angezogen hatte und mich verabschiedete, schwieg sie noch immer. Erst als ich die Verriegelung der hellgrünen Tür aufmachen wollte, kam sie im dunkelgrünen Schlafrock ins Vorzimmer und sagte:
»Wissen Sie, daß ich unglücklich bin?«
Ich nahm damals einen besorgten Ausdruck an, und da mir nichts anderes einfiel, stellte ich leise die banale Frage: »Wo liegt eigentlich die Grenze zwischen Glücklich- und Unglücklichsein?«
»Das möchte ich eben wissen.«
»Gnädigste, es war eher eine rhetorische Frage, auf die es keine Antwort gibt.«
»Ich bin aber unglücklich!«
»Es ist schön und gut, wenn man überhaupt etwas empfindet«, sagte ich und verließ die Wohnung.
Nein, sie kann mich nicht erkennen, dachte ich, ich trug damals die Maske eines fünfunddreißigjährigen polnischen Revoluzzers, und seit unserer Begegnung sind immerhin sieben oder acht Monate vergangen. Aber jetzt stand sie unter dem großen Fenster des Cafés und starrte mich an. Sie winkte mir zu, ja sie lächelte mich wehmütig an, vielleicht sogar, das konnte ich damals nicht entscheiden, zugleich auch hoffnungsvoll.
Ich bemühte mich, mein weitsichtiges Auge über den grünen Hut der Dame zur Schützeninsel schweifen zu lassen, ich hob sogar das leere Kognakglas an die Lippen, denn ich wollte ihr deutlich signalisieren: Ich sehe Sie nicht, gnädige Frau. Sie sind für mich nur ein grünes Loch in der sonnigen Winterluft!
Plötzlich stand sie vor mir.
»Da sind Sie endlich! Einen ganzen Monat laufe ich mir die Füße wund, habe Sie überall gesucht und erst jetzt

gefunden. Oh, ich bin so unglücklich, ich bin schwanger, ich bekomme ein Kind, Sie Schuft!«
Sie sprach leise und mit der Stimme eines grünen Engels, eines Seraphims, dem ranghöchsten im Himmel. Sie hatte wunderschöne Augen, das linke war grau, das rechte grün.
»Ein Kind zu erwarten ist doch kein Unglück«, erwiderte ich.
»Aber was sagt mein Mann dazu? Er kann es sich doch ausrechnen, Mitte April ...«
»Sie irren, Madame«, unterbrach Herr Alois, der rechtzeitig aus der Nebelzone auftauchte, die Dame in Grün. Mit seinem abwesenden Blick überschaute er das sanft gezeichnete Panorama über der Moldau.
»Den ganzen April waren wir mit dem Herrn Grafen auf seine Güter in Nordböhmen zum Angeln gefahren. Soweit ich mich erinnere, war auch unser Koch, Herr Franz, und der Oberkellner, Herr Adolf, dabei. Dies können wir vor jedem Gericht beschwören. Es tut mir leid, Madame, Sie irren. Ich muß Sie bitten, unsere Gäste nicht zu belästigen!«
»Das ist doch gemein!« stotterte mehrmals die Dame und wurde immer kleiner. Zuletzt blieb nur ein kleiner grüner Fleck an der gläsernen Eingangstür des Café Slavia von ihr übrig, aber auch der löste sich auf.
»Ich danke Ihnen, Herr Alois«, sagte ich gerührt.

Derart abgewiesen, bleibt der Grüngekleideten nichts anderes übrig, als sich über das Geländer der an dieser Stelle über die Moldau führenden Brücke zu stürzen. Der aufmerksame Leser wird ihr gegen Ende des Spaziergangs wieder begegnen.

☞ ***Smetanovo nábřeží (Franzensquai)***

Am Ende der Národní třída biegt man rechts in den 1841–1845 erbauten Franzensquai ein, der einen überwältigenden Ausblick auf die Moldau, die 1901 dem Verkehr übergebene Kaiser-Franzens-Brücke (most Legií), die sich darunter erstreckende, baumbewachsene Schützeninsel (Střelecký ostrov) und die gegenüberliegende Kleinseite mit der sie beherrschenden Prager Burg (Hradčany) erlaubt. Man folgt dieser Uferstraße bis zum links abgehenden Novotny-Steg, wo auch die nächtlichen Bummelanten aus Kafkas »Beschreibung eines Kampfes« Halt machen, um die jenseits des Flusses weitgehend im Dunkel liegenden Stadtviertel Kleinseite (Malá Strana) und Smichow (Smíchov) in Ruhe betrachten zu können. Einerseits kann man nämlich von dieser Position aus, wie der Text voraussetzt, zum Turm der rechter Hand, also am Ende des Quais, sich erhebenden Altstädter Mühlen »auf«schauen, in den 1884 eine Uhr eingebaut wurde. Andererseits befindet man sich im nächsten Abschnitt der Erzählung schon »unter« einem »Bogen«, hat also, weil damit nur der Durchlaß gemeint sein kann, der den Kreuzherrenplatz (das Křižovnické náměstí) vom Franzensquai trennt, diesen schon verlassen:

> Als wir dann mit langsamen Schritten den Quai betraten, beneidete ich zwar meinen Bekannten um die Küsse, aber ich empfand auch mit Fröhlichkeit die innere Beschämung, die er mir gegenüber, so wie ich ihm erschien, wohl fühlen mußte.
> So dachte ich. Aber meine Gedanken verwirrten sich damals, denn die Moldau und die Stadtviertel am andern Ufer lagen in einem Dunkel. Nur einige Lichter brannten und spielten mit den schauenden Augen.
> Wir standen am Geländer. Ich zog meine Handschuhe an, denn vom Wasser wehte es kalt; dann seufzte ich ohne Grund auf, wie man es vor einem Fluß in der Nacht wohl thun mag, und wollte weiter gehn. Aber mein Bekannter schaute ins Wasser und rührte sich gar nicht. Dann trat er noch näher an das Geländer, stützte die Arme mit den

Ellenbogen auf das Eisen nieder und legte die Stirne in seine Hände. Das schien mir thöricht. Ich fror und stülpte meinen Rockkragen in die Höhe. Mein Bekannter streckte sich und legte den Oberkörper, der jetzt auf seinen gespannten Armen ruhte, über das Geländer. [...] Mich aber rührte es sehr und es wurde mir schmerzlich, daß ihm vielleicht meine lange Gestalt unangenehm sein könnte, neben der er vielleicht zu klein erschien. Und dieser Umstand quälte mich, trotzdem es doch Nacht war und wir fast niemandem begegneten, doch so sehr, daß ich meinen Rücken so gebückt machte, daß meine Hände im Gehn meine Knie berührten. Damit aber mein Bekannter meine Absicht nicht merke, veränderte ich meine Haltung nur ganz allmählich mit großer Vorsicht und suchte seine Aufmerksamkeit von mir abzulenken durch Bemerkungen über die Bäume der Schützeninsel und über die Spiegelung der Brückenlampen im Flusse. Aber mit plötzlicher Wendung drehte er sein Gesicht mir zu und sagte nachsichtig: »Warum gehen sie denn so? Sie sind ja jetzt ganz gebückt und fast so klein, wie ich!«
Da er das gütig gesagt hatte, antwortete ich: »Das mag sein. Aber mir ist diese Haltung angenehm. Ich bin ziemlich schwächlich, wissen sie, und es kommt mir zu schwer an, meinen Körper aufrecht zu erhalten. Das ist keine Kleinigkeit, ich bin sehr lang –
Er sagte ein wenig mißtrauisch: Das ist doch bloß eine Laune. Sie giengen doch früher ganz aufrecht, glaube ich und auch in der Gesellschaft hielten sie sich doch leidlich. Sie tanzten sogar oder nicht? Nein? Aber aufrecht giengen sie doch und das werden sie jetzt auch noch können.«
Ich antwortete beharrlich und mit der Hand abwehrend: »Ja, ja ich gieng aufrecht. Aber sie unterschätzen mich. Ich weiß, was gutes Benehmen ist und darum gehe ich gebückt.

Aber ihm schien es nicht einfach, sondern verwirrt von seinem Glück verstand er den Zusammenhang meiner Worte nicht und sagte nur: »Nun, wie sie wollen« und schaute zur Uhr des Mühlenthurmes auf, die schon fast ein Uhr zeigte.
Ich aber sagte zu mir: »Wie herzlos ist dieser Mensch! Wie bezeichnend und deutlich ist seine Gleichgültigkeit gegen meine demüthigen Worte! Er ist eben glücklich und das ist die Art der Glücklichen, alles natürlich zu finden, was um sie geschieht. Ihr Glück stellt einen glanzvollen Zusammenhang her. Und wenn ich jetzt ins Wasser gesprungen wäre oder wenn mich jetzt vor ihm Krämpfe zerreißen hier auf dem Pflaster unter diesem Bogen immer würde ich mich friedlich seinem Glück einfügen. Ja, wenn er in die Laune käme – ein Glücklicher ist so gefährlich, das ist unzweifelhaft – würde er mich auch todtschlagen wie ein Straßenmörder. Das ist sicher und da ich feig bin, würde ich vor Schrecken nicht einmal zu schreien wagen. – Um Gotteswillen! – Ich sah mich in Angst um. Vor einem entfernten Kaffeehaus mit rechteckigen schwarzen Scheiben ließ sich ein Schutzmann über das Pflaster gleiten. Sein Säbel behinderte ihn ein wenig, er nahm ihn in die Hand und nun gieng es viel hübscher. Und als ich ihn bei der mäßigen Entfernung auch noch schwach juchzen hörte, da war ich überzeugt, daß er mich nicht retten würde, wenn mich mein Bekannter totschlagen wollte.

Berücksichtigt man Standort und Blickpunkt (»Ich sah mich in Angst um«) des Beobachters, so kann es sich bei dem an einer Stelle des Textes genannten Kaffeehaus nur um das ehemalige »Café Bellevue« (Nr. 18/329) handeln, das in einem 1895 im holländischen Stil (rote Ziegel mit gelben Fenstereinfassungen) errichteten Neubau gelegen war und nach der samtenen Revolution des Jahres 1989 unter seinem alten

Namen als Weinstube und Restaurant wiedereröffnet worden ist. Das Nachbargebäude, das 1895 ebenfalls neu errichtet wurde und zusammen mit dem Kaffeehaus zum Fluß hin eine einheitliche Fassade erhielt, ist das sogenannte Königsbad (Královské lázně) (Nr. 16/330), denkwürdig durch die Flucht König Wenzels IV., der hier 1393 gefangen gehalten worden und mit Hilfe einer Badewärterin auf einem Nachen entkommen sein soll.

☞ ***Novotného lávka (Novotny-Steg)***

Der Novotny-Steg, der über ein kleines Plätzchen zum sgraffitigeschmückten Smetana-Museum führt, das dem Franzensquai seinen heutigen Namen gegeben hat, bildet den Schauplatz von Jaroslav Seiferts Altersgedicht »Am Novotny-Steg«, das dem 1983 erschienenen Zyklus *Gewitter der Welt* entstammt und den eigenartigen Reiz dieses Ortes beschwört:

Am Novotny-Steg

Es sind schon hundert Jahre
oder nur ein paar weniger,
daß ich zum ersten Mal dorthin kam.
Es war eine Offenbarung!
Eine Weile hielt ich den Atem an.
Vom Ufer dufteten die Akazien.

Nicht nur die hübschen Schauspielerinnen,
auch ich alterte ungern.
Ich fürchte die Hilflosigkeit
und habe Angst vor dem Abschied.

Ich weiß,
das Leben ist ein ständiges Lebewohl.
Die Vögel kennen es nicht,

auf einem beliebigen Zweig
singen sie, was ihnen gerade einfällt,
und sind glücklich.

Bekränzt mit lebendigen Schaumkronen
tost das Wehr noch immer,
Welle auf Welle rollt ab
wie ein Film,
der nur von der Liebe erzählt
und daher nie endet.

Schon einmal, von Glanz bestrahlt,
entstand aus feinem Schaum
die Schönheit des weiblichen Körpers.
Ich wollte der Dichter der tschechischen Frauen sein.
Ich flocht ihnen ins Haar
die Mandorla der Weiblichkeit
und schluchzte vor Lust.
Ich küßte den Frauen die Füße.
Von diesem Liebesmythos
zehrte ich das ganze Leben.

Aber oft schaukelte nur das traurige Treibeis
wie die Fetzen eines trüben Schleiers
auf dem Wasser
am Eisbrecher vorbei
unter die schweren Bögen der Brücke.

Prag aber verschlinge ich mit den Augen
bis heute.
Wenn ich nach Hause komme,
öffne ich nur zögernd die Tür.
Ich kann meine Augen nicht losreißen
von seinen rauchgeschwärzten Dächern.

Ich schlucke den würgenden Smog
und denke an seine Gärten.
Sie sind vornehm
und waren noch schöner,
als man nur von draußen und durch die Gitter
hineinschauen durfte.

Heute, und gerade jetzt,
halte ich mich am Geländer über dem Wehr
und drücke es fest,
bis ich ein Brennen verspüre.
Wie könnte ich aus dem kalten Metall
eine heiße Träne pressen.

☞ ***Křižovnické náměstí (Kreuzherrenplatz)***

Der kleine Platz wird an seiner östlichen, der Altstadt zugewandten Seite von der 1578–1659 erbauten St. Salvatorkirche (kostel svatého Salvátora) begrenzt, dem bedeutendsten kirchlichen Renaissancebau Böhmens, hinter dem sich das Klementinum erstreckt, ein weitläufiger Baukomplex, in dem unter anderem die Tschechische Staatsbibliothek untergebracht ist (vgl. auch S. 203). In der ersten Fassung der »Beschreibung eines Kampfes« erscheint dieses Bauwerk mit seinen »Lauben« (dem 1653 zugefügten Portikus) als »Kirche« ohne nähere Bezeichnung, in der zweiten als Seminarkirche, also in der damals unter den Prager Deutschen üblichen Benennung. Die ihr an der Nordseite des Platzes gegenüberliegende Kreuzherrenkirche St. Franciscus Seraficus (kostel svatého Františka Serafinského), vielleicht der schönste Prager Sakralbau, wurde von 1679 bis 1688 als Nachbildung der Peterskirche in Rom geschaffen. Auch sie wird in Kafkas Erzählung unter ihrem richtigen Namen erwähnt. Schließlich spielt die an der Ostseite des Platzes in Richtung Altstädter Ring abgehende Karlsgasse (Karlova) und die ehemals dort gelegene Weinstube »U Kosků« im Text eine Rolle, die in dem Haus Nr. 6/187, »Zum goldenen Baum« (»U zlatého stromu«), gelegen war (heute Parfümerie). Direkt gegenüber das in der »Beschreibung eines Kampfes« erwähnte Kirchenportal mit der hohen Stufe, die zu Kafkas Zeiten tatsächlich, wie die Erzählung voraussetzt, in den Gehweg hereingeragt und auf diese Weise als Stolperstein gedient haben mag.

> Aber jetzt wußte ich auch, was ich thun mußte, denn gerade vor schrecklichen Ereignissen überkommt mich große Entschlossenheit. Ich mußte weglaufen. Es war ganz leicht. Jetzt beim Einbug zur Karlsbrücke nach links konnte ich nach rechts in die Karlsgasse springen. Sie war winklig, es gab dort dunkle Hausthore und Weinstuben die noch offen waren; ich mußte nicht verzweifeln.
> Als wir unter dem Bogen am Ende des Quais hervortraten, rannte ich mit erhobenen Armen in die Gasse; doch als ich gerade zu einer kleinen Thüre der Kirche kam, fiel ich, denn dort war eine Stufe die ich nicht gesehen hatte. Es krachte. Die nächste Laterne war entfernt, ich lag im Dunkel. Aus einer Weinstube gegenüber kam ein dickes Weib mit einem rauchigen Lämpchen heraus, um nachzusehn was auf der Gasse geschehen war. Das Klavierspiel hörte auf und ein Mann öffnete die jetzt halboffene Thür völlig. Er spie großartig auf eine Stufe und während er das Frauenzimmer zwischen den Brüsten kitzelte, sagte er, das was geschehen sei, sei jedenfalls ohne Bedeutung. Sie drehten sich darauf um und die Thüre wurde wieder zugemacht.
> Als ich aufzustehn versuchte, fiel ich wieder. »Es ist Glatteis« sagte ich und verspürte einen Schmerz im Knie. Aber doch freute es mich, daß die Leute aus der Weinstube mich nicht sehen konnten und es schien mir daher das Bequemste hier bis zur Dämmerung liegen zu bleiben.
> Mein Bekannter hatte die Hände in den Taschen und sah über die leere Brücke hin, dann zur Kreuzherrenkirche

und dann auf zum Himmel, der klar war. Da er mir nicht zugehört hatte, sagte er dann ängstlich: »Ja, warum reden sie denn nicht mein Lieber; ist ihnen schlecht – ja warum stehn sie denn eigentlich nicht auf – es ist doch kalt hier, sie werden sich verkühlen und dann wollten wir doch auf den Laurenziberg.«
»Natürlich« sagte ich »verzeihen sie« und ich stand allein auf, aber mit starkem Schmerz. Ich schwankte und mußte das Standbild Karl des Vierten fest ansehn um meines Standpunktes sicher zu sein. Aber das Mondlicht war ungeschickt und brachte auch Karl den Vierten in Bewegung. Ich staunte darüber und meine Füße wurden viel kräftiger aus Angst Karl der Vierte möchte umstürzen, wenn ich nicht in beruhigender Haltung wäre. Später schien mir meine Anstrengung nutzlos, denn Karl der Vierte fiel doch herunter.

☞ ***Křižovnické náměstí: Karlsmonument (pomník císaře Karla IV.)***

Das sich vor der Kreuzherrenkirche erhebende Standbild Karls IV. wurde im Jahr 1848 anläßlich des 500jährigen Bestehens der Prager Universität errichtet. Paul Leppin hat es zum Gegenstand eines Bänkellieds gemacht, das er, sich mit der Gitarre begleitend, in geselliger Runde vorzutragen pflegte. Zum besseren Verständnis sei erwähnt, daß die in Höhe der Lendengegend angesiedelte Rechte des Kaisers mit dem Stiftungsbrief vom Portikus der St. Salvatorkirche aus gesehen zu Verwechslungen Anlaß geben kann.

Frühlingslied

Ach, das Schweinefleisch wird teuer,
Und der Frühling ist gekommen.
Viele Bürger haben heuer
Schon das erste Bad genommen.

Und im Mondschein, im verschmierten,
Wibbeln, wabbeln alle Kanten.
Bei dem Denkmal Karls des Vierten
Sammeln sich die Buseranten.

Und die Mädchen ohne Mieder,
Die so plastisch im Detail sind,
Kommen auf die Straße wieder,
Weil sie wissen, wie wir geil sind.

Und die Menschen sind meschügge,
Und die Hoffnung ist ihr Anker.
Mancher wird beizeiten flügge,
Mancher erst beim zweiten Schanker.

Buseranten: Männer, die sexuell auf Knaben fixiert sind.
meschügge: (jiddisch) verrückt.
Schanker: damals häufige Geschlechtskrankheit.

Paul Leppin wurde am 27. November 1878 als Sohn eines deutschen Kanzleischreibers in Prag geboren. Nachdem er das »Stephans-Gymnasium« (vgl. S. 280) absolviert hatte, wurde er Angestellter bei der Prager Post- und Telegraphendirektion. In den ersten Jahren dieses Jahrhunderts bildete er mit den Schriftstellern Viktor Hadwiger, Gustav Meyrink und Oskar Wiener sowie den Malern Hugo Steiner-Prag und Richard Teschner einen Freundeskreis, der durch die Bierlokale, Weinstuben und Kaffeehäuser der Stadt zog und die Nächte in endlosen Wortgefechten über Kunstfragen zu verbummeln pflegte. Diese auch sexuell ausschweifende Lebensphase begründete Leppins Ruf als ungekrönten König der Prager Bohème.

Sein 1903 erschienener Lyrikband *Glocken, die im Dunkeln rufen* zeichnet Prag als eine unheimliche, gespenstische, alte Stadt, die ihre Bewohner ängstigt und bedroht, und erweist sich so als typisches Produkt der damals herrschenden Neuromantik. Der monomanisch die Welt des Erotischen propagierende Roman *Daniel Jesus* (1905) gibt sich als Anklage gegen die christliche Sexualmoral und machte Leppin über die Grenzen Böhmens hinaus bekannt, brachte ihm jedoch zugleich den Ruf ein, ein Vertreter des Satanismus zu sein. 1914 erschien *Severins Gang durch die Finsternis. Ein Prager Gespensterroman.*

Seit 1907 war Leppin mit der expressionistischen Lyrikerin Else Lasker-Schüler befreundet, die sich für seine Werke einsetzte und im April 1913 nach Prag kam (vgl. S. 193). In der Zwischenkriegszeit betätigte er sich wenig erfolgreich als Dramatiker. Der damals entstandene autobiographische Roman *Blaugast* erschien erst postum 1984. Mit seinen elegisch getönten Erinnerungen *Frühling in Prag* (1936), die ihn als Meister topographisch orientierter Genrebilder und feinsinnigen Schilderer Prager Besonderheiten ausweisen, hat er in Gedichten, Feuilletons und Erzählungen, wie er 1938 schrieb, »den Gestalten und Landschaften einer inbrünstig verbrachten Jugend ein Denkmal gesetzt« und damit der Stadt gehuldigt, deren »rattenfängerische Schönheit« seinen dichterischen Versuchen »immer aufs neue Antrieb und Inhalt gegeben« hatte. Nach langer, schwerer Krankheit ist er am 10. April 1945 in Prag gestorben.

☞ *Křižovnické náměstí: Altstädter Brückenturm (Staroměstská mostecká věž)*

Der Altstädter Brückenturm, den zu durchschreiten hat, wer die Karlsbrücke vom diesseitigen Ufer aus betreten möchte, ist das letzte Werk des aus Schwäbisch Gmünd stammenden Baumeisters Peter Parler (1330–1399), das zwar noch unter Karl IV. (1336–1378) begonnen, aber erst unter seinem Sohn Wenzel IV. (1378–1419) fertiggestellt wurde. Die beiden Herrscher sind oberhalb des Torbogens als Sitzfiguren abgebildet, zwischen denen eine abgekürzte Darstellung der Karlsbrücke zu sehen ist. Darüber, gleichsam als plastischer Schmuck sich über deren Mittelpfeiler erhebend, ist der hl. Veit dargestellt, der Schutzpatron Böhmens. Ganz oben, an der durchbrochenen Galerie mit den von Türmchen bekrönten Ecken, waren zehn Jahre lang die Köpfe der 27 böhmischen Aufständischen aufgepfählt, die 1621 auf dem Altstädter Ring hingerichtet wurden. (Vgl. S. 156) 1648 trotzte der Turm den von der Kleinseite her angreifenden Schweden, denen es nicht gelang, die Altstadt zu besetzen. Zu den literarischen Werken, die auf dieses Ereignis anspielen, gehört Rilkes Gedicht »Frieden« aus den *Larenopfern* (1895).

An der dem Karlsmonument zugewandten Kante des Turms zeigt sich dem etwas nach oben gerichteten Auge, als Steinplastik ausgeführt, ein geiler Mönch, der eine Nonne umarmt, eine Gruppe, die in Egon Erwin Kischs Erzählung »Wie der Türke auf der Karlsbrücke um seinen Säbel kam«, von der gleich die Rede sein wird, Erwähnung findet.

☞ ***Karlův most (Karlsbrücke): Statue der hl. Ludmilla (Socha svaté Ludmily)***

Die von Peter Parler 1357 begonnene, aber erst 1503 fertiggestellte Karlsbrücke wurde unter die bedeutendsten technischen Bauwerke der Zeit gerechnet, verdankt jedoch ihre heutige Berühmtheit den Skulpturen, die ihre Steinbrüstungen säumen, sowie der prächtigen Aussicht auf den Fluß und die sich an seinen beiden Ufern erstreckende Stadt. Im Jahr 1657 war zunächst ein heute nicht mehr vorhandenes Brückenkreuz aufgestellt worden, 1683 folgte die bronzene Statue des hl. Nepomuk auf der Mitte der Brücke. Im Lauf des 18. Jahrhunderts wurden weitere Skulpturen-Gruppen angebracht, die alle aus Stein waren. Andere kamen im 19. Jahrhundert hinzu, erreichen jedoch nicht den künstlerischen Wert der älteren Plastiken. In neuerer Zeit sind aus konservatorischen Gründen mehrere der aus der Barockzeit stammenden Monumente durch Repliken ersetzt worden.

Das von Matthias Braun um 1730 geschaffene Standbild der hl. Ludmilla wurde 1784 auf dem achten Brückenpfeiler (Südbalustrade) aufgestellt. Ludmilla, die Gemahlin des ersten christlichen Herzogs von Böhmen, unterweist ihren Enkel Wenzel, den 1729 heilig gesprochenen böhmischen Landespatron, in der christlichen Lehre. (Vgl. S. 289) Neben Wenzel ein Putto, dessen Handhaltung Kafkas Aufmerksamkeit erweckte. Während die beiden Nachtschwärmer in der »Beschreibung eines Kampfes« die Karlsbrücke überqueren, verliert die Erzählung ihre bisher vorherrschende realistische Ausprägung. Der jetzt deutlicher zutage tretende Traumaspekt steht in der Tradition der Prager Literatur. Diese Überlieferung hat beispielsweise in Jan Nerudas (Näheres S. 101) Erzählung »Was mir der Mond erzählt«, die seiner Sammlung *Bilder aus dem alten Prag* (1864/1880) entstammt, einen Kafkas Verfahren vergleichbaren Ausdruck gefunden. Denn wenn in diesem Zyklus das erzählende Ich in neun Nächten zur Karlsbrücke kommt, um sich vom Mond berichten zu lassen, was dieser sieht und erlebt, während er seine nächtliche Lichtflut über Prag ausgießt, dann findet im Verlauf dieser Unterhaltungen eine ins Märchenhafte gehende Poetisierung topographischer Elemente statt, die eine der Wurzeln der um 1900 in der Stadt verbreiteten Darstellungsweise bildet.

Die im ersten Kapitel der »Beschreibung eines Kampfes« vorkommenden unwirklichen Vorgänge sind allerdings eher als Halluzinationen des Ich-Erzählers zu betrachten, die den Übergang zu den sich im Mittelstück anschließenden »Belustigungen« vorbereiten helfen sollen. Da Kafka nur darstellt, was die Hauptfigur seiner Erzählung während des nächtlichen Spaziergangs wahrnimmt oder sich vorstellt, erlebt der Leser deren Phantasmagorien in eben der Weise wie diese selbst. Sie erscheinen als wirkliche Geschehnisse, weil ihr Urheber gezwungen ist, sich aufgrund seiner Lebensängste in dieser Weise von der als feindlich empfundenen Umgebung abzusetzen.

Nachdem der Ich-Erzähler seine Arme ausgebreitet hat, um den Mond besser genießen zu können, hebt er vom Boden ab, bewegt sich »ohne Schmerz und Mühe« mit lässigen Schwimmbewegungen durch die Luft und erträumt sich die Namen der Sterne und die Liebe eines weißgekleideten Mädchens, das in Wirklichkeit seinem Begleiter auf dem zu Beginn der Erzählung beschriebenen Hausball zugefallen ist. Dies eben war der Grund gewesen, daß er den anderen von der Abendgesellschaft und seiner Freundin weggelockt und zu einem nächtlichen Spaziergang durch die verschneite Stadt veranlaßt hat. Als ihn aber jetzt sein Begleiter berührt, sieht er sich unvermittelt in die Wirklichkeit zurückgebracht und die vorgestellte Geliebte als Schatten im Mauerwerk der Prager Altstadt verschwinden.

> So kannte ich mit einem Male alle die vielen Sterne bei Namen, trotzdem ich es niemals gelernt hatte. Ja, es waren merkwürdige Namen, schwer zu behalten, aber ich wußte sie alle und schr genau. Ich gab meinen Zeigefinger in die Höhe und nannte die Namen der einzelnen laut. – Ich kam aber nicht weit mit dem Nennen der Sterne, denn ich mußte weiterschwimmen, wollte ich nicht zusehr untertauchen. Aber damit man mir später nicht sagen könnte, über dem Pflaster könnte jeder schwimmen und es sei nicht des Erzählens wert, erhob ich mich durch ein Tempo über das Geländer und umkreiste schwimmend jede Heiligenstatue, der ich begegnete. – Bei der fünften, als ich mich gerade mit überlegenen Schlägen über dem Pflaster hielt, faßte mein Bekannter meine Hand. Da stand ich wieder auf dem Pflaster und fühlte einen Schmerz im Knie. Ich hatte die Namen der Sterne vergessen. […]
>
> Mein Bekannter drängte sich mit seinen Reden immer näher zu mir und in dem Augenblick, als ich anfieng seine Worte zu verstehn, hüpfte ein weißer Schimmer

zierlich am Brückengeländer entlang, strich durch den Brückenthurm und sprang in die dunkle Gasse.
»Immer liebte ich« sagte mein Bekannter auf die Statue der heiligen Ludmila zeigend »die Hände dieses Engels, links. Ihre Zartheit ist ohne Grenzen und die Finger, die sich aufspannen, zittern. Aber von heute abend an sind mir diese Hände gleichgültig, das kann ich sagen, denn ich küßte Hände« – Da umarmte er mich, küßte meine Kleider und stieß mit seinem Kopf gegen meinen Leib.

Als sich am 4. September 1890 bei stürmischem Wetter flußaufwärts verankerte Flöße losgerissen und vor der Brücke zu einer Art Damm verklaust hatten, drückte dieses Hindernis wegen des gerade herrschenden Hochwassers mit solcher Gewalt auf das Bauwerk, daß es dieser Belastung nicht standhielt: Zwei Brückenbögen stürzten ein, wobei ein Pfeiler so stark in Mitleidenschaft gezogen wurde, daß die darauf befindlichen Standbilder in die Fluten stürzten. Als die Karlsbrücke endlich am 19. November 1892 wieder dem Verkehr übergeben werden konnte, blieben deswegen die beiden Standplätze leer, auf denen sich ehedem die in der Katastrophe von 1890 zerstörten Barockplastiken befunden hatten. Erst 1913, also mehrere Jahre nach der Entstehung der beiden Fassungen der »Beschreibung eines Kampfes«, konnte die zuvor auf der südlichen Brüstung angebrachte Statue des hl. Franziskus Xaverius, des Indianerapostels, durch eine Kopie ersetzt werden, weil man inzwischen Bruchstücke des Originals aus dem Schlamm der Moldau gebaggert hatte, die als Vorlage für die Rekonstruktion dienten. An die Stelle des vollständig zerstörten Standbilds des hl. Ignatius von Loyola, der auf der Nordseite des Pfeilers gestanden hatte, traten 1938 die Statuen des hl. Cyrillus und Methodius, der Slawenapostel.

Es ist deswegen wohl kein Zufall, daß der Ich-Erzähler gerade bei der fünften Statue sein Kreisen um die Brückenheiligen beendet und wieder festen Boden unter die Beine bekommt: Die Annahme ist nicht von der Hand zu weisen, er sei aufgrund der an dieser Stelle vorhandenen Lücke in der regelmäßigen Abfolge der Skulpturen gleichsam aus dem Flugrhythmus geraten und habe dadurch leichter in die äußere Wirklichkeit des nächtlichen Spaziergangs zurückgefunden.

☞ ***Karlův most (Karlsbrücke): Statue des hl. Johannes von Nepomuk (Socha svatého Jana Nepomuckého)***

Im Verlauf eines kirchenrechtlichen Streits zwischen Wenzel IV. und dem Erzbischof von Prag im Jahr 1393 hatte sich der Generalvikar Johannes von Nepomuk auf die Seite seines Herrn gestellt, was den König so erboste, daß er ihn foltern und in einem Sack in die Moldau werfen ließ. Der Legende nach soll Johann von Nepomuk allerdings ertränkt worden sein, weil er dem König nicht verraten wollte, was ihm dessen Frau gebeichtet hatte; auch seien im Augenblick des Untersinkens fünf kreisförmig angeordnete Sterne als Symbol seiner Märtyrerkrone auf der Wasseroberfläche erschienen.

Zur Erinnerung an diesen Vorgang wurde 1683 auf der Balustrade gegenüber der Statue der hl. Ludmilla eine von Matthias Rauchmüller und Johannes Brokoff geschaffene Bronzeskulptur des Heiligen aufgestellt, die entsprechend der Legende einen aus fünf Sternen bestehenden Kranz um ihr Haupt trägt, der allerdings starkem Zugriff des Publikums ausgesetzt ist und immer wieder ersetzt werden muß. Die Verehrung des 1729 heiliggesprochenen Johannes von Nepomuk erreichte in der Zeit der Donaumonarchie am 15. Mai, dem Vorabend seines Namenstags, ihren Höhepunkt. Eine große, zum Teil eigens angereiste Menschenmenge strömte zu seinem silbernen Reliquienaltar im Veitsdom (vgl. S. 119) und zur festlich geschmückten Statue auf der Karlsbrücke. Nach Einbruch der Dunkelheit wurden brennende

Kerzen auf Brettern in die Moldau gebracht, die Boote, in denen man unterwegs war, mit Lampions geschmückt, so daß der Fluß in ein Lichtermeer getaucht zu sein schien, das durch ein abschließendes Feuerwerk noch überboten wurde.

Die folgende Passage aus dem 1908 erschienenen Roman *Der Schipkapaß* von Karl Hans Strobl (vgl. S. 169) beschreibt Erlebnisse der Hauptfigur während dieses Festes, die zugleich das Unbehagen der burschenschaftlich organisierten deutschen Studenten in einer anderssprachigen, feindlichen Umgebung spiegeln.

> Hans Schütz war vor den Turm der Karlsbrücke geschoben worden und wurde nun durch den Torbogen auf die Brücke selbst hinausgedrängt. Hier war die Menge schwarz gestaut, und es schien, als ob kein Schritt und keine Bewegung mehr möglich sei. Aber dennoch gab es in der Masse ein langsames Fluten, und nach einiger Zeit sah sich Hans ganz in der Nähe der Statue des Johannes von Nepomuk, die in einer Nische des Brückengeländers das Kruzifix inbrünstig an das Herz drückt. Man hatte sie zu Ehren ihres Festes mit allem Lichterglanz geschmückt. Hundert Kerzen, die, von frommen Händen gespendet, hundert Bitten bedeuteten, hundert sehnsüchtige Wünsche und Beschwörungen, gaben der steinernen Gestalt im Priestergewand eine reine Helle, und das im Nachtwind tropfende Wachs fiel auf duftende, leicht verwelkte Blumenleiber, die in Massen zu Füßen des Heiligen lagen. Um die Nische war ein Rahmen von Lampen angebracht, die, sternförmig gestaltet, das Licht durch verschieden gefärbte Gläser aussandten. Und über dem geneigten Kopf des Heiligen schwebte ein kleiner Kranz von leuchtenden Sternen. Vor dem Heiligen war die Menge am dichtesten gedrängt, als sei in ihren Zug ein Knoten geschlungen. Hier waren die in der ersten Reihe knienden Beter in Gefahr, von den hinter ihnen Stehen-

Altar vor der Statue des heiligen Nepomuk auf der Karlsbrücke

den erdrückt und zertreten zu werden. Hans Schütz war in einen Winkel geschoben worden, wo er etwas Ruhe fand. In der Ecke, zwischen dem Wall der Beter, die sich an den Rand der Nische anschlossen, und der Brüstung der Brücke hatte er Zeit, das Feuerwerk zu betrachten, das sich immer glänzender entfaltete. Die dunkle Wasserfläche der Moldau trug jetzt eine Menge von beleuchteten Kähnen und Flößen, von denen unaufhörlich Strahlen, Büschel und Bündel von Flammen aufstiegen. Die bunte Unruhe der Lichtkünste zuckte, von dem schwarzen Stahl der Moldau widergespiegelt, ihre feurigen Botschaften von Kahn zu Kahn und von Floß zu Floß. Über die Brüstung geneigt, sah Hans gerade unter sich aus dem tiefschwarzen Schatten der Brückenbogen ein Boot hervorkommen, das rings um den Bordrand mit farbigen Papierlaternen besteckt war. Ein junger Mann bearbeitete die Ziehharmonika, und auf der hinteren Bank saß ein Paar, das von einem einzigen, gemeinsamen Havelock umwickelt war.

☞ ***Karlův most (Karlsbrücke): Statuengruppe des hl. Johannes von Matha, Felix von Valois und Iwan (Sousoší svatého Jana z Mathy, Felixe ze Valois a Ivana)***

Nachdem man am Abgang zur Insel Kampa und danach noch an zwei weiteren Statuen vorbeigeschritten ist, erhebt sich linker Hand auf dem vorletzten Brückenpfeiler eine 1714 von Ferdinand Maximilian Brokoff geschaffene volkstümliche Gruppe mit Heiligen, die Christen aus türkischer Gefangenschaft loskaufen. Oskar Wiener berichtet in seinem *Alt-Prager Guckkasten*, Detlev von Liliencron habe herzlich gelacht, als er anläßlich eines Prag-Besuchs im Mai 1898 (vgl. S. 86) auf diese Darstellung aufmerksam gemacht wurde, und »dem Cerberus eine Pommeranze in den offenen Rachen« gesteckt.

Will man den Aussagen in seinem autobiographischen Roman *Prager Tagblatt* (1957) Glauben schenken, fürchtete sich Max Brod als Kind vor dieser Stelle der Brücke, an der er nicht vorbeigehen wollte. Der »aus Lässigkeit und Laster« gemischte Gesichtsausdruck des Türken erschreckte ihn so, daß er davon noch in seinen Träumen verfolgt wurde. Egon Erwin Kisch (Näheres S. 146) wurde von der Skulptur zu einer Art ätiologischer Erzählung angeregt, die unter dem Titel »Wie der Türke auf der Karlsbrücke um seinen Säbel kam« in die erweiterte Ausgabe seines *Prager Pitaval* (1952) übernommen wurde. Der Säbel des steinernen Türken, der die im Kerker schmachtenden Christen-Seelen bewacht, war, wie historische Abbildungen zeigen, schon zu Anfang des Jahrhunderts nur noch teilweise vorhanden und ist bei Renovierungsarbeiten vor einigen Jahren so ungeschickt ergänzt worden, daß er bald wieder vollständig abbrach. Wie zu Kischs Zeiten ist also gegenwärtig lediglich der Säbelgriff zu sehen.

Hier der Inhalt der Erzählung: Miluschka, eine arme Sattlerstochter, hat den reichen Teppichhändler Patkanian geheiratet, fürchtet sich aber vor dessen Krummsäbel, denn er erzählt ihr, er habe damit seine erste Frau getötet, die ihm untreu war. Inzwischen hat Miluschka zu Tonik, einem ehemaligen Lehrbuben des Vaters, Zuneigung gefaßt. Dienstag und Freitag, wenn Herr Patkanian mit Freunden in der Weinstube sitzt, treffen sich die Liebenden und verbringen die Abende auf der zum Laurenziberg führenden Ewigen Stiege (vgl. auch S. 52). Einmal trennen sie sich so spät, daß Miluschka Angst hat, ihr Mann werde etwas bemerken und sie umbringen:

> Sie rennt die engen Gassen hinunter, durch den Kleinseitner Brückenbogen. Dort steht der Türke, der ihr das Leben nehmen wird. Sie faßt seinen Säbel, sie will – sie muß ihn zerbrechen. Aber der Säbel ist fest, er rührt sich nicht, wie der Türke sich nicht rührt. Wut über ihre Ohnmacht packt Frau Miluschka. Sie sieht sich um.

Schräg drüben auf der Fahrbahn der Brücke brennt eine rote Laterne: damit die Fußgänger bei Nacht nicht in den Haufen Pflastersteine stoßen, der dort liegt. Sie hebt den größten Stein, eilt zurück, und aus unmittelbarer Nähe, mit Aufwand aller Kraft wirft sie ihn gegen die Hüfte der Statue.

In Trümmern fällt der Türkensäbel auf den Gehsteig. Nur der Gürtel, darinnen der Knauf steckt, schlingt sich um den breiten Leib des Muselmannes. Ein kleiner Sockel, auf den der Krummsäbel gestützt war, ragt noch aus dem Burnus. Das Schwert selbst liegt auf der Erde. Zersplittert.

Aufgeregt und doch auch beruhigt läuft Frau Miluschka weiter. Heimwärts.

An diesem Abend hatte Herr Zadriades Patkanian in seiner Weinstube etwas mehr vom gewürzten Wein getrunken und etwas größere Augen auf die schwarzhaarige Kellnerin gemacht und sich etwas länger aufgehalten als sonst. Es schlug schon zwölf. Er erhob sich und bemühte sich, in seinen Mantel zu schlüpfen. Die schwarzhaarige Kellnerin nahm gerade das Tischtuch ab. Herr Patkanian näherte sich ihr, sie zu umfangen. Sie wich zurück, sie lief um den Tisch, Herr Patkanian ihr nach, drängte sie in eine Ecke; nun wollte er auf sie zuspringen, aber sie schob einen Stuhl zwischen sich und ihren stürmischen Verehrer. Herr Patkanian stieß heftig gegen die Stuhlkante, und es gab einen Knacks, als hätte er eine Rippe gebrochen. Erschrocken ließ er ab. Ohne Atem, Schmerz in der Hüfte, ging er.

Im Schlafzimmer sieht er, daß seine Frau noch nicht zu Hause ist. Da tritt Miluschka ein. Er stößt ein unverständliches Wort aus und ist bleicher als sie. Überrock, Weste reißt er auf, und mit wahnsinnigem Schwung hebt er den Handschar empor.

Nein, nicht den Handschar. Nur den Griff. Die Klinge

ist abgebrochen. Herr Zadriades Patkanian starrt auf seine verstümmelte Waffe.
Dann verzieht er das Gesicht zu einem Lächeln erzwungener Resignation.
Unter Brokoffs Statuengruppe des heiligen Johann Matka und des heiligen Felix von Valois auf der Prager Karlsbrücke steht der Türke mit seinem Hund. Nichts als den Schwertgriff trägt er im Gürtel. Die Klinge ist abgebrochen. Jedermann kann sich davon überzeugen und erkennen, daß vorstehende Geschichte der Realität entnommen ist.

☞ ***Velkopřevorské náměstí (Grandprioratsplatz)***
Um sich weder die verträumte Schönheit der Insel Kampa noch das pittoreske Bild entgehen zu lassen, das der Blick auf die Ufer der Čertovka (des Teufelsbachs) bietet, schließlich aber auch, um sich dem jetzt anstehenden literarischen Schauplatz aus authentischer Perspektive nähern zu können, empfichlt es sich, am Ende der Karlsbrücke den sich über die Mostecká auf die Kleinseite und den Hradschin wälzenden Touristenstrom zu verlassen und stillere Wege zu beschreiten: Man geht unmittelbar vor den beiden Kleinseitner Brückentürmen (Malostranské mostecké věže) nach rechts abwärts, passiert das dort befindliche Hotel »U tří pštrosů« (»Zu den drei Straußen«) an seiner der Karlsbrücke zugewandten Seite und wendet sich dann noch einmal nach rechts, wo man über eine Brücke die Čertovka über- sowie die Karlsbrücke unterquert und auf diese Weise auf die Insel Kampa gelangt. Hier biegt man in die Hroznová ein, überschreitet wiederum die Čertovka und erreicht so den Grandprioratsplatz.

Auf diesem stillen Platz mit den alten Pflastersteinen, zwischen denen wie vor hundert Jahren Gras wächst, beginnt eine tragische Episode in Egon Erwin Kischs (Näheres S. 146) 1914 erschienenem Roman *Der Mädchenhirt.* Die Hauptgestalt Jarda, einer Zufallsverbindung zwischen einem wohlhabenden Deutschen aus der Prager Altstadt und einer auf der Kampa lebenden tschechischen Flößersfrau entstammend, ist in dem Arme-Leute-Milieu der Insel geboren und aufgewachsen, in dem der Körper der Frau fast das einzige, zum Überleben notwendige Betriebskapital darstellt. Eines Tages erfährt der Dreizehnjährige von seiner zwei Jahre älteren Freundin, sie werde sich jetzt das Geld verdienen, das Kavaliere für unberührte Mädchen zu zahlen bereit waren. Die ältere Schwester wartet vor dem Grandpriorats-Gebäude (Nr. 4/485) und führt das Opfer dem Kunden zu, der in der »Alten Post« auf dem nahen Malteserplatz (Maltézské náměstí) wartet. Jarda schleicht ihnen von der Kampa aus nach und verbirgt sich im »Vestibül« (der neugotischen, durch ein schmiedeeisernes Gitter gesicherten Vorhalle) der in unmittelbarer Nachbarschaft des Grandprioratsplatzes gelegenen Malteserkirche (Panny Marie pod řetězem), um das Geschehen heimlich beobachten zu können.

☞ ***Maltézské náměstí (Malteserplatz) Nr. 8/480: ehemaliges Hotel »Zur alten Post«***

Von hier aus bemerkt Jarda, wie die Mädchen in der »Alten Post« verschwinden, deren Fassade teilweise von dem davorstehenden Standbild des hl. Johannes verdeckt ist, das Ferdinand Maximilian Brokoff 1715 geschaffen hat. Im 18. Jahrhundert Prager Hauptpostamt, hatte die »Alte Post« wie alle amtlichen Einrichtungen der Donaumonarchie einen Fassadenanstrich in Kaisergelb, der sich bis heute erhalten hat. Vor dem Ersten Weltkrieg war das Haus ein bekanntes Stundenhotel.

In Jardas Kopf schaukelt es, und er muß sich an den Pilaster stützen. Ein gelbes Rouleau fällt über seine Augen, rote Streifen, aber er sieht durch, ja, er sieht durch, ein spitzbärtiger Mann, er schwingt hundert Kronen, mit den

Füßen schlägt er auf Betka los, und Betka küßt ihm die Füße, muß ihm die Füße küssen, er besudelt die Betka und lacht. Und dann sieht Jarda gar nichts. Nicht die Heiligenstatue mit dem welken Kranz am Sockel, nicht die Lampe, gar nichts.

Er läuft wankend fort. Oberhalb der Fenster des Buquoyschen Palastes lacht von der Mauer herab eine Reihe spitzbärtiger Gesichter, alle sind ganz gleich und lassen die Rouleaus hinab.

Jarda kann die Tränen nicht mehr halten. So sehr er sich schämt, wie ein Kaschkind zu weinen, er kann es nicht verhindern, daß es über seine Wangen und sein Kinn strömt wie die Wasser des Altstädter Wehrs, vor das er sich unten auf die Kampa-Böschung, zwischen die Landungspflöcke der Kähne, auf staubige Grasbüschel und grünbraune Lindenblätter setzt, damit ihn niemand weinen sehe.

Im Mund verspürt er einen bitteren Geschmack. So hat der kandierte Kalmus geschmeckt, den er einmal von

Auf der Kleinseite – Lauben auf dem Malteserplatz

einem Mandolettimann gekauft hat; er hatte geglaubt, es seien verzuckerte Orangenschalen.
Sein Hals ist trocken. Der Magen ist leer. Seine Augen schmerzen ihn vom Weinen. Sein Herz schlägt wirres Zeug. Seine Stirn ist heiß, nein, kalt ist sie. In diese Leiden sind Gedanken verzahnt, Gedanken, die gräßlich verwundend durch den ganzen Körper laufen.
Er möchte sich trösten: Der fremde Herr ist ein Kren, er muß ja hundert Kronen zahlen.
Aber plötzlich durchzuckt ihn ein gräßlicher Schluß: Hundert Kronen kriegt das Mädel nur das erste Mal – also ist sie jetzt weniger wert. Weniger wert.
Jarda springt auf und möchte ins Hotel Post, es der Betka sagen. Schnell – bevor es zu spät ist. Aber er kann nicht. Seine Eingeweide rumoren, und der kleine Jarda erbricht. Schleimiggrüne Galle fällt in das Moldauwasser. Fast wäre er selbst ins Wasser gestürzt, so bebt er. Er muß sich halten.
Es kommt ihm vor, als ob ihn jemand von der Brückenbrüstung beobachte. Er schaut auf. Es sind die Heiligenstatuen, ihre Rückseite. Wie Säulen sehen sie aus, halbrund und glatt. Man sieht genau, wo sie geflickt sind, man hat sich nicht bemüht, die eingesetzten hellen Steine mit dem Dunkel des ursprünglichen Materials in Einklang zu bringen. Wozu auch? Das ist ja die Rückseite. Die Leute gehen vorüber, ihre Köpfe bewegen sich längs der Brüstung, aber sie wissen nicht, wie häßlich die Denkmäler von hinten sind. Sie wissen ja nichts, die Menschen. Sie wissen nicht, was im Hotel Post vorgeht, sonst würden sie nicht so ruhig ihres Weges gehen.

Buquoyscher Palast: Das auf dem Grandprioratsplatz gegenüber dem Grandprioratsgebäude liegende, 1682 errichtete und 1738 umgebaute, von Statuen bekrönte Palais Buquoy-Longueval (Nr. 2/486), heute Sitz der französischen Botschaft.
Kaschkind: Breikind, Säugling.
Kalmus: Duftpflanze asiatischer Herkunft.

Mandolettimann: von Straßenverkäufern in Körben feilgebotenes Gebäck aus Mandelteig, tschechisch ›mandoleta‹. Die eingedeutschte Form leitet sich vom Plural ›mandolety‹ her.
Kren: Jemand, der sich prellen läßt, auch auf der Ebene des Gefühls.

Jarda entwickelt sich im Lauf der Zeit zu einem Mädchenhirten, einem Pasak oder Zuhälter, der als schicksalsmächtiger Herrscher über die Frauen nichts mehr für seine Schützlinge empfindet, schließlich geschlechtskrank wird und mit den Gesetzen in Konflikt kommt. Nachdem er immer mehr ins soziale Abseits geraten ist, bleibt ihm nur eines seiner Mädchen gefühlsmäßig verbunden, das er heiraten möchte. Um dieses Unternehmen finanzieren zu können, beschließt er, seinen Vater zu berauben, stößt aber auf dessen Haushälterin und erhängt sich. (Vgl. S. 207)

☞ *Karmelitská (Karmelitergasse): St. Maria de Victoria (kostel Panny Marie Vítězné)*

Die in der Karmelitská liegende Kirche wurde von 1611 bis 1613 von deutschen Protestanten erbaut. Nach der Schlacht am Weißen Berge (Näheres S. 155) wurde sie katholisch und 1624 dem Karmeliter-Orden übergeben, der sie der Muttergottes vom Siege weihte: Die kaiserlichen Truppen waren 1621 unter dem Zeichen Mariens gegen die aufrührerischen böhmischen Stände in den Kampf gezogen.

Am mittleren Altar an der Nordwand des Kirchenschiffs befindet sich das sogenannte Prager Jesulein, dessen Kult besonders in Westeuropa und Lateinamerika verbreitet ist. Die knapp einen halben Meter hohe, von Engeln umgebene Wachsstatue, die durch eine Glashaube geschützt ist, trägt ein weißes Kleid und darüber einen goldbestickten, dunklen Mantel. Auf dem Kopf des Jesuskindes sitzt eine mit Edelsteinen verzierte Krone. Seine rechte Hand ist segnend erhoben, in der Linken trägt es den Reichsapfel.

Die aus Spanien stammende Statue wurde 1628 von Polyxena von Pernstein-Lobkowitz dem Karmeliter-Konvent übergeben. Als das Kloster 1631 von den Truppen Gustav Adolfs geplündert wurde, geriet sie in Vergessenheit, trat aber bald nach der 1637 erfolgten Rückkehr der Mönche als wundertätiges Kultbild in Erscheinung und erfuhr seit dem Ende des 17. Jahrhunderts allgemeine Verehrung. Die Krankenheilungen, die man ihm zuschrieb, betrafen auch Kinder. Zwei davon fielen in die Jahre 1890 und 1891, mochten also dem katholischen Schriftsteller Paul Claudel bekannt geworden sein, der während der Zeit, die er in Prag als französischer Konsul verbrachte (vgl. S. 262), eine Nachbildung des Prager Jesuleins über dem Bett seiner Kinder stehen hatte. Im Dezember 1910 schrieb er das Gedicht »Das Prager Jesuskind«, das innerhalb des Zyklus »Böhmische Heiligenbilder« veröffentlicht worden ist.

Der tschechische Schriftsteller Bohumil Hrabal hat im zweiten Kapitel seines Romans *Ich habe den englischen König bedient* (Näheres S. 234) die dem Prager Jesulein zuteil werdende Verehrung parodistisch aufs Korn genommen: Er erzählt die skurril anmutenden Verwicklungen, die bei dem Versuch einer bolivianischen Delegation entstehen, eine in ihrer Heimat gefertigte goldene Replik des Kultbilds durch den Prager Erzbischof im Veitsdom weihen zu lassen.

☞ *Tržiště (Marktgasse) Nr. 7/369: ehemaliges Kaffeehaus »Zu den drei Eicheln«*

Die Karmelitská in Richtung St. Niklaskirche aufwärtsgehend, deren grüne Kuppel unübersehbar das Straßenbild beherrscht, erreicht man die linker Hand einmündende Marktgasse (den ehemaligen Eiermarkt), wo der zweite Teil des Spaziergangs beginnt.

In dem Gebäude Nr. 7/369 befand sich um die Jahrhundertwende ein kleines, biedermeierlich wirkendes Kaffeehaus, in dem eine alte Harfenistin tschechische Volksweisen und Schelmenlieder zu Gehör brachte. Es war eines der Lieblingslokale der damals in der Stadt ansässigen literarischen Avantgarde. Als Detlev von Liliencron im November 1904 zum letztenmal in Prag zu Gast war und unverfälschte Volksmusik hören wollte, führte ihn sein Freund Oskar Wiener hierher, der darüber in seinem *Alt-Prager Guckkasten* berichtet. Hier nimmt Paul Leppins Erzählung »Gespenster« ihren Anfang:

> Auf dem Eiermarkt, bevor man durch die Wälsche Gasse zum Lobkowitz-Palais emporsteigt, steht, von kleinen und winkeligen Häusern eingeengt, ein unbeachtetes Kaffeehaus. Am Sonntag nachmittag ist es da heimlich. Die Straßen der Kleinseite sind leer und die Wirtin kocht einen dünnen Kaffee auf dem Herde, der in der Gaststube steht. Die alte Harfenistin schläft in der Ecke und manchmal rührt sich die Turteltaube in dem verrosteten Käfig. An der Wand hängt ein verstaubter Farbendruck, der die vier Lebensalter des Menschen im Bilde zeigt: das spielende Kind, den Knaben, den Mann und den Greis an der Krücke. Durch das ebenerdige Fenster kann man den wunderlichen Brunnen sehn, dessen eiserne Zierraten eine längst entschwundene Zeit zusammenschlang.
> Kein Fremder verirrt sich um diese Stunde in das dämmerige Lokal. Der späte Tag lockt bleiche Lichter auf die vertretenen Dielen und die verrußten Wände. Eine Wolke geht langsam über die Dächer der Stadt und verlöscht sie wieder. Das leise Geräusch des Geschirrs auf dem Herde ist der einzige Ton in der Stille. Die Kinder auf der Gasse klopfen manchmal an die Scheiben und lugen durch die Lücken des Vorhangs in das Zimmer. Eine wunderbare und verklärte Ruhe behütet das »Gasthaus zu den drei Eicheln«. Draußen läuten die Glocken der Niklaskirche zum Segen.
> Aber in der Nacht kann sich alles seltsam ändern. Ein gelbes Licht qualmt von der niedrigen Decke und macht

das Gesicht der Wirtsfrau mißtrauisch und häßlich. Mit schläfrigen Augen sitzen die Soldaten bei den ungehobelten Tischen und schauen schweigend in das schale Bier in den roten Flaschen. Im Hintergrund, dort wo es beinah schon ganz finster ist, hat einer die Fäuste in die Schläfen gegraben und starrt vor sich ins Leere. Der Mann der Wirtin sitzt frierend neben dem Ofen und ein röchelnder Husten schüttelt von Zeit zu Zeit seinen Körper. Hie und da ruft eine heisere Stimme nach einem Schnaps und ein betrunkenes Weib, das bisher mit dem Kopf auf den verschränkten Armen schlief, stammelt eine Zote.

den wunderlichen Brunnen: etwas weiter oberhalb auf der rechten Straßenseite gelegen.

☞ *Tržiště (Marktgasse) Nr. 15/365: Schönborn-Palais (palác Schönbornský)*

Am Ende der Marktgasse befindet sich linker Hand das 1795 erbaute Schönborn-Palais, das heute Sitz der amerikanischen Botschaft ist. Von Anfang März bis August 1917 hatte Kafka in diesem Palais eine Zweizimmerwohnung gemietet, die sich aufgrund verschiedener Hinweise in seinen Lebenszeugnissen lokalisieren läßt. Sie lag hinter den vier inneren, also rechts liegenden Fenstern im zweiten Obergeschoß des sich straßenabwärts erstreckenden Gebäudeteils. Die Werke, die während dieser Zeit entstanden sind, wurden freilich im Alchimistengäßchen auf dem Hradschin geschrieben (Näheres S. 128), so daß sich für Kafka in diesen Monaten vermutlich folgende Tageseinteilung ergab: Nachdem er um 14 Uhr die Arbeiter-Unfall-Versicherungs-Anstalt (vgl. S. 236) verlassen und in der Wohnung seiner Eltern am Altstädter Ring (vgl. S. 162) sein Mittagessen eingenommen und Zeitung gelesen hatte, begab er sich im Lauf des Nachmittags (vielleicht auf Umwegen, weil er ausgedehnte Spaziergänge zur Erholung benötigte) in die Wohnung im Schönborn-Palais, um dort einige Stunden zu schlafen. In den Abendstunden mag er dann über den Jánský vršek (Johannesberg) und die Nerudova (Nerudagasse) zum Eingang des Hradschin und von dort weiter ins Alchimistengäßchen (Zlatá ulička) gegangen sein, wo er, jedenfalls im Frühjahr, in der für seine literarische Arbeit unerläßlichen Ruhe und Abgeschiedenheit bis Mitternacht oder später schrieb. Anschließend übernachtete er im Schönborn-Palais.

Hier ist es in der Nacht vom 12./13. August 1917 zu dem denkwürdigen Blutsturz gekommen, durch den sich seine Lungentuberkulose erstmals direkt bemerkbar machte. Kafka beschreibt dieses Ereignis im April 1920 in einem Brief an die tschechische Journalistin Milena Jesenská mit folgenden Worten:

> Vor etwa 3 Jahren begann es bei mir mitten in der Nacht mit einem Blutsturz. Ich stand auf, angeregt wie man durch alles neue ist (statt liegen zu bleiben, wie ich es später als Vorschrift erfuhr), natürlich auch etwas erschreckt, gieng zum Fenster, lehnte mich hinaus, gieng zum Waschtisch, gieng im Zimmer herum, setzte mich auf's Bett – immerfort Blut. Dabei aber war ich gar nicht unglücklich, denn ich wußte allmählich aus einem bestimmten Grunde, daß ich nach 3, 4 fast schlaflosen Jahren, vorausgesetzt daß die Blutung aufhört, zum erstenmal schlafen werde. Es hörte auch auf (kam auch seitdem nicht wieder) und ich schlief den Rest der Nacht. Am Morgen kam zwar die Bedienerin (ich hatte damals eine Wohnung im Schönborn-Palais), ein gutes, fast aufopferndes, aber äußerst sachliches Mädchen, sah das Blut und sagte: »Pane doktore, s Vámi to dlouho nepotrvá.« Aber mir war besser als sonst, ich gieng ins Bureau und erst nachmittag zum Arzt. Die weitere Geschichte ist hier gleichgiltig.

»Pane doktore…«: »Herr Doktor, mit Ihnen dauert's nicht mehr lange.«

☞ ***Vlašská (Wälsche Gasse)***
Die am Ende der Marktgasse beginnende Wälsche Gasse führt direkt zum Laurenziberg (Petřín). Verfolgt man sie einige Zeit aufwärts, zeigt sich linker Hand an einer platzartigen Erweiterung das 1705 errichtete Lobkowitz-Palais, das zu den bedeutendsten Barockpalästen Prags gehört (Nr. 19/347) und heute der Botschaft der Bundesrepublik Deutschland als Domizil dient. Vor seiner Fassade zieht sich eine auffällige Reihe von Prellsteinen entlang, die früher dafür zu sorgen hatten, daß Straßenfuhrwerke nicht das Mauerwerk beschädigten. Schräg gegenüber (Nr. 34/335) das 1602 von den in Prag lebenden Italienern gegründete Wälsche Spital (Vlašský špitál), an dessen unterem Ende 1611–1617 die Karl-Borromäus-Kirche (kostel svatého Karla Boromejského) hinzugefügt wurde. An ihrer Außenwand (rechts des Portals) findet sich ein großes, von einem modellierten Steinrahmen umschlossenes Gemälde, das mit dem Eingangsteil des Lobkowitz-Palais künstlerisch zu wetteifern scheint. Kaiser Josef II. hob im Jahr 1789 das Institut auf, das aber später durch Rückkauf in die Hände der italienischen Kongregation kam, die hier 1804 das Italienische Waisenhaus gründete. Etwas weiter oberhalb, auf der gleichen Seite, das Krankenhaus der Barmherzigen Schwestern (špitál milosrdných sester) (Nr. 36, 38 und 40/336–338), das noch heute medizinischen Zwecken dient (nemocnice pod Petřínem).

Danach endet die geschlossene Bebauung. Der Weg führt jetzt zwischen hohen Mauern weiter nach oben, die linker Hand den Lobkowitzschen Garten (Lobkovická zahrada), rechts den Garten des Strahower Stifts (Strahovská zahrada) begrenzen, das 1148 als Prämonstratenserkloster gegründet wurde und an der Stelle im Hintergrund sichtbar wird, wo der eigentliche Fahrweg endet und die rechter Hand verlaufende Mauer ein Stückchen unterbrochen ist. In diesem Teil der Wälschen Gasse, in dem sich auch die beiden Liebenden in

Kischs Erzählung »Wie der Türke auf der Karlsbrücke um seinen Säbel kam«, aufgehalten hatten (vgl. S. 41), spielt eine Szene in Max Brods (vgl. S. 97) 1931 gedrucktem Roman *Stefan Rott oder Das Jahr der Entscheidung*.

Der jugendliche, deutlich autobiographische Züge tragende Titelheld ist, damaligem Prager Brauch entsprechend, mit der Dame seines Herzens heraufgekommen und beschwört das Altösterreichische dieses stillen Winkels, der allerdings durch Renovierungsmaßnahmen in den letzten Jahren einiges von seinem Reiz eingebüßt hat.

Wiewohl der Weg in die Wälsche Gasse aufwärts an lauter Kirchen, an einem Waisenhaus, sogar an einem Krankenhaus vorbeiführte, hatte diese Gegend wahrlich nichts Asketisches. Hier schien sich das Christentum nur von der Seite der Liebe her zu zeigen, die Kirche überdies von der Seite einer hohen Urbanität, die sie den Palastbauten der großen Barone verschwisterte. Sinnbilder, künstlerische Portale, schöner Linienschwung; Klerus und Weltlichkeit wetteiferten miteinander. Eine Reihe von alten Prellsteinen vor einer mächtigen Fassade – erinnerte das nicht an die bunten wappengeschmückten Anlegepfähle im Wasser vor einem venezianischen Palais? Auch hier waren einmal zauberhafte Feste großer Herren gefeiert worden. Und dicht daneben gemahnte ein altes Gartentor mit verrostetem Klingelzug an die genießerische Luft der Wiener Vorstädte, an leise Schubertmusik, an diese seltsam süße Vermählung von Treuherzigkeit und erlesener Kultur. Jetzt wohnten in der Umgebung der stolzen Bauten arme Kleinbürger – eine Menschenart, gegen die im Allgemeinen viel einzuwenden ist; aber gerade hier im Stadtviertel der Prager Kleinseite (vielleicht nur hier) zeigten sie sich von ihrer angenehmsten Seite, ohne allzuviel Beschränktheit, ohne Herzensroheit. Ja, hier wurde die Seele zur Freude gestimmt. Hier war man zwischen Gartenmauern links und rechts der Straße versteckt (die Häuser hatten aufgehört), hier in Frühlingsmusik und Duft geborgen, nicht einem öden Himmel und Strom und melancholischen Wirtshauslied schutzlos preisgegeben. Nun stieg der Weg den Abhang hinan, immer zwischen den alten Gartenmauern. Links der Park-Wald des Laurenzibergs, rechts stand über seinen Gärten wie eine ferne Festung das Strahower Stift. Der Weg verengte sich, führte um die Ecke, war nun steingepflasterte Stiege mit sehr breiten Treppenabsätzen (kleine rosa und schieferblaue Steine wiederholten im Bodenmosaik immer dieselbe einfache Figur) und einem uralten Eisengeländer längs der einen Wand. Man kann sich schwerlich einen Winkel denken, der altösterreichischer wäre als dieser liebliche Engpaß zwischen Gemäuer und Baumwerk. Schubert und Smetana klangen auf, die Genies dieses Himmelsstrichs. Hier war nichts so verfallen wie in ähnlichen, schon allzu dramatischen Szenerien Italiens, hier gab es peinliche Ordnung und guten Reichtum, doch beide ohne Pedanterie und ohne Aufdringlichkeit, – hier konnte man leben, wo Süd und Nord ihre Mitte gefunden hatten, ja hier schlug des Lebens allerlustvollstes und würdigstes Herz. – Niedrige Wirtschaftsgebäude parkeinwärts da und dort längs der Mauer. Eine Kapelle am Weg, mit frischem Reisig geschmückt. In den Wandmörtel der Gartenmauern viele Namen geritzt und lauter, lauter Herzen, manche mit Flammen oder mit einem Kreuz versehen, vielleicht in unbewußter Anlehnung an Bilder in einer der vielen nahen Kirchen. Nirgends das obszöne Zeichen, das sonst auf Mauern nicht zu fehlen pflegt. Hier war eben alles anständig gemildert, volkstümlich und edel zugleich, beseelt von Glaubenskraft, Frühling, Leidenschaft, allen lebensholden Kräften des Daseins.

Kapelle: eine der erhaltenen Kreuzwegstationen, die früher den Weg zu der Laurentius-Kirche auf dem Gipfel des Berges säumten.

☞ *Petřín (Laurenziberg): Aussichtsturm (rozhledna)*

Wo die Wälsche Gasse in die Steintreppe übergeht, die von den Prager Deutschen Ewige Stiege genannt wurde, beginnt der Laurenziberg, der den östlichen Ausläufer des Weißen Berges bildet. Die Ewige Stiege (Petřínské schody) endet an dem 1891 errichteten, 60 Meter hohen Aussichtsturm. Die Besteigung des Turmes (täglich bis 23 Uhr) lohnt sich besonders Kafkas wegen, denn von seiner Plattform aus läßt sich fast der gesamte Weg erkennen, den der zum Tode verurteilte Josef K. im *Prozeß* zurücklegt. Auch wenn Kafka im Schlußkapitel seines Werks die Schauplätze der Handlung nicht eindeutig festlegt, verwendet er doch Realitätssplitter, die seiner Prager Umgebung entstammen, sich aber zugleich der eigenen Gesetzen folgenden poetischen Topographie des Romans einfügen. So ist zu vermuten, daß es sich bei der Brücke, die von K. und seinen beiden Begleitern auf ihrem nächtlichen Gang zur Richtstätte überschritten wird, um die Karlsbrücke handelt. Denn als der Verurteilte einen Augenblick am Brückengeländer verweilt, bemerkt er auf einer im Mondlicht liegenden Insel, deren Kieswege er oft durchschritten hat, »Laubmassen von Bäumen und Sträuchern« – offensichtlich eine Beschreibung der nahen Schützeninsel, die einen Standort auf der Karlsbrücke vermuten läßt (vgl. S. 77). Vorbei an dem an der Südfront des Kleinseitner Ringplatzes (Malostranské náměstí) gelegenen k. u. k. Korpskommando (Nr. 15/258) mit der Hauptwache der Polizei (was die vielen Polizisten erklärt, denen Josef K. und seine Begleiter an dieser Stelle begegnen), gelangt die Gruppe über einige ansteigende Gassen, die man als Nerudova und Úvoz (Hohler Weg) identifizieren darf, zum Strahower Kloster (Strahovský klášter), hinter dem damals, wie im Text vorausgesetzt, die Stadt endete und freies Feld begann.

Vom Aussichtsturm aus ist die Karlsbrücke mit ihren Steinplastiken in östlicher Richtung deutlich auszumachen. Weiter links überragt die grüne Kuppel der St. Niklaskirche (kostel svatého Mikuláše) am Kleinseitner Ringplatz (Malostranské náměstí) die Dächer der am linken Moldauufer gelegenen Häuser, während der Verlauf der Nerudova durch die Barockfassade der 1717 erbauten Marienkirche (kostel Panny Marie u kajetánů) markiert wird. Links unterhalb des Hradschin beginnt der in gerader Linie zum Strahower Kloster ansteigende Úvoz, der dem Beschauer zu an die Gartenanlagen des Stifts grenzt, auf der jenseitigen Straßenseite aber von der hier endenden mehrstöckigen Häuserfront der Burgstadt Hradčany begleitet wird. In dem Waldgebiet links vom Strahower Kloster ist zwischen den Bäumen ein Teil der Hungermauer (Hladová zed') zu erkennen, die als Teil eines umfassenden Befestigungswerks den gesamten Bergrücken umschließt und unter anderem das Stift schützen sollte. Sie wurde 1360, als in Prag eine Hungersnot herrschte, von Kaiser Karl IV. als Arbeitsbeschaffungsprogramm in Auftrag gegeben und könnte Kafka zu seiner Erzählung »Beim Bau der Chinesischen Mauer« (1917) angeregt haben.

Noch weiter links, jetzt schon in südwestlicher Richtung, erhebt sich als höchster Punkt des Bergrückens das Strahower Stadion (Strahovský stadion), das auf dem Gelände des ehemaligen Strahower Steinbruchs erbaut wurde. Nachdem K. und seine beiden Henker die hinter dem Kloster liegenden Felder erreicht haben, brauchen sie lediglich nach Süden abzubiegen, um in diesen Steinbruch zu gelangen, in dem Kafka die Exekution seines Helden offensichtlich lokalisiert denkt.

So kamen sie rasch aus der Stadt hinaus, die sich in dieser Richtung fast ohne Übergang an die Felder anschloß. Ein kleiner Steinbruch, verlassen und öde, lag in der Nähe eines noch ganz städtischen Hauses. Hier machten die Herren halt, sei es, daß dieser Ort von allem Anfang an

ihr Ziel gewesen war, sei es, daß sie zu erschöpft waren, um noch weiter zu laufen. Jetzt ließen sie K. los, der stumm wartete, nahmen die Zylinderhüte ab und wischten sich, während sie sich im Steinbruch umsahen, mit den Taschentüchern den Schweiß von der Stirn. Überall lag der Mondschein mit seiner Natürlichkeit und Ruhe, die keinem anderen Licht gegeben ist.
Nach Austausch einiger Höflichkeiten hinsichtlich dessen, wer die nächsten Aufgaben auszuführen habe – die Herren schienen die Aufträge ungeteilt bekommen zu haben –, ging der eine zu K. und zog ihm den Rock, die Weste und schließlich das Hemd aus. K. fröstelte unwillkürlich, worauf ihm der Herr einen leichten, beruhigenden Schlag auf den Rücken gab. Dann legte er die Sachen sorgfältig zusammen, wie Dinge, die man noch gebrauchen wird, wenn auch nicht in allernächster Zeit. Um K. nicht ohne Bewegung der immerhin kühlen Nachtluft auszusetzen, nahm er ihn unter den Arm und ging mit ihm ein wenig auf und ab, während der andere Herr den Steinbruch nach irgendeiner passenden Stelle absuchte. Als er sie gefunden hatte, winkte er, und der andere Herr geleitete K. hin. Es war nahe der Bruchwand, es lag dort ein losgebrochener Stein. Die Herren setzten K. auf die Erde nieder, lehnten ihn an den Stein und betteten seinen Kopf obenauf. Trotz aller Anstrengung, die sie sich gaben, und trotz allem Entgegenkommen, das ihnen K. bewies, blieb seine Haltung eine sehr gezwungene und unglaubwürdige. Der eine Herr bat daher den anderen, ihm für ein Weilchen das Hinlegen K.s allein zu überlassen, aber auch dadurch wurde es nicht besser. Schließlich ließen sie K. in einer Lage, die nicht einmal die beste von den bereits erreichten Lagen war. Dann öffnete der eine Herr seinen Gehrock und nahm aus einer Scheide, die an einem um die Weste gespannten Gürtel hing, ein langes, dünnes, beiderseitig geschärftes Fleischermesser, hielt es

> hoch und prüfte die Schärfe im Licht. Wieder begannen die widerlichen Höflichkeiten, einer reichte über K. hinweg das Messer dem anderen, dieser reichte es wieder über K. zurück. K. wußte jetzt genau, daß es seine Pflicht gewesen wäre, das Messer, als es von Hand zu Hand über ihm schwebte, selbst zu fassen und sich einzubohren. Aber er tat es nicht, sondern drehte den noch freien Hals und sah umher. Vollständig konnte er sich nicht bewähren, alle Arbeit den Behörden nicht abnehmen, die Verantwortung für diesen letzten Fehler trug der, der ihm den Rest der dazu nötigen Kraft versagt hatte. Seine Blicke fielen auf das letzte Stockwerk des an den Steinbruch angrenzenden Hauses. Wie ein Licht aufzuckt, so fuhren die Fensterflügel eines Fensters dort auseinander, ein Mensch, schwach und dünn in der Ferne und Höhe, beugte sich mit einem Ruck weit vor und streckte die Arme noch weiter aus. Wer war es? Ein Freund? Ein guter Mensch? Einer, der teilnahm? Einer, der helfen wollte? War es ein einzelner? Waren es alle? War noch Hilfe? Gabe es Einwände, die man vergessen hatte? Gewiß gab es solche. Die Logik ist zwar unerschütterlich, aber einem Menschen, der leben will, widersteht sie nicht. Wo war der Richter, den er nie gesehen hatte? Wo war das hohe Gericht, bis zu dem er nie gekommen war? Er hob die Hände und spreizte alle Finger.
> Aber an K.s Gurgel legten sich die Hände des einen Herrn, während der andere das Messer ihm tief ins Herz stieß und zweimal dort drehte. Mit brechenden Augen sah noch K., wie die Herren, nahe vor seinem Gesicht, Wange an Wange aneinandergelehnt, die Entscheidung beobachteten. »Wie ein Hund!« sagte er, es war, als sollte die Scham ihn überleben.

Wie im »Dom«-Kapitel des Romans (Näheres S. 119) hat Kafka unterschiedliche Elemente seines Prager Ambiente mit poetischer Lizenz zu einem eindringlichen Szenarium zusammengefügt, das den Gesetzen des Traums zu folgen scheint: An der Bruchwand des Strahower Steinbruchs hat nie ein Haus gestanden. Kafkas produktive Einbildungskraft mag dieses Gebäude aus dem südlich des Laurenzibergs liegenden Kinsky-Garten, den er nach Ausweis der Tagebücher gelegentlich besuchte, auf den Ort der Hinrichtung übertragen haben. Dort liegt nordöstlich der neuromanischen St. Gabrielskirche ein mehrstöckiges Gebäude (Nr. 13/104), das früher ein Taubstummen-Institut beherbergte. Zwischen ihm und dem Strahower Steinbruch erstreckten sich zu Kafkas Lebzeiten nur unbebaute Grasflächen, Heckengebiete und Baumwiesen. Oder er könnte an den südlich des Stadions zum Stadtteil Smíchov abfallenden Berghang gedacht haben, an dem damals ein Fußpfad (die heutige Pěší) zum Strahower Steinbruch hochführte. In dieser durch Weinberge und Gärten bestimmten Landschaft gab es vor dem Ersten Weltkrieg noch keine Wohnhäuser, allerdings westlich der Pěší eine bedeutende, aus zwei Gebäudekomplexen bestehende Anlage. In dem oberen, nur wenige hundert Meter vom Stadion entfernten, Dolní Palata genannten Anwesen (Nr. 18/110), das am Ende des 19. Jahrhunderts seine heutige Gestalt erhielt, befand sich zur Zeit, als Kafka den *Prozeß* schrieb, die Direktion des 1892 gegründeten »Francisco-Josephinums«, eines Instituts für unheilbar Blinde, dessen weiter unterhalb liegender Hauptbau (Nr. 5/737) noch heute der Blindenfürsorge dient (Ústav sociální péče pro nevidomé).

Auf Spaziergängen mag Kafka beobachtet haben, wie Kranke sich in der von ihm im *Prozeß* beschriebenen Weise aus den Fensterflügeln beugten und diesen, gerade aufgrund seiner Sprach- und Hilflosigkeit beeindruckenden Vorgang als Bild menschlicher Isolation, Ohnmacht und Unfähigkeit verstanden haben, mit anderen in Verbindung zu treten. Als er Josef K. in vergleichbarer Lage zu Tode kommen ließ, verpflanzte er also möglicherweise Beobachtungen, die er auf

Spaziergängen in dieser Gegend empfangen hatte, an den Rand des nahegelegenen Steinbruchs, den er vielleicht sogar in dienstlicher Eigenschaft kannte, gehörte doch zu seinem Arbeitsbereich die Unfallverhütung, und zwar besonders im Baugewerbe, in der holzverarbeitenden Branche und in Steinbruchbetrieben.

Auf der Allee, die sich zwischen Aussichtsturm und Laurentius-Kirche (kostel svatého Vavrince) erstreckt, hat der tschechische Schriftsteller Milan Kundera das 12., 13. und 14. Kapitel seines 1985 erschienenen Romans *Die unerträgliche Leichtigkeit des Seins* angesiedelt, die offensichtlich unter dem Einfluß von Kafkas *Prozeß* stehen. Teresa, eine der Hauptfiguren, will sich der Eifersucht entschlagen, seitdem Tomas ihretwegen nach Prag zurückgekehrt ist, aber sie ist nicht stark genug, sich gegen dieses Gefühl zu wehren, als sie bemerkt, daß das Haar ihres Freundes »nach einem fremden Schoß« riecht. Sie bittet Tomas um Hilfe, der sie anweist, auf den Laurenziberg zu gehen, wo »alles arrangiert« sei. Trotz ihrer Angst und Schwäche gehorcht sie und erlebt dies:

> Als sie am Fuß des Laurenziberges stand, dieses grünen Hügels mitten in Prag, stellte sie verwundert fest, daß kein Mensch dort war. Seltsam, denn normalerweise gingen Massen von Pragern in diesen Alleen spazieren. Sie hatte Angst im Herzen, der Berg war aber so still und die Stille so besänftigend, daß sie sich nicht mehr wehrte und sich seiner Umarmung hingab. Sie stieg hinauf, hielt von Zeit zu Zeit inne und schaute zurück: unter ihr lagen die vielen Türme und Brücken; die Heiligen drohten mit den Fäusten, die starren Steinaugen den Wolken zugewandt. Es war die schönste Stadt der Welt.
>
> Sie kam oben an. Hinter den Buden mit Eis, Ansichtskarten und Keksen (in denen kein einziger Verkäufer stand) erstreckte sich ein endloser Rasen, der spärlich mit Bäumen bestanden war. Sie sah dort einige Männer stehen. Je

mehr sie sich ihnen näherte, desto langsamer wurden ihre Schritte. Es waren sechs Männer. Sie standen einfach da, oder schlenderten langsam umher, wie Spieler auf einem Golfplatz, die das Terrain auskundschaften, den Schläger in der Hand wiegen und sich vor dem Spiel konzentrieren. Sie ging ganz nahe an sie heran. Von den sechs unterschied sie mit Sicherheit drei, die hier dieselbe Rolle zu spielen hatten, wie sie selbst: sie waren unsicher, sie sahen aus, als wollten sie viele Fragen stellen, hatten aber Angst, lästig zu werden, so daß sie lieber schwiegen und nur fragende Blicke auf ihre Umgebung warfen.

Die drei anderen strahlten eine geduldige Freundlichkeit aus. Einer von ihnen hielt eine Flinte in der Hand. Als er Teresa erblickte, winkte er ihr lächelnd zu: »Ja, Sie sind hier richtig.«

Sie grüßte mit einem Nicken des Kopfes, ihr war angst und bange.

Der Mann fügte hinzu: »Damit keine Mißverständnisse entstehen, geschieht es auf *Ihren* Wunsch?«

Es wäre einfach gewesen zu sagen, ›Nein, nein, es ist nicht mein Wunsch!‹, aber es war für sie unvorstellbar, Tomas zu enttäuschen. Womit könnte sie sich bei ihm entschuldigen, wenn sie wieder nach Hause zurückkehrte? Darum sagte sie: »Ja, gewiß. Es geschieht auf meinen Wunsch.«

Der Mann mit der Flinte fuhr fort: »Damit Sie verstehen, weshalb ich frage. Wir tun es nur, wenn wir die Gewißheit haben, daß die Leute, die zu uns kommen, selber ausdrücklich zu sterben wünschen. Wir erweisen ihnen bloß einen Dienst.«

Forschend musterte er Teresa, worauf sie ihm nochmals versichern mußte: »Nein, haben Sie keine Bedenken. Es ist mein Wunsch.«

»Wollen Sie als erste drankommen?« fragte er.

Sie wollte die Hinrichtung wenigstens noch etwas auf-

schieben und sagte: »Nein, bitte nicht. Wenn es möglich ist, so wäre ich gern die letzte.«
»Wie Sie wollen«, sagte er und ging wieder zu den anderen zurück. Seine beiden Helfer trugen keine Waffen, sie waren nur da, um sich den Menschen zu widmen, die zum Sterben gekommen waren. Sie faßten sie am Arm und geleiteten sie auf den Rasen. Die Grasfläche breitete sich aus, so weit das Auge reichte. Die Todeskandidaten durften sich ihren Baum selber aussuchen. Sie blieben stehen, sahen sich um und konnten sich lange nicht entscheiden. Zwei von ihnen wählten schließlich eine Platane aus, doch der dritte ging immer weiter, und kein Baum schien ihm geeignet für seinen Tod. Der Helfer, der ihn sachte am Arm hielt, begleitete ihn geduldig, bis der Mann schließlich den Mut verlor weiterzugehen und vor einem weitausladenden Ahorn stehenblieb.
Darauf verbanden die Helfer allen dreien die Augen mit einem Tuch.
So standen auf dem endlosen Rasen drei Männer an drei Bäume gelehnt, jeder eine Binde vor den Augen und den Kopf zum Himmel gewandt.
Der Mann mit der Flinte zielte und schoß. Außer dem Singen der Vögel hörte man kein Geräusch. Die Flinte war mit einem Schalldämpfer ausgerüstet. Man konnte nur sehen, wie der Mann am Ahorn langsam zusammenbrach.
Ohne sich von der Stelle zu rühren, drehte sich der Mann mit der Flinte in eine andere Richtung, und der Mann an der Platane brach ebenfalls in vollkommener Stille zusammen, und einen Augenblick später (der Mann mit der Flinte hatte sich nochmals etwas gedreht) fiel auch der dritte Hingerichtete auf den Rasen.

Einer der Helfer trat schweigend auf Teresa zu. In der Hand hielt er ein dunkelblaues Tuch.

Sie begriff, daß er ihr die Augen verbinden wollte. Sie schüttelte den Kopf und sagte: »Nein, ich will alles sehen.«

Das war aber nicht der eigentliche Grund ihrer Weigerung. Sie hatte nichts von einer Heldin an sich, die fest entschlossen ist, dem Erschießungskommando standhaft in die Augen zu sehen. Sie wollte nur den Tod hinausschieben. Ihr schien, als wäre sie mit der Binde vor den Augen bereits im Vorzimmer des Todes, von wo es kein Zurück mehr gab.

Der Mann wollte sie nicht drängen und faßte sie am Arm. So schritten sie über den weiten Rasen, und Teresa konnte sich für keinen Baum entscheiden. Niemand hielt sie zur Eile an, doch wußte sie, daß es ohnehin kein Entrinnen gab. Als sie einen blühenden Kastanienbaum vor sich sah, blieb sie stehen. Sie lehnte sich mit dem Rücken an den Stamm und schaute nach oben: sie sah sonnendurchtränktes Grün und hörte in der Ferne das Summen der Stadt, sanft und süß, als erklängen Tausende von Geigen.

Der Mann setzte die Flinte an.

Teresa spürte, wie der Mut sie verließ. Sie war verzweifelt über ihre Schwäche, vermochte sie jedoch nicht zu bezwingen und sagte: »Es ist aber nicht *mein* Wunsch.«

Augenblicklich senkte der Mann den Gewehrlauf und sagte sehr milde: »Wenn es nicht *Ihr* Wunsch ist, so können wir es nicht tun. Dazu haben wir kein Recht.«

Seine Stimme klang freundlich, als wollte er sich bei Teresa dafür entschuldigen, daß er sie nicht erschießen konnte, weil sie es nicht selber wünschte. Diese Freundlichkeit brach ihr das Herz, sie wandte ihr Gesicht der Baumrinde zu und fing an zu weinen.

Milan Kundera wurde am 1. April 1929 in Brünn (Brno) geboren. Er studierte Philologie und war dann Assistent an einer

Filmakademie. Seine Gedichte, Erzählwerke und Dramen behandeln, teilweise in sarkastischer Weise, vor allem das Thema der Liebe und Erotik in einem totalitären Staat. Infolge der politischen Veränderungen, die sich in der Tschechoslowakei nach 1968 vollzogen, hatte Kundera in den siebziger Jahren in seiner Heimat Publikationsverbot, das ihn in die Emigration trieb. Von 1975–1980 lehrte er in Rennes, seit 1980 lebt er in Paris. Inzwischen schreibt er in französischer Sprache, aus der er auch übersetzt.

☞ ***Seminářská zahrada (Seminargarten):***
Die Hasenburg (Restaurant »Nebozízek«)

An der Südseite der von Lindenbäumen gesäumten und von der Hungermauer flankierten Allee beginnt ein Waldweg, der über den Seminargarten am Hang des Laurenzibergs zurück auf die Kleinseite führt. Zusammen mit dem sich im Norden anschließenden Strahower Garten (Strahovská zahrada) sowie dem sich nach Süden fortsetzenden Kinsky-Garten (Kinského zahrada) bildet der Seminargarten eine einzige, riesige Parkanlage, die Petřínské Sady (die Petřiner Parks), die bis zum Zweiten Weltkrieg zu den beliebtesten Zielen Prager Spaziergänger gehörten.

Von der Gartenterrasse der am Hang des Laurenzibergs (seiner Lehne, wie die Prager Deutschen sagten) gelegenen Hasenburg aus hat man einen besonders prächtigen Blick auf Hradschin, Kleinseite sowie die Prager Altstadt und Neustadt. Hier, auf einer der Bänke, die sich vor dem Lokal um einen großen Kastanienbaum gruppieren, kann eine bekannte Aussage Kafkas aus dem Jahr 1920 angesiedelt werden, in der er, an der Schwelle des Erwachsenenalters stehend, die Umstände formulierte, unter denen er sich seiner literarischen Berufung bewußt wurde:

> Es handelt sich um folgendes: Ich saß einmal vor vielen Jahren, gewiß traurig genug, auf der Lehne des Laurenzi-

berges. Ich prüfte die Wünsche, die ich für das Leben hatte. Als wichtigster oder als reizvollster ergab sich der Wunsch, eine Ansicht des Lebens zu gewinnen (und – das war allerdings notwendig verbunden – schriftlich die anderen von ihr überzeugen zu können), in der das Leben zwar sein natürliches schweres Fallen und Steigen bewahre, aber gleichzeitig mit nicht minderer Deutlichkeit als ein Nichts, als ein Traum, als ein Schweben erkannt werde. Vielleicht ein schöner Wunsch, wenn ich ihn richtig gewünscht hätte. Etwa als Wunsch, einen Tisch mit peinlich ordentlicher Handwerksmäßigkeit zusammenzuhämmern und dabei gleichzeitig nichts zu tun, und zwar nicht so, daß man sagen könnte: »Ihm ist das Hämmern ein Nichts«, sondern »Ihm ist das Hämmern ein wirkliches Hämmern und gleichzeitig auch ein Nichts«, wodurch ja das Hämmern noch kühner, noch entschlossener, noch wirklicher und, wenn du willst, noch irrsinniger geworden wäre.
Aber er konnte gar nicht so wünschen, denn sein Wunsch war kein Wunsch, er war nur eine Verteidigung, eine Verbürgerlichung des Nichts, ein Hauch von Munterkeit, den er dem Nichts geben wollte, in das er zwar damals kaum die ersten bewußten Schritte tat, das er aber schon als sein Element fühlte. Es war damals eine Art Abschied, den er von der Scheinwelt der Jugend nahm, sie hatte ihn übrigens niemals unmittelbar getäuscht, sondern nur durch die Reden aller Autoritäten ringsherum täuschen lassen. So hatte sich die Notwendigkeit des ›Wunsches‹ ergeben.

☞ Seminářská zahrada (Seminargarten) Nr. 5/417: ehemaliges »Gärtnerhaus«

Wenn man nicht mit der Drahtseilbahn (Lanová dráha), die vor der Hasenburg hält, nach unten fahren will (was aber am späten Abend nicht mehr möglich ist), geht man auf den weiter abwärts führenden Waldweg zurück, den man gerade verlassen hat. Hier bemerkt man rechter Hand ein halb verfallenes kleines Haus, das früher dem Parkgärtner als Wohnung diente und von den Prager Deutschen »Gärtnerhaus« genannt wurde. Der Ich-Erzähler der »Beschreibung eines Kampfes«, der sich im Mittelstück der Erzählung phantastischer »Belustigungen« hingegeben hat, ist in ihrem dritten Teil auf den Boden der Realität zurückgekehrt. Nachdem er mit seinem Begleiter höchstwahrscheinlich über den Kleinseitner Ringplatz, Marktgasse und Wälsche Gasse auf den Laurenziberg gestiegen ist, ergeht er sich dort auf einer »Allee«, die Kafka gegen den Augenschein von Akazien anstatt von Kastanien gesäumt sein läßt, und ruht sich schließlich auf einer Bank vor dem Gärtnerhaus aus. Die von Kafka gewählte, aus heutiger Sicht vielleicht etwas verwunderliche Bezeichnung für den in Serpentinen abwärts führenden Fußweg am Hang des Laurenziberges war zu seiner Zeit in Prag üblich. Mit dieser, im folgenden auszugsweise angeführten Szene endet die erste Fassung der Erzählung:

> »Wie ist das doch« sagte mein Bekannter, der mit mir aus der Gesellschaft gekommen war und ruhig neben mir auf einem Wege des Laurenziberges gieng »Bleiben sie endlich ein wenig stehn, damit ich mir darüber klar werde. – Wissen sie, ich habe eine Sache zu erledigen. Das ist so anstrengend – diese wohl kalte und auch bestrahlte Nacht, aber dieser unzufriedene Wind, der sogar bisweilen die Stellung jener Akazien zu verändern scheint« Der Mondschatten des Gärtnerhauses war über den ein wenig gewölbten Weg gespannt und mit dem geringen Schnee verziert. Als ich die Bank erblickte, die neben der Thüre stand, zeigte ich mit erhobener Hand auf sie, denn ich war nicht muthig und erwartete Vorwürfe, legte daher meine linke Hand auf meine Brust.

Er setzte sich überdrüssig, ohne Rücksicht gegen seine schönen Kleider und brachte mich in Staunen, als er seine Ellbogen gegen seine Hüften drückte und seine Stirn in die durchgebogenen Fingerspitzen legte. [...]
Mir war sehr kalt und schon neigte sich der Himmel ein wenig in weißlicher Farbe: »Da wird keine Schandthat helfen, keine Untreue oder Abreise in ein entferntes Land. Sie werden sich morden müssen« sagte ich und lächelte außerdem.
Uns gegenüber am andern Rande der Allee standen zwei Büsche und hinter diesen Büschen unten war die Stadt. Sie war noch ein wenig beleuchtet. [...]
Da zog mein Bekannter ohne Umstände aus seiner Tasche ein Messer, öffnete es nachdenklich und stieß es dann wie im Spiele in seinen linken Oberarm und entfernte es nicht. Gleich rann Blut. Seine runden Wangen waren blaß. Ich zog das Messer heraus, zerschnitt den Ärmel des Winterrocks und des Fracks, riß den Hemdärmel auf. Lief dann eine kurze Strecke des Weges hinunter und aufwärts, um zu sehn, ob niemand da sei, der mir helfen könnte. Alles Gezweige war fast grell sichtbar und unbewegt. Dann saugte ich ein wenig an der tiefen Wunde. Da erinnerte ich mich an das Gärtnerhäuschen. Ich lief die Stiegen aufwärts, die zu dem erhöhten Rasen an der linken Seite des Hauses führten, ich untersuchte die Fenster und Thüren in Eile, ich läutete wüthend und stampfend, trotzdem ich gleich gesehen hatte, daß das Haus unbewohnt war. Dann sah ich nach der Wunde, die in dünnem Strom blutete. Ich näßte sein Tuch im Schnee und umband ungeschickt seinen Arm. [...]
Eine Laterne nahe an der Mauer oben brannte und legte den Schatten der Stämme über Weg und weißen Schnee, während der Schatten des vielfältigen Astwerkes umgebogen wie zerbrochen auf dem Abhang lag.

Vergleicht man diese Darstellung mit den am »Gärtnerhaus« herrschenden Gegebenheiten, so erkennt man, wie genau Kafka die Szenerie des Laurenzibergs nachgezeichnet hat. Weil der vor dem Gebäude entlangführende Weg abfällt, muß der Ich-Erzähler korrekterweise »hinunter und aufwärts« laufen, um seiner Aufregung Herr zu werden. An der bergabwärts gerichteten Schmalseite des Hauses befindet sich noch heute ein niedriger Anbau, der das nach dieser Seite sich senkende und zugleich nach hinten zum Steilhang hin ansteigende Gelände zu einem ebenen Plateau ausgleicht. Der Ich-Erzähler betritt diesen kleinen Garten über Treppenstufen, die entweder heute verschwunden sind oder niemals vorhanden waren, um Hilfe für seinen Begleiter herbeizuschaffen, den er, noch nicht wieder vollständig der äußeren Realität angepaßt, verwundet glaubt. Daß sein Klopfen an Fenster und der (schon am gegenläufigen oberen Wegstück liegenden) Tür auf der Rückseite des Hauses ohne Resonanz bleibt, ist verständlich, weil im Winter die Gartenarbeiten im Park ruhten, das Haus also in dieser Jahreszeit unbewohnt war.

Auch die weitere Umgebung wird entsprechend den dort tatsächlich herrschenden Verhältnissen gestaltet: Wenn man vor dem »Gärtnerhaus« sitzt, hat man, wie im Text vorausgesetzt, Buschwerk vor sich, weil auf dem gegenüberliegenden Steilhang, der wenig unterhalb schon wieder von dem in Gegenrichtung verlaufenden Weg durchschnitten wird, große Bäume nicht wachsen können. Und ganz unten liegt tatsächlich, viel näher als der auf dem Plateau des Berges sich hinziehenden Allee beim Aussichtsturm, die Stadt mit Fluß, Schützeninsel, Franzensquai und Tschechischem Nationaltheater.

Schließlich belegt der Schlußabsatz des angeführten Textauszugs, daß man sich an der Lehne des Laurenziberges befindet. Denn wenn Kafka eine »an der Mauer oben« brennende Laterne erwähnt, die Baumschatten auf den sich darunter erstreckenden »Abhang« wirft, so kann er damit nur die heute noch an dieser Stelle befindliche einsame Straßenlaterne am oberen, direkt an der Hungermauer entlangführenden Teil des Weges meinen, den sowohl seine beiden nächtlichen Spaziergänger als auch die in seinen Spuren gehenden Literaturfreunde heruntergekommen sind.

☞ ***Seminářská zahrada (Seminargarten): Mácha-Denkmal (pomník Karla Hynka Máchy)***

Der weiter an Höhe verlierende Weg führt nach der schon erwähnten Linkskurve unterhalb des »Gärtnerhauses« zum Gleiskörper der auf den Laurenziberg führenden Drahtseilbahn, um sich dann, schmaler werdend, wieder davon zu entfernen. An der nächsten Linkskehre erhebt sich das 1911 errichtete Denkmal des tschechischen Schriftstellers Karel Hynek Mácha (1810–1836), der mit seiner 1836 erschienenen Verserzählung *Máj (Der Mai)* ein viel bewundertes Hauptwerk der tschechischen Romantik schuf (vgl. S. 296).

Auf dieses Monument nimmt Jaroslav Seiferts Gedicht »Der Veilchenregen« (aus der 1983 erschienenen Sammlung *Gewitter der Welt*) Bezug. Hintergrund ist neben seiner Bewunderung Máchas der Umstand, daß die Petřínské sady einer seiner Lieblingsorte waren, »ein Garten der Liebe und des Liebeslagers, vibriert vom Frühling an vom Vogelgesang in den Zweigen«, wie er in dem Essay *Eine vertrauliche Mitteilung* ergänzend schreibt. In dem Gelände unterhalb des Mácha-Denkmals hatte er an einem wenig begangenen Seitenpfad, wie er in seinem Essay *Ein Strauß künstlicher Veilchen* erzählt, eine besonders schöne Stelle entdeckt, an der Veilchen blühten. In diesen zur Stadt abfallenden Baumwiesen, wo Prag, das ihn liebte, Mozart gleichsam zu Füßen liegt, siedelt er in seinen Gedichten »Tempo di Minuetto« und »Allegro con spirito« (aus *Gewitter der Welt*) das Grab des von ihm bewunderten Komponisten an.

Auf den Parkwegen rund um das Mácha-Denkmal spielt teilweise Franz Werfels 1931 veröffentlichte Erzählung *Kleine*

Verhältnisse, in der er eigene Kindheitserlebnisse verarbeitet hat: Als er gerade zwölf Jahre alt geworden war, hatten seine Eltern zur Entlastung der im Hause lebenden Kinderfrau Barbara Šimůnková die aus kleinen Verhältnissen stammende Erna Tschepper als Gouvernante engagiert, die aber, nachdem sie schwanger geworden war, wieder entlassen wurde. Dieser Sachverhalt und seine Vorgeschichte sind genauso in die Erzählung eingegangen wie die Spaziergänge, die Erna an Nachmittagen mit dem Sohn des Hauses zu unternehmen pflegte, der in der Gestalt des elfjährigen, aus großbürgerlicher Familie stammenden Hugo verkörpert ist.

> Die Stadt war jetzt von zahlreichen und bezaubernden Gärten durchbrochen. Erna liebte am meisten die ›Hasenburg‹, jenen Park, der sich mit labyrinthischen Wegen, weiten Rasenflächen, Terrassen, künstlichen Grotten, Springbrunnen, blühenden Heimlichkeiten an die Lehne eines Berges schmiegt. Auch Hugo mochte diesen weitgedehnten Ort gerne, von dessen sich überstufenden Wandelflächen und efeuumklammerten Brüstungen man die dichtgedrängte Stadt bis zu den nebligen Vorbezirken am Horizont betrachten konnte. Der schwere schläfrige Fluß halbierte das altertümliche Gedränge des Zentrums. Die vielen steinernen und eisernen Brücken schwangen verschiedenartige Melodien von Ufer zu Ufer. Die älteste unter ihnen hielt den erstarrten Schmerz ihrer gefesselten Statuengruppen ins braune oder silberne Licht, das sich sekündlich verwandelte. Düsteren Kristalldrusen glichen diese bewegten Gestalten, die der Druck der Geschichte aus den felsigen Brückenbögen emporgetrieben hatte. Hugos Auge aber hing vor allem an der mächtigen Kuppel des Nationaltheaters, die breit und grün mitten unter dem gotischen Emporstreben der hundert Türme in der Sonne brütete oder die wie ein architektonisches Tiergespenst

aus dem Nebel tauchte, den die Stadt gegen Abend immer von sich gab. Er war zwei- oder dreimal schon in dieses Theater mitgenommen worden. Seitdem umlauerte sein Herz das Gebäude, dessen grünspäniger Kuppelsturz Dinge enthielt, die ihn tief entzückten: den pathetisch bemalten Vorhang, die lichterfüllte Wölbung, die Stimmen der Instrumente, den einzigartigen Geruch, aus feinem Staub, Moder, Parfum, Frauen gemischt, und das Zaubergeheimnis der Bühne, das Geheimnis eines unwirklichen Raumes, der den wirklichen schneidet, mächtiger noch als der göttliche Raum den irdischen der Kirche durchdämmert.

☞ ***Kampa (Insel Kampa)***

Unter den Kastanien, welche die Brüstungsmauer am Moldauufer säumen, hat man einen schönen Blick auf die Prager Altstadt, die Schützeninsel, die Kaiser-Franzens-Brücke (most Legií) und das Tschechische Nationaltheater. Das Panorama hat den tschechischen Schriftsteller Antonín Macek (1872–1923), der zu dem Kreis der im »Café Arco« (vgl. S. 243) verkehrenden Literaten gehörte, im Jahr 1912 zu einem Gedicht inspiriert, das der ebenfalls diesem Zirkel zuzurechnende Otto Pick 1930 ins Deutsche übersetzt hat.

Frühling auf der Insel Kampa

Über dem glitzernd gekräuselten Flusse
neigte ein Kastanienbaum
seine Äste, mit Blütenrispen verziert.
Und Efeu wand sich um den alten Baum,
dem Stamm verwuchsen seine Zweige
und neigten sich und formten eine Laube.
Hier war es still, Friede und Wasser,
und Flieder duftete.

Am andern Ufer ragten Kirchentürme,
die Kuppel des Theaters wölbte sich
am blauen Himmel.
Und hier in dieser Stille dachte ich
an jene unterirdischen, armseligen,
finstern und traurigen
und übelriechenden Wohnstätten,
an die zusammengedrängten Seelen, oh Prag,
in deiner Frühlingsschönheit!
An jener Menschen, Pflanzen, Bäume, Blüten Los,
an alle furchtlose Anmut der Herzen,
welche, wie deine Schönheit,
bestimmt sind, zu verderben.

☞ ***Kampa Nr. 2/503 sowie 3/504 und 527: ehemalige Odkolek-Mühlen (Sovovy mlýny)***

Die mittelalterlichen Mühlen sind im Jahr 1561 abgebrannt und erhielten 1867 ein modernes Aussehen. Als sie 1896 neuerlich durch Feuer zerstört wurden, kaufte die Prager Gemeinde das Areal und ließ den hohen Kamin abtragen, der das Kleinseitner Panorama verschandelt hatte. An der Stelle, an der das Altstädter Wehr auf das Ufer trifft, findet die Geschichte von der grüngekleideten Dame, die Ota Filip in seinem Roman *Café Slavia* erzählt, ihr trauriges Ende. In der »Zweiundzwanzigsten Geschichte« sitzt der Held, der direkt vom »Café Slavia« hergekommen ist, auf einem Stein am Ufer und beobachtet den gegenüberliegenden Quai bis zu dem schon erwähnten Gebäude, das außer dem Restaurant Bellevue auch das sogenannte Königsbad (vgl. S. 26) beherbergt:

Die Dämmerung fiel schnell über den Fluß.
Am gegenüberliegenden Kai sah ich einen alten Mann
die Gaslaternen anzünden. Er trug einen langen Stab, mit
dem er die Glaskugel der Lampen berührte, und sofort

leuchteten diese auf. Dann schritt er langsam, den Zauberstab auf die Schulter gelegt, zum nächsten Laternenmast. Je weiter er sich von der ersten Laterne entfernte, die er gleich gegenüber den Fenstern des Café Slavia angezündet hatte, um so dunkler wurde es. Als er bei der zehnten Lampe angekommen war, sah ich nur noch seinen Schatten und dann die hagere Gestalt im Lichtkegel. Er legte wieder den Zauberstab auf die Schulter und tauchte lautlos in der Finsternis unter. Kurz darauf leuchtete einige Meter stromabwärts eine weitere Lampe auf; die Lichtkugel lag genau in der Höhe der pseudogotischen Reiterstatue des Kaisers Franz und ersetzte seinen gekrönten Kopf. An der letzten Gaslampe beim Königsbad angekommen, blieb hinter dem gebeugten Rücken des Laternenmannes eine Kette von Lichtkegeln zurück. Im dreizehnten Lichtkegel links vom Café Slavia erkannte ich die Umrisse des Bootes mit dem jungen

Blick von der Insel Kampa auf die Altstädter Mühlen und den von Bäumen bestandenen Franzensquai

Mann. Drei- oder viermal riß er blitzschnell die Angel aus dem Wasser, ruderte dann in den vierzehnten Kegel hinein und wiederholte mehrmals in immer schnellerer Folge die Bewegung mit der Angelrute. Als er sie hob, um das Bleigewicht mit dem Haken ins Wasser zu schleudern, schien es mir, als ob er ein Wesen, das sich dicht unter der Wasseroberfläche duckte, peitschen wollte.

Reiterstatue: Gemeint ist das 1851 vollendete, von einem vielgliedrigen Steinbaldachin umgebene Reiterstandbild des österreichischen Kaisers Franz I. (1804–1835), das sich als spitz zulaufendes Türmchen auf dem jenseits des Flusses liegenden Franzensquai erhebt. Nach dem Umsturz des Jahres 1918 entfernte man die kaiserliche Skulptur als Symbol der verhaßten Habsburgerherrschaft, beließ aber ihre monumentale Einkleidung.

Der Fischer entdeckt eine Tote, die ein grünes Kleid trägt. Leise grüßend steigt der Graf die Böschung zum Spazierweg am Ufer hinauf und geht nach Hause.

☞ ***Most Legií (Kaiser-Franzens-Brücke)***

Die Kaiser-Franzens-Brücke wurde 1901 in Anwesenheit des Kaisers Franz Joseph dem Verkehr übergeben. Bis zum Ende des Ersten Weltkriegs war für das Überqueren der Prager Brücken (mit Ausnahme der Karlsbrücke) ein Wegzoll zu entrichten (Soldaten durften unentgeltlich passieren), der sogenannte Brückenkreuzer, der Prager Schriftsteller mehrfach zu Betrachtungen anregte. Kafka (vgl. S. 139) erwähnt ihn in einem Tagebucheintrag vom 26. Dezember 1911 in einem kleinen Verzeichnis der »heute leicht als altertümlich vorzustellenden Dinge«. Franz Carl Weiskopf (1900–1955) berichtet in seinem autobiographisch getönten Roman *Das Slawenlied* (1931) von den Streichen, die Halbwüchsige den Prager Maut-Einnehmern zu spielen pflegten: Man überquerte verbotenerweise die zugefrorene Moldau, rannte neben einer fahrenden Straßenbahn her, die einen vor den Blicken des Gestrengen verbarg, oder organisierte sich als Gruppe, die im

Gänsemarsch an ihm vorbeizog, wobei jeder sagte, der nächste werde zahlen, der Schlußmann aber behauptete, die anderen überhaupt nicht zu kennen. Johannes Urzidil (vgl. S. 84) weiß in seinem *Prager Triptychon* zu berichten, welch köstliches Vergnügen es ihm bereitete, den Brückenmännern, die bei starkem Frost Fäustlinge trugen, den Mautkreuzer mit unschuldiger Miene auf der flachen Hand hinzuhalten, so daß sie sich – unter Flüchen und Verwünschungen der Deutschen und Juden – krampfhaft bemühen mußten, der kleinen Münze mit dem unbeholfenen, breiten und dicken Fäustling habhaft zu werden. Und Egon Erwin Kisch (vgl. S. 146) hat in seinem Feuilleton *Geschichten vom Brückenkreuzer* weitere sich um diese Einrichtung rankende Episoden der Nachwelt hinterlassen: So ärgerten er und neun Kommilitonen den Zöllner der Kaiser-Franzens-Brücke dadurch, daß sie von ihm verlangten, er müsse jedem einzeln auf zwanzig Kronen herausgeben. Die Sache endete damit, daß die Studenten ihrer Bürgerpflicht nicht Genüge tun konnten, weil sich der Maut-Einnehmer in seiner Hütte verkroch. Die schönste Geschichte über diesen Prager Wegzoll hat aber doch Jaroslav Hašek (vgl. S. 278) erzählt.

Der Amtseifer des Mauteinnehmers Štěpán Brych auf der Prager Brücke

Eines Tages kam der Herr Rat Pojsl von der Bauabteilung des Magistrats zum Mauthause und sagte zu Herrn Štěpán Brych: »Mein Lieber, lassen Sie mich heute einmal umsonst über die Brücke? Ich muß schnell nach Smíchov und habe mein Geld zu Hause vergessen.« Wie hätte Štěpán Brych seinen Vorgesetzten nicht kennen sollen? Er hatte ihn sehr gern und schätzte ihn hoch, und diese Liebe zu seinem Vorgesetzten führte nun in seiner Brust einen erbitterten Kampf mit dem amtlichen Pflichtgefühl.

Der Magistratsrat überschritt die Grenze, die durch die vorgeschobene Hand gekennzeichnet war, und Štěpán Brych zog Herrn Pojsl am Rock. Das Pflichtgefühl hatte gesiegt.

»Kehren Sie sofort um, oder bezahlen Sie einen Kreuzer!« sagte er in trockenem Amtston.

»Fällt mir gar nicht ein!«

Štěpán Brych gab dem Wachtmeister, der wie eine Spinne auf Opfer lauerte, einen Wink und sprach sein gewohntes Wort: »Mitnehmen!«

Als der Wachtmeister nach seiner üblichen Beschwörungsformel: »Kommen Sie gutwillig mit, oder muß ich Gewalt anwenden?« den Herrn Magistratsrat abführte, schimmerte im Auge des Brutus von der Prager Brücke eine Träne, und Štěpán Brych weinte zum ersten Male in seinem Leben.

Vierzehn Tage darauf fand in der Bauabteilung eine kleine, aber ergreifende Feier statt: Der Magistrat verlieh dem Mauteinheber Štěpán Brych die Bronze-Medaille für treue Dienste. Den Antrag hatte der Magistratsrat Pojsl persönlich gestellt, der nach seiner Affäre nicht per Schub ins Büro befördert worden war.

Seit dieser Auszeichnung waltete Štěpán Brych noch strenger seines Amtes.

☞ *Střelecký ostrov (Schützeninsel) Nr. 336: Gartenrestaurant*

Von der Südseite der Kaiser-Franzens-Brücke führen Treppen zur Schützeninsel hinunter, die ihren Namen von dem Schieß- und Exerzierplatz herleitet, der im 15. Jahrhundert auf ihrer Südspitze angelegt worden war. 1812 wurde hier ein Schützenhaus errichtet. Das 1842 erweiterte, heute noch bestehende und als Restaurant betriebene Anwesen wurde teilweise als Gartenrestaurant genutzt, das besonders von den in der Stadt lebenden Deutschen aufgesucht wurde.

In diesem Gebäude fanden während der Zeit der Donaumonarchie die Prager Aushebungen statt: Man wartete im größten der drei vorhandenen Säle, bis der eigene Name ausgerufen wurde, entkleidete sich im mittleren und erfuhr schließlich im kleinsten, ob man diensttauglich war oder nicht. Auch Jaroslav Hašek ist hier gemustert worden. Wie es ihm dabei erging, beschreibt er zu Beginn seines Romans *Die Abenteuer des braven Soldaten Schwejk.* Als Kafka im Juni 1915 an der Reihe war, wurde er zwar für wehrfähig befunden, aber da er von seinem Vorgesetzten in der »Arbeiter-Unfall-Versicherungs-Anstalt« für unabkömmlich erklärt worden war, wurde er vom Dienst mit der Waffe zurückgestellt.

Unter den Brückenbögen hindurchgehend, erreicht man den unbebauten Nordteil der Insel. Die unter Kastanienbäumen aufgestellten Parkbänke, auf denen die Hauptfigur von Kafkas *Prozeß*-Roman »in manchem Sommer sich gestreckt und gedehnt hatte«, spielen auch im Anfangsteil von Max Brods autobiographisch getönter Erzählung *Jugend im Nebel* (1959) eine Rolle. Hier lernen sich der dreizehnjährige Armand Tischler und die im nationalen Geist erzogene tschechische Lehrerin Hermine kennen, die als Kindermädchen arbeitet. Später erfährt Armand, daß sie aus Liebe zu ihrem Freund zur Diebin geworden ist. Als er ihr danach zufällig auf der Straße begegnet, gehen sie zusammen ins nahe gelegene »Café Slavia« und beschließen, das Gestohlene seinem rechtmäßigen Besitzer zurückzugeben. Hier der Beginn des Textes:

> Über der Insel schwebte immer ein leichter Nebel, der die Türme und Häuser der nicht allzu fernen Ufer des Stromes mit silbernen Tönen sprenkelte. Diese Ufer, dieses Festland – es war nichts anderes als meine alltäglich gewohnte Heimatstadt; aber in den sanften Nebeln sah alles unbestimmt und neuartig träumerisch aus. Silbern war die Luft, auch Gold blitzte drüben am Quai durch,

und patinagrüne Kuppelkirchen stauten sich unter den Wolken. […]

Das Leben lag vor mir, es war Frühling, die riesenhaften Bäume auf der Schützeninsel dufteten, ein Hauch von morgenhellem Nebel, durch den schwere Materie durchschimmerte, zitterte wasserdunstigkühl drüben über den fernen Häuserreihen der Stadt. Ich nahm einen der Grillparzerbände auf die Insel mit, bald den, bald jenen, seither kann ich den Eindruck morgenheller Feinheit, hinter der ferne Silberstreifen und feurige Goldadern glühn, von dem Werk dieses empfindlichen und geheimnisreich durchschauerten Wiener Poeten nicht abtrennen.

Den ganzen unberührten Jugendschmelz der Unschuld entfaltete übrigens meine Insel nur an Vormittagen. Nur dann war sie, so schien es mir, durch die beiden breiten Gürtel aus Wasser und aus Laubkronen gegen den Ruß und Staub der Stadt hinreichend geschützt.

Zweiter Spaziergang:

Die geheimnisvolle Stadt Meyrinks Über die Kleinseite zum Hradschin

Die Neue Schloßstiege auf der Kleinseite

Der Weg:

Václavské náměstí (Wenzelsplatz) – 28. října (Obstgasse) – Národní třída (Ferdinandstraße) – Spálená (Brenntegasse): Straßenbahnhaltestelle – Malostranské náměstí (Kleinseitner Ringplatz) – Letenská (Belvederegasse) – Klárov (Klarowgasse) – Valdštejnská (Waldsteingasse) – Sněmovní (Fünfkirchengasse) – Thunovská (Thungasse) – Zámecká (Schloßgäßchen) – Nerudova (Nerudagasse) – Úvoz (Hohler Weg) – Loretánská (Lorettogasse) – Loretánské náměstí (Loretto-Platz) – Kapucínská (Kapuzinergasse) – Nový svět (Neuweltgasse) – Kanovnická (Domherrengasse) – Hradčanské náměstí (Hradschiner Platz) – Pražský hrad (Prager Burg) – chrám svatého Víta (St. Veitsdom) – náměstí U svatého Jiří (St. Georgsplatz) – Jiřská (Georgsgasse) – Zlatá ulička (Alchimistengäßchen) – Staré zámecké schody (Alte Schloßstiege) – Klárov (Klarowgasse): Metrostation »Malostranská« – Václavské náměstí (Wenzelsplatz)

Die geheimnisvolle Stadt Meyrinks Über die Kleinseite zum Hradschin

Hinweis: Dieser Spaziergang sollte nicht montags unternommen werden, weil an diesem Tag auf dem Hradschin keine Besichtigungen möglich sind. Seinen Ausgangspunkt, das Malostranské náměstí (den Kleinseitner Ringplatz), erreicht man vom Stadtzentrum aus am bequemsten mit der Straßenbahnlinie 22 (Haltestelle in der Spálená), während man die Rückfahrt am besten mit der U-Bahnlinie A antritt, denn die Metro-Station »Malostranské náměstí« liegt nicht auf dem gleichnamigen Platz, sondern am unteren Ende der Alten Schloßstiege (Staré zámecké schody), wo die Route endet.

Für die um die Jahrhundertwende in Prag ansässigen deutschen Autoren war nicht das verwinkelte und verwahrloste Juden-Ghetto mit seinen vielen Spelunken und Bordellen bevorzugtes Ziel ihrer Spaziergänge, das sie zu literarischem Schaffen inspirierte, sondern die Kleinseite (Malá Strana) und der Hradschin (Hradčany). Die beiden Viertel lockten mit ihren verwunschenen, abweisenden Palästen, in denen die Zeit stehen zu bleiben schien, ihren zahlreichen Kirchen und alten Häusern, die vorzugsweise von Pensionären bewohnt wurden, sowie ihren stillen Plätzen. Auch war der Zauber der linken Moldauseite bereits von den *Kleinseitner Geschichten* des tschechischen Schriftstellers Jan Neruda eingefangen worden, dem man auf diesem Spaziergang mit einer charakteristischen Probe seiner Erzählkunst begegnen wird.

Rilke meinte beispielsweise in seinem »König Bohusch«, in den alten Bauten der Kleinseite und des Hradschin sei »soviel Heimliches«, daß hier das Herz der Stadt schlage. Und Oskar Wiener schrieb in seinem *Alt-Prager Guckkasten*, der still vor sich hindämmernden Kleinseite sei vor 1918 der »Charakter einer sanften Beschaulichkeit« eigen gewesen. Diese Einschätzung wird auch von Gustav Meyrink geteilt, der in seinem Roman *Walpurgisnacht* eine Art literarische Topographie des Hradschin und der ihn umgebenden Burgstadt geliefert hat und natürlich auf diesem Rundgang nicht fehlen darf. Außerdem werden Texte von Max Brod, Svatopluk Čech, Franz Kafka, Detlev von Liliencron, Leo Perutz, Rainer Maria Rilke, Christian Saalberg, Inge Thiele und Johannes Urzidil vorgestellt, die in vergleichbarer Weise das geheimnisvolle Flair und die gespenstischen Aspekte der jenseits des Flusses gelegenen alten Stadtteile und ihrer Monumente beschwören.

☞ ***Malostranské náměstí (Kleinseitner Ringplatz) Nr. 1/272: Sterbehaus Karl Brands***

An der Südostecke des Platzes, von der aus die Brückengasse (Mostecká) direkt zur Karlsbrücke führt, liegt ein ansehnliches Bürgerhaus mit einem Erkerturm. Von den hinter den drei Arkadenbögen liegenden Eingängen öffnet sich der mittlere über einen (heute meist verschlossenen) Durchlaß zu einem Innenhof, dessen Pawlatschen (Balkongänge, von italienisch parvola loggia) über Außentreppen erschlossen werden. In einer der von diesen Balkon-Gängen abgehenden Wohnungen lebte seit dem Spätjahr 1916 der 1895 geborene Lyriker und Erzähler Karl Brand, der zum Kreis der im »Café Arco« (vgl. S. 243) verkehrenden Prager Literaten gehörte und durch seine expressionistische Lyrik sowie seine »Rückverwandlung des Gregor Samsa« auf sich aufmerksam machte, in der Kafkas *Verwandlung* thematisch aufgenommen und handlungsmäßig weitergeführt wird. Brand war unheilbar lungenkrank und starb im März 1917. Johannes Urzidil hat 1921 seine dichterische Hinterlassenschaft in einer Auswahl herausgegeben, zu der Franz Werfel als Vorwort eine »Erinnerung an Karl Brand« beisteuerte. Urzidil hat in sei-

ner Erzählung »Vermächtnis eines Jünglings«, die Teil seiner 1960 erschienenen Sammlung *Prager Triptychon* ist, seine letzte Begegnung mit dem sterbenden Freund dargestellt, wobei er sich unter anderem des erwähnten Werfel-Essays, Formulierungen aus Werken Brands sowie eines an ihn gerichteten Schreibens von Kafka bediente.
Hier ein Ausschnitt:

> Er lag da, zugedeckt mit einem jener wulstigen böhmischen Federbetten, die schwer und glutofenartig wirken. Aber man sah, daß ihn fror. Über dem Bett lagen Manuskripte. Einige waren zu Boden geglitten.
> »Er spricht fortwährend«, flüsterte die Mutter, die mich hineingeleitet hatte. »Drei Tage und Nächte schon spricht er und schreit manchmal, daß es durchs ganze Haus gellt.« Ihre ineinandergefalteten Hände bewegten sich krampfhaft auf und zu. Brand hatte mich beim Eintreten nicht angeblickt. Er sah starr nach dem Wandbehang mit dem Wald und der Sonne. Doch wußte er, daß ich da war.
> »Ich habe geschrieben. Werfel hat mich noch gehört. Gestern, nein, vorgestern. Die Tage verwirren sich. Es sind ja nicht mehr einzelne Tage, sondern nur noch ein einziges Ablaufen. Er war da mit der weißhaarigen Freundin. Wie sie doch schön ist! Aber Sie waren ja auch schon mit ihm dagewesen. Die Augen der Frau sind kühl und klar wie Waldwasser. Sie geht nicht, sie wandelt, schwebt beinahe. Immer schwebte sie schon so an den Fenstern des Arco vorbei.«
> Grauenhafte Kartätschenausbrüche von Gehüstel unterbrachen jeden seiner stoßweisen Sätze. Von Zeit zu Zeit rissen ihn eruptive Hustenexplosionen hoch. Es war, als wäre sein Körper der Kampfplatz wütender Bakterienarmeen, die jetzt ihre Entscheidungsschlacht ausfochten. Seine Stirne glänzte gelblich und gipsern wie auf dem Kasten der Schillerkopf, von dem Werfel sagte, daß er

das Antlitz des Ausgezehrten in furchtbarer Weise zu parodieren scheine.

»Auch der liebe Oskar Baum war da. Seine Frau hat ihn hergebracht. ›Ich freue mich, Sie wiederzusehen‹, sagte er. Wie komisch! Ein Blinder und spricht vom Sehen. Aber doch hat er mich gesehen, besser als ich ihn sah. Und sagte: ›Ich sehe, daß Sie viel geschrieben haben.‹«

Brand sprach in einem sich überstürzenden Redeschwall, immer wieder von Hustenkatastrophen unterbrochen, über die er im Galopp seines Redens gleichsam apokalyptisch hinwegsetzte.

»Menschen werden nicht in Gelächtern geboren, sondern in Klagen der Mütter. Der Schmerz der Gebärenden gräbt sich in den Leib der Geborenen und bleibt in ihm eingekerkert, bis der Tod ihn zerbricht. Aber Leben ist schön! Hören Sie? Leben ist schön! Was ist Hunger, Durst, Schmerz? Es ist Leben und es ist schön! Es ist der Sang der Flugleichten. Fall im Bogen flugumflogen. Kairo!«

Er schrie das Wort ›Kairo‹ dreimal hintereinander, als wäre es ein Schlachtruf. Ich hatte seine Hand gefaßt, aus dem Bedürfnis, ihn zu beruhigen, aber ich ließ sie wieder sinken, weil mir schien, daß solche Beruhigung nicht ihm, sondern höchstens mir und der Mutter zugute kam und daß er im Rufen und Schreien nicht behindert werden dürfe.

mit der weißhaarigen Freundin: die Krankenschwester Gertrud Spirk (1885–1967), damals Werfels Geliebte.

von dem Werfel sagte: in seinem Vorwort zu dem von Urzidil herausgegebenen Nachlaßband; dort auch die Kairo-Schreie des Kranken.

Oskar Baum: Der Prager Schriftsteller Oskar Baum (1883–1941), der als Kind sein Augenlicht verlor, thematisierte in seinem literarischen Werk schwerpunktmäßig die Welt der Blinden. Er war ein enger Freund Kafkas und Max Brods.

Johannes Urzidil wurde am 3. Februar 1896 in Prag geboren und legte im Sommer 1914 am »Graben-Gymnasium« (vgl.

S. 221) seine Reifeprüfung ab. Nachdem er zu der Gruppe der sich im »Café Arco« versammelnden Schriftsteller gestoßen war, debütierte er 1919 mit dem expressionistischen Gedichtband *Sturz der Verdammten.* Bis zur Machtergreifung Hitlers war er in der Presseabteilung der deutschen Botschaft in Prag tätig, danach hielt er sich durch journalistische Arbeiten über Wasser. 1939 floh er vor den Nazis über Italien nach England und dann 1941 weiter nach New York. 1956 erschien seine autobiographische Erzählsammlung *Die verlorene Geliebte*, in der er seine Prager Kindheit und Jugend im Geist des Humanismus und der Versöhnung literarische Gestalt werden läßt. Weite Verbreitung fand auch seine Essaysammlung *Da geht Kafka* (1965), in der er die Titelgestalt und sein Prager Umfeld aus der Perspektive persönlicher Bekanntschaft zu erhellen suchte. Urzidil starb am 2. November 1970 in Rom.

☞ ***Letenská (Belvederegasse) Nr. 10/17: Waldstein-Garten (Valdštejnská zahrada)***

Das von dem 1583 geborenen kaiserlichen Feldherrn Albrecht von Wallenstein 1624–1630 erbaute Palais (palác Valdštejnský) ist der erste barocke Monumentalbau in Prag. Wallenstein residierte hier, nachdem er 1630 vom Kaiser entlassen worden war, und dann wieder teilweise von Ende 1632 (nach der Schlacht von Lützen) bis zu seiner Ermordung im Februar 1634. Das Palais selbst ist heute Sitz eines Ministeriums und der Öffentlichkeit nicht zugänglich. Während der Sommermonate können jedoch die Parkanlage mit ihren Bronzeskulpturen (Kopien der 1648 von den Schweden geraubten Originale, die 1911/12 aufgestellt wurden) und die berühmte »sala terrena« besucht werden, eine sich in drei Rundbögen zum Garten öffnende Loggia, die ihr Vorbild in der Gartenhalle des 1526–1534 erbauten »Palazzo del Te« in Mantua hat.

Literarisch hat dem gewaltigen Bau und seinem Bewohner unter anderem Rilke gehuldigt, der in seinem Gedicht »Beim

Friedland« (aus den *Larenopfern* von 1895) diese Schlußphase genauso im Auge hat wie Gustav Meyrink, der im dritten Kapitel seiner *Walpurgisnacht* den Studenten Ottokar beobachten läßt, wie Lakaien aus dem am Valdštejnské náměstí gelegenen Haupttor des Palais das ausgestopfte Pferd auf die Straße ziehen, das Wallenstein in der Schlacht von Lützen unter dem Leib zu Tode geschossen wurde. Peter Härtlings und Detlev von Liliencrons Wallenstein-Schauplätze liegen demgegenüber vor allem in der »sala terrena« und im Garten des Palais.

Detlev von Liliencron wurde am 3. Juni 1844 in Kiel als Sohn eines Zollverwalters geboren. 1863 Offizier geworden, hatte er den preußisch-österreichischen Feldzug des Jahres 1866 mitgemacht sowie 1870 gegen Frankreich gekämpft, dann aber 1875 wegen hoher Schulden die Armee verlassen müssen. Nachdem er in Amerika erfolglos in verschiedenen Berufen tätig gewesen war, ließ er sich in Hamburg als Gesangslehrer nieder. Nach einem ebenfalls unglücklich verlaufenen Zwischenspiel als Kirchspielvogt Mitte der achtziger Jahre lebte er als freier Schriftsteller in München, Berlin und schließlich in der Nähe von Hamburg. Als Lyriker war er ein Überwinder des klassisch-romantischen Epigonentums und damit ein Bahnbrecher der Moderne. Liliencron starb am 22. Juli 1909 in Alt-Rahlstadt.

Am 11. Mai 1898 las Liliencron, der von einer Gruppe junger, antibürgerlich gesinnter Künstler eingeladen worden war, zu denen der Zeichner Hugo Steiner-Prag, der Bildhauer Karl Wilfert der Jüngere und der Schriftsteller Oskar Wiener (1873–1944) gehörten, zum erstenmal in Prag aus seinen Werken. Nach der Veranstaltung ließ er sich von Oskar Wiener die Sehenswürdigkeiten der Stadt zeigen und besichtigte bei dieser Gelegenheit auch das Waldstein-Palais. Den tiefsten Eindruck empfing er dabei von der »sala terrena«: Während er sie vom Garten aus betrachtete, erschien vor seinem inneren Auge Wallenstein, der hier mit seinen Offizieren tafelte und dabei einem Trupp Mongolen zuschaute, die in roten, goldbestickten Gewändern auf dem davorliegenden, von einer Brunnenanlage beherrschten Platz tanzten. Angeregt durch die berühmte astronomische Uhr am Altstädter Ringplatz, wo zu jeder vollen Stunde ein Totengerippe die Sterbeglocke läutet (vgl. S. 159), gesellte sich dieser Szene der Tod bei, der lauernd aus dem linker Hand gelegenen Raubtierzwinger hervortrat, dessen Drahtkäfige von tuff- und tropfsteinartigen Gebilden eingefaßt sind. Liliencron konnte auch das Kabinett sehen, in dem Wallensteins Sterndeuter Seni gehaust hatte, sowie das ausgestopfte Pferd. Oskar Wiener, der in seinem *Alt-Prager Guckkasten* Liliencrons Prag-Aufenthalte Schritt für Schritt dokumentiert hat, beschließt seinen Bericht über den gemeinsamen Besuch des Waldstein-Palais mit dem Hinweis auf einen schönen, weißbärtigen Mann mit silbernen, tief auf die Schultern herabwallenden Locken, der ihnen am Ende des Rundgangs begegnet war und Liliencrons Aufmerksamkeit gefesselt hatte. Als er die Auskunft erhielt, daß es sich um ein Schulmodell der Prager Kunstakademie handle, das nebenbei mit geradezu fürstlicher Grandezza zu betteln vermöge, erschien dieses dem Gast aus dem Norden als Verkörperung eines antiken Gottes.

Liliencron hat diese Eindrücke mit dichterischer Freiheit in seinem humoristischen *Poggfred* verarbeitet. Das Richard Dehmel gewidmete und mit Sinnsprüchen dieses Freundes versehene Versepos ist aus disparaten Stoffen, Stilen und Formen zusammengesetzt und vergegenwärtigt auf unterschiedliche Weise den Wunsch des Autors nach einem Ort der Einkehr und unbeschwerter Heiterkeit. Es erschien zuerst 1896 in zwölf Cantussen, wurde aber 1904 auf vierundzwanzig, 1908 auf neunundzwanzig Cantusse erweitert. Während die Anregungen, die Liliencron im Lauf seines zweiten Pragaufenthalts im April 1904 erhalten hatte, in der stark veränderten Version von 1908 verarbeitet worden sind (vgl. S. 251), ist die Wallenstein-Episode in den »Dreiundzwanzigsten Cantus« (betitelt »Der Gottfinder«) der zweiten Fassung von 1904 eingegangen. Sie wird gleichsam eingerahmt von Beobachtungen, die Liliencron nach den Erinnerungen Oskar Wieners unmittelbar nach seinem Besuch des Waldstein-Palais auf dem Hradschin gemacht hatte: Der Passus beginnt mit der Zitierung einer Predigt, die er im Veitsdom hörte, und endet mit der Erwähnung des bronzenen Standbilds des hl. Georg neben dem Dom (vgl. S. 124), dessen trotziges Gesicht ihn an Richard Dehmel erinnerte.

Der Gottfinder

Und Christi Flammenfluch kann nie verrauchen!
Das rief ehemals ein Priester in Sankt Veit,
Des gotische Türme in die Wolken tauchen.

Sankt Vitus, der Hradschin! Prags Herrlichkeit!
Eins aber ist noch herrlicher in Prag:
Der Wallenstein-Palast, o Sternenzeit!

Dort saß ich mal an einem Sommertag
Mit dem Genie und seinen Offizieren
In hoher offner Halle beim Gelag.

Im Garten vor uns, zwischen Pikenieren,
Tanzt ein Mongolentrupp in wildem Fluß,
Indessen wir erstaunlich pokulieren.

Da ballert plötzlich ein Kartaunenschuß;
Wie weggeblasen sind die Asiaten,
Und auf die Leere zeigt Oktavius.

Musik begleitet seufzende Kantaten,
Und seht: Da links, allein, tanzt nun der Tod.
He, Seni! wie ist der hierhergeraten?

Trübselig, melancholisch und devot,
Schwenkt hin und her der Schwager sein Gerippe,
Mit einem Ausdruck, wie ein Idiot.

Und eine Pfauenfeder statt der Hippe,
Schlank, lang und schwank wie eine Gerte, hält
Er überm Kopf mit winkendem Gewippe.

Und seht: Ein alter schöner Mann gesellt
Sich zu ihm, ernsten Blicks, mit wilden Locken:
Der Gott der Künstler hat sich eingestellt.

Mit einem Teller tritt er unerschrocken
An unsern Tisch und sammelt Batzen ein,
Von Gast zu Gast, und hat zerlatschte Socken.

Und wieder poltert die Kartaune drein:
Die beiden schwinden. Und ein Siegesbogen
Zeigt seinen kühnen Wuchs aus Marmelstein.

Da kommt der Tod noch einmal angezogen,
Und schwingt die Sense jetzt, mit Herrschermiene,
Und hat uns freundlich mitzugehn bewogen

In seine große Nacht; Lichtbaldachine
Erfüllten sie mit siebenfarbigen Prächten,
Da schliefen lächelnd seine Paladine.

Da schliefst auch du, mein Richard, ob den Nächten,
Du, Richard Dehmel, der das Wort ersann,
Das uns gewachsen macht den Schicksalsmächten.

Und dir zur Seite stand ein Rittersmann,
Sanctus Georgius, der am Bändel schleift
Das Ungetüm, der Hölle Guardian.

Und wie mein Blick hin zu dem Heiligen schweift,
Kommt mir ein Georgstaler in Gedanken,
Der wie mit Krallen in mein Leben greift.

Pikenieren: mit Hiebwaffen ausgerüstete Bedienstete.
Oktavius: Fürst Octavio Piccolomini-Pieri, Herzog von Amalfi, Wallensteins Lieblingsgeneral und Leibwächter, der später seine Ermordung ins Werk setzte.
Kartaune: schweres Vorderladergeschütz des 16. und 17. Jahrhunderts.

Peter Härtling, der am 13. November 1933 in Chemnitz als Sohn eines Rechtsanwalts geboren wurde, lebte von 1941 bis zum Ende des Zweiten Weltkriegs im mährischen Olmütz (Olomouc) und übersiedelte dann nach Nürtingen. Seit 1952 war er Redakteur, von 1962–1970 bei der Zeitschrift *Der Monat*, von 1967–1973 Cheflektor im S. Fischer-Verlag. Seither lebt er als freier Schriftsteller in Mörfelden-Walldorf. Härtling hat sich sowohl als Kinderbuchautor als auch durch einfühlsame Nachgestaltungen der Lebensgeschichten Hölderlins, Mörikes und Waiblingers einen Namen gemacht. In seinem Roman *Hubert oder Die Rückkehr nach Casablanca* (1978) greift er auf Erfahrungen der Nachkriegszeit zurück, die auch Gegenstand seiner 1990 erschienenen Erinnerungen *Herzwand* sind. Beschrieben wird der Lebensweg eines 1923 geborenen politischen Mitläufers, der nach dem Ende des Krieges seine Vergangenheit verdrängt. Im 14. Kapitel kommt der Soldat Hubert nach Prag und hat am Heiligen Abend Kurierpost zum Divisionsstab zu überbringen, der im Waldstein-Palais residiert. Als er dort anlangt, geschieht dies:

> Er ließ sich mitreißen von den hin und her eilenden Menschen, geriet in kleinere Räume und in einen gewaltigen, durch Stockwerke reichenden Saal, unter dessen Decke das wirre hysterische Gelächter zu einem verzweifelten, grauenvollen Konzert wurde. Die wenigen Frauen wurden umschwärmt, kreischende Kassandras in Abendkleidern, einige hatte ihre Pelze nicht abgelegt, als frören

sie fortwährend. Er fragte den oder jenen, ob General Gorsleben hier zu treffen sei.
Jedesmal wurde er belustigt gemustert. Da er den Mantel nicht abgelegt, den Kragen noch hochgeschlagen und die Mütze in der Hand hatte, mußte er allen wie ein unangenehmer Eindringling erscheinen, Bote eines Kriegs, der irgendwo fern geführt wurde.
Ein Major [...] wies ihn zur Sala terrena, da müsse er nur immer durch den Saal, und wenn er ins Freie gerate und doch nicht ins Freie, befände er sich am richtigen Ort.
Die Auskunft des Majors traf zu. Nach einigen Irrgängen trat er auf eine gewaltige Terrasse, eine den Blick in die Höhe reißende Loggia, und als seine Augen sich an die Dunkelheit gewöhnt hatten, weitete ein Park sich vor ihm aus, begrenzt von Häusern, Mauern, Grotten, und im Park selbst, neben ein wenig heller aufscheinenden Wegen, Schemen von vielen steinernen Figuren. Obwohl es um ihn herum von Feiernden wimmelte, versank er in diesen unerwarteten Anblick, alle Szenen des Abends mischten sich zu einer, der sich in schönen Andeutungen weitende Raum hier, in dem die steinernen Figuren an die auf der Brücke erinnerten und die vermummten huschenden Gestalten an die schwarzen Frauen ebenso wie an die Gefangenen, die, bewacht, die Straße kehren mußten. Es war ein das Entsetzen und das Vollkommene leichtfertig ordnender Traum. Eine Dame rempelte ihn an, schätzte ihn flüchtig ab, taumelte weiter.
Wollten Sie nicht zum General? fragte der Kellner.
Hubert nickte.
Der Mann zeigte auf eine Ansammlung von Uniformen, prächtigen Kleidern, Pelzen. In der Mitte stand, einem Thron ähnlich, ein hochlehniger alter Stuhl, auf dem der General saß und, ein leeres Glas in der Hand, auf das Gemurmel lauschte. Hubert drängte sich durch die Menge, schlug die Hacken zusammen, salutierte, meldete

sich förmlich, überreichte den Brief. Der General steckte ihn ungeöffnet in die Tasche. Hubert salutierte wieder und trat in den Kreis zurück.

☞ ***Thunovská (Thungasse) Nr. 14/180: Palais Thun (palác Thunovský)***

Wenn man vom Waldstein-Garten auf das Malostranské náměstí zurückgeht und dann rechts in die Tomašská (Thomasgasse) einbiegt, gelangt man zum Waldstein-Platz, dessen ganze Ostfront von der Hauptfassade des Waldstein-Palais eingenommen wird. Von dort aus erreicht man über die Sněmovní (Fünfkirchengasse) die Thunovská, in der sich die weit zurückgesetzte, italienische Prunkbauten imitierende Fassade des Thunschen Palais erhebt, heute Sitz der britischen Botschaft. Vom Innenhof aus öffnet sich linker Hand ein Portal, von dem eine alte Steintreppe nach oben führt. Hier spielen einige Szenen in Gustav Meyrinks 1917 erschienenem Roman *Walpurgisnacht*, der in besonders eindringlicher Weise die mystische Atmosphäre der Prager Kleinseite spiegelt. Die auftretenden Figuren sind auf der einen Seite versteinerte, am linken Moldauufer lebende Adlige, die sich von der verachteten modernen Stadt jenseits des Flusses abkapseln. Ihnen sind als Gegenfiguren Vertreter der tschechischen Unterschicht zugeordnet, die sich zu heimlichen Sitzungen auf der Daliborka (dem Hungerturm) auf dem Hradschin zusammenfinden, um die verhaßte Herrschaft der Österreicher zu stürzen. Meyrink verbindet dieses zeitgenössische Kolorit mit Legenden und Überlieferungen, die an den Monumenten der Kleinseite und des Hradschin haften. Vor dieser Kulisse vollzieht sich das Schicksal des Thaddäus Flugbeil, eines eigenbrötlerischen Sonderlings, der die Fronten zwischen den beiden Gruppierungen durchbricht, aber keine Möglichkeit sieht, sich im gehässigen Streit der Parteien seine Individualität zu bewahren, und deswegen freiwillig aus dem Leben scheidet.

Im dritten Kapitel des Romans begibt sich der Musikstudent Ottokar, der als Adoptivsohn des Veteranen Vondrejc im Wärterhäuschen des Hungerturms lebt, zu seiner Patin, deren Sommer-Domizil sich im Thunschen Palais befindet, um ihr auf der Geige vorzuspielen. Da erscheint die schöne Nichte der Gräfin im Zimmer, die Komtesse Polyxena, mit der er durch Handzeichen ein Rendezvous verabredet.

> Mit einemmal fuhr Ottokar zusammen, und seine Finger blieben auf dem Griffbrett stehen; er war zu sich gekommen und hatte mit den Augen des Wachseins plötzlich das junge Mädchen erblickt, das hinter den Sessel der alten Gräfin getreten war und ihn lächelnd ansah.
> Wie erstarrt, unfähig, sich zu bewegen, hielt er den Bogen auf die Saiten gelegt. – – – –
> Die Gräfin Zahradka nahm ihre Lorgnette und drehte langsam den Kopf:
> »Spiel' Er weiter, Ottokar; es ist nur meine Nichte. – –
> Stör Sie ihn nicht, Polyxena.«
> Der Student rührte sich nicht, nur der Arm sank ihm schlaff herab wie unter einem Herzkrampf.
> Wohl eine Minute herrschte lautlose Stille im Zimmer. – –
> »Warum spielt Er nicht mehr?« fuhr die Gräfin zornig auf.
> Ottokar riß sich auf, wußte kaum, wie er das Zittern seiner Hände vor ihr verbergen solle – dann winselte die Geige leise und schüchtern:
> »Andulko,
> mé dítě,
> já vás mám rád.«
> Ein girrendes Lachen der jungen Dame ließ die Melodie rasch verstummen. »Sagen Sie uns lieber, Herr Ottokar, was war das für ein herrliches Lied, das Sie vorhin gespielt haben? War das Phantasie? – Ich – habe – dabei«, Polyxena machte nach jedem Wort eine bedeut-

same Pause und zupfte dabei mit gesenkten Augen scheinbar nachdenklich an den Fransen des Lehnstuhles, »lebhaft – an die – Krypte – in – der Georgskirche – denken müssen, – Herr – Herr – Ottokar.«
Die alte Gräfin zuckte kaum merklich zusammen; es lag etwas in dem Ton, mit dem ihre Nichte den Namen Ottokar ausgesprochen hatte, was sie stutzig machte.
Der Student stotterte verwirrt einige konfuse Worte; er sah zwei Augenpaare unverwandt auf sich gerichtet, das eine so voll verzehrender Leidenschaft, daß es ihm fast das Hirn versengte – das andere durchbohrend, messerscharf, Mißtrauen ausstrahlend und tödlichen Haß zugleich; er wußte nicht, in welches der beiden er blicken solle, ohne nicht das eine aufs tiefste zu verletzen oder vor dem anderen alles, was er fühlte, zu verraten.
»Spielen! Nur spielen! Rasch, rasch!« schrie es in ihm. Er setzte hastig den Bogen an – – –
Der Angstschweiß trat ihm auf die Stirn. »Um Gottes willen, nur jetzt nicht abermals das verfluchte ›Andulko, mé dítě‹!« Er fühlte zu seinem Entsetzen beim ersten Strich, daß es unabwendbar wieder dazu führen mußte – es wurde ihm schwarz vor den Augen –, da kamen ihm die Töne eines Leierkastens draußen auf der Gasse zu Hilfe, und mit wahnwitziger, besinnungsloser Hast fetzte er den abgehackten Gassenhauer mit:
»Mäd–chen mit bla–ssem Gesicht,
die sollen heiraten nicht;
nur die rott – wie die Rosen,
sollen mitt – Männern kosen.
de–nen – schadett – es nicht;«
er kam nicht weiter: der Haß, der von der Gräfin Zahradka ausging, schlug ihm fast die Geige aus der Hand. – Er sah wie durch einen Nebelschleier hindurch, daß Polyxena zu der Standuhr neben der Tür huschte, die Leinwandhülle beiseite zog und die stillstehenden Zeiger

auf die Ziffer VIII schob. Er verstand, daß dies die Stunde eines Stelldicheins sein sollte, aber der Jubel erfror unter der Qual einer würgenden Angst, die Gräfin habe alles durchschaut.

»Andulko …«: »Andulka, mein Kind, ich mag Sie.«

Gustav Meyrink wurde am 19. Januar 1868 in Wien als uneheliches Kind der Breslauer Schauspielerin Maria Meyer geboren. (Meyerinck war der Name von Vorfahren seiner Mutter, den er sich in leicht veränderter Form als Schriftsteller beilegte.) Sein Vater war der württembergische Staatsminister Karl Freiherr Varnbühler von und zu Hemmingen, der Meyrinks Mutter bei Auftritten am Königlichen Schauspielhaus in Stuttgart kennengelernt hatte. Im Jahr 1883 kam Meyrink nach Prag, wo er zunächst ein Jahr lang Schüler des »Graben-Gymnasiums« war. Im Herbst 1884 wechselte er an die »Deutsche Handelsakademie« in der Altstadt über, nach heutiger Bezeichnung ein neusprachliches Gymnasium, an dem neben Englisch und Französisch kaufmännische Fächer gelehrt wurden. (Vgl. S. 177) Nachdem er an dieser Anstalt im Sommer 1887 Abitur gemacht hatte, gründete er 1889 zusammen mit einem Neffen Christian Morgensterns in Prag ein Bankhaus. Anfang 1902 wegen Betrugverdachts verhaftet und nach zweieinhalb Monaten als unschuldig entlassen (vgl. S. 201), verließ der an einer Rückenmarkserkrankung Leidende und geschäftlich Ruinierte im Frühjahr 1904 die Stadt und ließ sich in Wien nieder, wo er Redakteur der Zeitschrift *Der liebe Augustin* wurde. In dieser Zeit intensivierte sich auch seine literarische Arbeit, die bereits 1901 mit Satiren für den Münchner *Simplicissimus* begonnen hatte, in denen ein seit jeher bestehender Gegensatz zwischen seinem Denken und der bürgerlichen Gesellschaft hervortritt. 1913 gab er eine dreibändige Sammlung seiner Erzählungen unter dem Titel *Des Deutschen Spießers Wunderhorn* heraus. In die Prager Zeit reicht auch eine Neigung zum Okkultismus zurück, die in vielen seiner Werke hervortritt. 1907 übersiedelte Meyrink nach München, wo in den folgenden Jahren sein Roman *Der Golem* (1915) entstand, in dem das Prager Ghetto in Grauensvisionen vergegenwärtigt wird. (Vgl. S. 181) Meyrink starb am 4. Dezember 1932 in Starnberg.

☞ *Nerudova (Nerudagasse) Nr. 20/214: Palais Thun-Hohenstein (palác Thun-Hohenštejnský)*

Die Nerudova bildete in der Vergangenheit die Hauptzufahrt zur Prager Burg und war Teil des sogenannten Königswegs, der vom Pulverturm (Prašná brána) über Zeltnergasse (Celetná), Altstädter Ringplatz (Staroměstské náměstí), Karlsgasse (Karlova), Karlsbrücke, Brückengasse (Mostecká) und Kleinseitner Ringplatz zur Prager Burg führte und heute die touristische Hauptattraktion der Stadt zu bilden scheint. Die Straße ist für ihre alten Häuser berühmt, die vielfach mit sogenannten Hauszeichen versehen sind: Bis zur Durchnumerierung der Gebäude im Jahr 1770 dienten sie als Orientierungshilfe für Ortsunkundige. Die Gestalt dieser aus Stein, Stuck, Metall oder Holz bestehenden und gelegentlich durch Inschriften ergänzten Bildzeichen kennt einen großen Reichtum an Motiven und spiegelt vielfach Herkunft, Beruf oder Schicksal der jeweiligen Hausbesitzer.

Das sich auf der rechten Seite der Nerudova erhebende, in den Jahren 1710–1720 erbaute Palais Thun-Hohenstein, in dem heute die italienische Botschaft untergebracht ist, erhält seinen besonderen künstlerischen Akzent durch das von Matthias Braun (1684–1738) gestaltete Portal mit den flankierenden, als Wappentiere verwendeten Adlern sowie durch Skulpturen Jupiters und Junos, die auf den volutenförmigen Giebelstücken des fast sechs Meter hohen Durchlasses sitzen. Der monumentalen Fassade dieses Bauwerks wird in der Beschreibung Kleinseitner Adelssitze besondere Beachtung geschenkt, die sich in Max Brods 1957 erschienenem Roman *Prager Tagblatt* findet.

Es hatte zu den romantischen Gepflogenheiten unserer Studenten- und Malakademie-Jahre gehört, hitzigen Diskussionen über Kunst und Leben einen Nachtspaziergang in den stillen Gassen der Kleinseite folgen zu lassen. Zur Abkühlung. Hier stockten die Jahrhunderte. Zwischen schlafenden Palastportalen, auf den breiten vielstufigen Treppen, in die zuletzt die Sträßchen mündeten, ehe man den Gipfel des Hradschins, der Königsburg, erreichte – so stieg man an, ließ Prag unter sich. Wir kannten jedes der Palais, seine Baugeschichte wie die Chronik der Adelsgeschlechter Slavata, Waldstein, Morzin, Lobkowitz, Ledebur, Thun und der andern, in deren Dienst phantastische zweimannshohe Adler ihre Riesenflügel und struppigen Hälse unter Portalbekrönungen verrenkten oder elegante Rokokodamen aus Stein hoch oben auf glatten Säulenvoluten in einer mühelosen Art herunterturnten, die man auch als ein Sich-Lagern, ein Ruhen und Sich-Räkeln beschreiben konnte. Mit der symbolischen Darstellung der Nacht und des Tags beschäftigt, die schmale Mondsichel oder die Sonne in der schöngewellten steinernen Frisur, verschwendeten diese Prinzessinnen nicht den geringsten Gedanken daran, den gewagten Sitz, den die Zeitmode ihnen angewiesen hatte, als unbequem zu empfinden. Sie fühlten sich graziös wohl, völlig sicher auf ihren schrägen Giebelflächen, rutschten nicht ab, sie machten ihre Sache gern und gut.

Max Brod wurde am 27. Mai 1884 in Prag als Sohn eines Bankbeamten geboren. Nachdem er das Abitur am Prager »Stephans-Gymnasium« (vgl. S. 280) abgelegt und 1907 sein Jurastudium an der Prager deutschen Universität beendet hatte, wurde er Beamter bei der Prager Postdirektion. 1908 vertiefte sich seine seit 1902 bestehende Freundschaft zu Franz Kafka, die in mehreren, gemeinsam unternommenen

Urlaubsreisen einen äußeren Höhepunkt fand (vgl. S. 141). Brod ist als Autor schnell bekannt und von der literarischen Avantgarde anerkannt worden: Der freche, frivole, bewußt unsentimental gehaltene Ton seiner frühen Lyrik, die sich von der damals in der Stadt herrschenden Neuromantik absetzte, bildete das Vorspiel zu Werfels erstem Gedichtband *Der Weltfreund* (1911), und der Roman *Schloß Nornepygge* (1908) wurde von den Berliner Frühexpressionisten bewundert, die ihre Ziele darin ausgedrückt fanden.

Seit 1910 vollzog Brod eine Wende zum Zionismus, der in den Werken der Folgezeit genauso Gegenstand der Darstellung wurde wie ethische Probleme, die sich aus seinen außerehelichen Liebschaften ergaben. Sofern städtisches Ambiente die Kulisse seiner Erzählwerke bildet, fallen realistische und detailreiche Schilderungen Prager Eigenarten auf, in denen er seinem großen Vorbild Flaubert verpflichtet ist. Anfang der zwanziger Jahre wechselte er als Theaterreferent zum *Prager Tagblatt*, dem er bis zu seiner Emigration treu geblieben ist. In seinem Roman *Stefan Rott oder Das Jahr der Entscheidung* (1928) hat er Aspekte seiner Freundschaft mit Kafka, über den er 1937 eine Biographie schrieb, literarische Gestalt werden lassen.

Brod förderte nicht nur die meisten Veröffentlichungen Kafkas, der seinem eigenen Werk durchweg zwiespältig gegenüber stand, sondern begann sofort nach dem frühen Tod seines Freundes mit der Herausgabe seiner Hinterlassenschaft, die neben den bis dahin ungedruckten Romanen zahlreiche Erzählfragmente, die Tagebücher und den *Brief an den Vater* (vgl. S. 164) umfaßte. Aus dieser Arbeit erwuchs nach dem Zweiten Weltkrieg die Edition der *Gesammelten Werke* Kafkas, die dessen Bild bis heute in der Öffentlichkeit bestimmt. 1939 gelang Brod in letzter Minute die Flucht nach Palästina, auf der er im Handgepäck Kafkas Nachlaß mit sich führte und so vor der Vernichtung rettete. Brod starb am 20. Dezember 1968 in Tel-Aviv.

In der Nerudagasse auf der Kleinseite

Auch Rilke hat dem Palais Thun-Hohenstein literarisch gehuldigt. Denn offensichtlich ist dieses Bauwerk gemeint, wenn er in seiner Erzählung »König Bohusch« von dem »hohen finstern Fürstenhaus in der Spornergasse« spricht, in dem die Titelgestalt, Sohn eines Türstehers, ihre Jugend verlebt hat. Der andere Adelssitz in der Nerudova, die früher Spornergasse hieß, das etwas unterhalb auf der anderen Straßenseite gelegene Morzin-Palais (Nr. 5/256, heute rumänische Botschaft), kann wegen seines niedrigen Portals und seines gedrungenen Baus, der sich fast nahtlos in die umgebende Häuserfront einfügt, nicht gemeint sein. Für das Palais Thun-Hohenstein spricht seine Fassade, die das abwärts liegende Nebenhaus beträchtlich überragt und dadurch zu Rilkes Darstellung stimmt, außerdem sein dreischiffiges Vestibül, das in dem »lichtgetünchten hohen Flur« gespiegelt scheint, der in der Erzählung ebenfalls erwähnt wird.

Schließlich ist in diesem Zusammenhang nicht ohne Bedeutung, in welcher Weise Bohusch (vgl. S. 109) seines Vaters gedenkt. Es scheint wahrscheinlich, daß Rilke sich bei der Konzeption dieser Gestalt von dem Portier hat leiten lassen, der das Palais Thun-Hohenstein während seiner Prager Jugendjahre bewachte. Dieser Türhüter trug nicht nur einen riesigen weißen Vollbart, sondern er gehörte offensichtlich auch zu den markantesten Vertretern seines Faches, der schon um die Jahrhundertwende als pittoreskes Photo-Motiv zu belegen ist.

> Es bedurfte eines Augenblicks, ehe der Bucklige sich klarmachte, warum er gerade an ihn dachte. Er sah ihn: in seinem riesigen dunkelblauen Tressenpelz, dessen Kragen mit dem mächtigen Vollbart zu verschmelzen schien, ging er mit breiten, selbstbewußten Schritten in dem lichtgetünchten hohen Flur des alten Fürstenpalastes in der Spornergasse her und hin. Der goldene Knopf seines Stabes rührte fast an die goldenen Fransen, die von der

Krempe des dreispitzigen Hutes hingen, unter welchem seine Augen ernst und wachsam waren. Dann stand der kleine kränkliche Bohusch oft hinter der Türe der Portierswohnung und schaute scheu durch eine Spalte dem gewaltigen Schreiten des Vaters nach, dessen Gestalt höher war als die aller anderen Männer, um so vieles ragender auch als die des alten Fürsten, vor dem der Vater den Tressenhut ganz tief abnahm, ohne sich indessen sonderlich zu verneigen.

☞ *Nerudova (Nerudagasse) Nr. 47/233: Haus »Zu den zwei Sonnen« (dům »U dvou slunců«)*

Das sich am Ende der Nerudova linker Hand erhebende Gebäude ist das Geburtshaus des tschechischen Schriftstellers Jan Neruda (große Gedenktafel mit Bronzerelief an der Fassade), dem die Straße ihren heutigen Namen verdankt.

Jan Neruda wurde am 9. Juni 1834 in Prag als Sohn eines ausgedienten Soldaten, der einen Trödlerladen auf der Kleinseite betrieb, und einer Aufwartefrau geboren. Nachdem er eine deutsche Gymnasialbildung durchlaufen hatte, mußte er ein 1853 begonnenes Jura- und Philosophiestudium aus finanziellen Gründen abbrechen. Während seiner 1856 begonnenen journalistischen Tätigkeit begründete er das tschechische literarische Feuilleton, dessen zu Witz und Ironie neigender, den Leser einbeziehender Stil über Egon Erwin Kisch (vgl. S. 146), Karel Čapek (vgl. S. 296) und Milena Jesenská (vgl. S. 142) bis in die Gegenwart fortwirkt. Mit seinen Sammlungen *Bilder aus dem alten Prag* (1864/1880) und seinen *Kleinseitner Geschichten* (1878), die in freier Folge Beschreibung, Reflexion, Dialog und sparsam verwendeter Alltagshandlung das Wort geben und sich dem Leben der einfachen Leute verpflichtet wissen, steht er am Anfang einer Erzähltradition, die bei Jaroslav Hašek (vgl. S. 278) genauso weiterlebt wie bei Bohumil Hrabal (vgl. S. 234) oder Milan Kundera (vgl. S. 63). Neruda starb am 22. August 1891 in Prag.

Die Kleinseitner Geschichten werden durch die Erzählung »Eine Woche in einem stillen Haus« eröffnet, die in Nerudas Geburtshaus spielt. Ihr zweites Kapitel, das mit den Worten »Das Haus ist zum größten Teil erwacht« überschrieben ist, beginnt auf diese Weise:

> Die Junisonne hatte schon hübsch lange in den Hof des Hauses geschienen, bevor die Leute erwachten. Trotz dem Rasseln der schweren Wagen, das aus der Durchfahrt und über das Dach herüberklang, hallten die ersten Schritte wie in einem Gewölbe. Einzeln, als ob die eine warte, bis die andere vorüber sei, trat das Weibsvolk aus den verschiedenen Wohnungen, entweder bloßköpfig und noch ungekämmt oder mit tief in die Stirn gezogenen Kopftüchern, um die verschlafenen Augen gegen die Sonne zu schützen. Es waren nicht viele, aber alle sahen wie schlampige Dienstmädchen aus; ihre Röcke waren nachlässig festgebunden, sie schlurften in abgetretenen Schuhen, in den Händen trugen sie leere oder schon mit Milch gefüllte Krüge.
>
> Allmählich belebte es sich. Die weißen Vorhänge verschwanden von den Fenstern; wenn sich eins öffnete, erschien darin eine Gestalt; sie blickte zum Himmel und zum Laurenziberg hinüber und sagte ins Innere zu einem anderen, auch schon Erwachten etwas von einem schönen Morgen. Auf den Treppen und auf den um den Hof laufenden hölzernen Galerien des ersten Stockwerks, den Pawlatschen, trafen sie sich und wünschten einander einen guten Morgen.
>
> Im ersten Stock des in die Gasse hereinstehenden Vorderhauses erschien im Eckfenster ein großer Mann mit rotem, pockennarbigem Gesicht und wirrem, grauem Haar. Er stützte sich schwer auf das Fensterbrett und neigte sich heraus, so weit, daß unterm offenen Hemd seine mächtige, trotz des Juni in Flanell gehüllte Brust zu

sehen war. Er schaute auf das noch verhängte Nebenfenster, dann beugte er sich wieder zurück und sagte in das Zimmer hinein: »Es ist noch nicht sieben.«

☞ ***Loretánská (Lorettogasse): St. Barbara-Kapelle (kaple svaté Barbory)***

Der kleinen, aus dem Jahr 1726 stammenden Kapelle am Südrand des Loretto-Komplexes hat Rilke sein Gedicht »Im Straßenkapellchen« gewidmet (in den *Larenopfern* von 1895). Ohne namentlich genannt zu werden, erscheint sie auch an wichtiger Stelle in Meyrinks *Walpurgisnacht*. Nachdem der Student Ottokar sein Geigenspiel im Palais Thun beendet und sich heimlich mit der Nichte der Gräfin Zahradka verabredet hat, kehrt er in den Hungerturm zurück, um das Mädchen auf dem davor befindlichen kleinen Hof zu erwarten. (Vgl. S. 132) Als sie erscheint und die beiden Liebenden sich in den Armen liegen, sieht er in Bildern vor seinem inneren Auge vorbeiziehen, was sich Polyxena währenddessen ausmalt, um »die Raserei ihrer Brunst« zu steigern. Auf diese Weise werden ihm Geschehnisse lebendig, die, wie es im Text weiter heißt, in einer »kleinen Kapelle« auf dem Hradschin dargestellt seien, und zwar auf einem Gemälde und auf einer Steintafel, deren Text aus einer alten Chronik stamme und folgenden Wortlaut habe:

> Nun war dem einen Ritter von denen, die man auf Pfähle gesteckt, namens Borivoj Chlavec, der Pfahl neben der Achsel hinausgegangen und der Kopf unverletzt blieben; dieser betete mit großer Andacht bis an den Abend, und des Nachts brach ihm der Pfahl entzwei, zunächst am Hintern, so ging er mit dem anderen Teil, so in ihm steckte, bis auf den Hradschin und legte sich auf einen Misthaufen. Des Morgens stand er auf und ging in das Haus neben der Kirchen St. Benedicti, ließ ihm einen Priester aus der Priesterschaft der Prager Schloßkirchen

holen und beichtete unserem Herrn Gott in seiner Gegenwart seine Sünde mit großer Andacht, und meldete darneben, daß er ohne Beicht und Empfangnuß des hochwürdigen Sakraments, wie es von der christlichen Kirchen unter einerlei Gestalt geordnet, keineswegs sterben könnte, darum er aus dem Glauben diesen Gebrauch gehalten, daß er alle Tage Gott dem Allmächtigen zu Ehren ein Ave Maria, und der heiligen Jungfrau zu Ehren hätt ein kurzes Gebetlein täglich versprochen und sey also bis auf die Zeit des Vertrauens gewesen, daß er durch dieses Gebetlein und der heiligen Jungfrau Vorbitt, ohne Empfahung des hochwürdigen Abendmahles nicht sterben werde.
Der Priester sprach: Lieber Sohn, sage mir dasselbe Gebet, er fing an und sprach: Allmächtiger Herr Gott, ich bitte, du wollest mich der St. Barbara, deiner Märtyrin, Vorbitt genießen lassen, auf daß ich dem schnellen Tode entgehe, und vor meinem Ende mit dem hochwürdigen Sakrament versehen, auch vor allen meinen Feinden, sichtbaren und auch unsichtbaren, beschützt, vor den bösen Geistern bewahret, und endlich zu dem ewigen Leben gebracht werden möchte, durch Christus unseren Heiland und Seligmacher, Amen.
Nach diesem ward ihme vom Priester das hochwürdige Sakrament gereicht, und ist desselben Tages gestorben und bei der Kirchen St. Benedicti mit viel Volks Beweinen begraben worden.

St. Benedict: Vgl. S. 109

Es ist sein eigenes Schicksal, das Ottokar hier in prophetischer Vorwegnahme erlebt. Nach dem von Meyrink in seinem Roman propagierten Gesetz der Magie verschmelzen gleiche Größen miteinander, auch wenn sie durch Raum und Zeit voneinander getrennt sind. Die Wahrsagerin, die Ottokar in der Nový svět besucht und dem Leser gleich in ihrem dortigen Domizil begegnen wird, hatte Polyxena zur Blutsaugerin und ihn selbst zum unehelichen Sohn der Gräfin Zahradka erklärt und beide zu Abkömmlingen des böhmischen Herzogs Bořiwoj, also zu späten Verkörperungen des mittelalterlichen Přemyslidengeschlechtes, dessen geschichtliche Spur vom Blut des Verwandtenmordes beschmutzt ist. So erfaßt Polyxena und Ottokar eine wilde, unnatürliche, einem teuflischen Wirbelwind gleichende Liebe, »erschaffen aus den plötzlich erwachten gespenstischen Schwaden der jahrhundertelang zu Bildern erstarrten Vorfahren einer leidenschaftverzehrten Ahnenreihe«.

Tatsächlich ist die von Meyrink angeführte mittelalterliche Legende auf einem Fresko in der St. Barbara-Kapelle dargestellt. Es zeigt den Ritter Boriwoj im Hintergrund als Gepfählten, auf der Hauptszene aber als Sterbenden, der von einem Priester versorgt wird, während die hl. Barbara im Himmel über ihm schwebt. Die von Meyrink ebenfalls erwähnte Steintafel existiert allerdings nicht, vielmehr hat er die angeführte Stelle der 1541 erschienenen *Böhmischen Chronika (Kronika česká)* des Václav Hájek z Libočan entnommen, die ihm in einer deutschen Übersetzung des 16. Jahrhunderts zur Verfügung stand.

☞ *Loretánské náměstí (Loretto-Platz): Maria-Loretto (Loreta)*

Die Schlacht am Weißen Berge, deren Ausgang der katholischen Sache zum Sieg verholfen hatte (vgl. S. 155), führte in Böhmen zu einer Intensivierung des Marienkults, weil man der Gottesmutter den Sieg über die Protestanten zuschrieb (vgl. S. 47). Im Gefolge der Gegenreformation wurde in den Jahren 1626–1631 nach dem Vorbild des von Bramante geschaffenen Baus in Loreta (Provinz Ancona) die »Casa Santa« errichtet, deren Inneres eine Nachbildung des Hauses enthält, in dem angeblich die heilige Familie in Nazareth gewohnt hatte. Die beiden Kapellen, die in der Mitte des für Prozessionen bestimmten Umgangs liegen, erhielten im ersten Drittel des 18. Jahrhunderts ihre heutige Gestalt, als auch die ebenfalls zum Loretto-Komplex gehörige Christi-Geburts-Kirche erbaut wurde. Die kunstgeschichtlich bedeutsame Fassade des Heiligtums (1721–1725) wurde von Christoph Dientzenhofer (1655–1722) und seinem Sohn Kilian Ignaz Dientzenhofer (1689–1751) geschaffen.

Rilke hat in seinen *Larenopfern* dem im 17. Jahrhundert fertiggestellten Kreuzgang von Loretto ein Gedicht gewidmet. Und als der Protestant Liliencron im April 1904 nach dem Besuch des Hradschin hierher kam, verwunderte er sich vor allem über die St. Kümmernis-Kapelle (kaple Panny Marie Bolestné). Als man ihm die Geschichte der keuschen Königstochter erzählte, die von den ihr lästigen Freiern dadurch erlöst wurde, daß ihr die Mutter Gottes einen riesigen Bart wachsen ließ, verglich er, wie Oskar Wiener berichtet, diese altchristliche Legende mit einem vollendeten Kunstwerk und hatte das Gefühl, durch eine Märchenwelt zu schreiten.

Von besonderer Anziehungskraft ist seit jeher das Glockenspiel, das 1695 in den Turm des Heiligtums eingebaut wurde. Es läßt zu jeder vollen Stunde Marienlieder erklingen und ist mehrfach Gegenstand literarischer Darstellung geworden. Angeführt sei die entsprechende Passage aus Meyrinks *Walpurgisnacht*, wo der Student Ottokar Vondrejc davon beeindruckt wird, als er auf seinem Weg zur Thunovská (vgl. S. 93) am Loretto-Heiligtum vorbeikommt.

> Er war kaum des alten im Abendrot träumenden Kapuzinerklosters, an dem er auf seinem Wege zum Palais der Gräfin Zahradka vorbei mußte, ansichtig geworden, da erklang dicht nebenan, als wolle es ihn begrüßen, gleich einem zauberhaften Orchester von Äolsharfen, das ehrwürdige Glockenspiel der St.-Loretto-Kapelle und zog ihn in seinen magischen Bann.

Eingehüllt von melodisch schwingenden Luftwellen, die ihn umfingen – getränkt von Blütenhauch aus den verborgenen nahen Gärten – wie der unendlich weiche liebkosende Schleier einer unsichtbaren Himmelswelt, blieb er ergriffen stehen und lauschte, bis es ihm schien, als mischten sich die Töne eines alten Kirchenliedes darein, gesungen von tausend fernen Stimmen. Und wie er horchte, da war es, als käme es aus seinem Innern – dann wieder, als schwebten die Klänge ihm zu Häupten, um echogleich in den Wolken zu ersterben – bald so nahe, daß er glaubte, die lateinischen Worte der Psalmodie zu verstehen, bald – verschlungen vom hallenden Dröhnen aus dem erzenen Munde der Glocken – nur noch in leisen Akkorden, wie aus unterirdischen Kreuzgängen herauf.

☞ ***Nový svět (Neue Welt)***

Während die Neue Welt heute ein besonders unter tschechischen Künstlern beliebter Aufenthaltsort ist, war diese pittoresk gelegene Häuserzeile am Rande der Stadt im letzten Jahrhundert ausschließlich von armen Leuten bewohnt. Jan Neruda hat in seiner Erzählung *Eine Prager Idylle*, die als Teil seiner *Bilder aus dem alten Prag* erschien, das Leben eines in der Neuen Welt lebenden Arbeiters beschrieben, und Gustav Meyrink läßt dort Teile seiner *Walpurgisnacht* spielen: Im Haus Nr. 7/79, das die linke, westliche Ecke Nový svět/Kapucínská bildet, lebt die böhmische Liesel, die der Student Ottokar aufsucht, um sich von ihr seine Zukunft weissagen zu lassen. An anderer Stelle des Romans begibt sich der kaiserliche Leibarzt Thaddäus Flugbeil, in der Meinung, die Wahrsagerin, mit der ihn vor Jahrzehnten ein inniges Liebesverhältnis verbunden hatte, sei nicht zuhause, zu ihrer Wohnung, um einen Schauspieler unter vier Augen zu sprechen, der dort als Untermieter Logis genommen hat.

Die Gasse, genannt die „Neue Welt“, bestand, wie der Herr kaiserliche Leibarzt eine Weile später – die Droschke mußte zurückbleiben, um peinliches Aufsehen zu vermeiden – Gelegenheit fand, sich zu überzeugen, aus etwa sieben getrennt voneinander stehenden Häuschen und dicht gegenüber einer halbkreisförmigen Mauer, deren oberer Rand mit einem fortlaufenden Fries aus mit Kreide zwar primitiv von Knabenhand gezeichneten, nichtsdestoweniger aber äußerst drastischen Anspielungen auf das Geschlechtsleben verziert war. Von ein paar Kindern abgesehen, die fröhlich kreischend in der knöcheltief mit weißem Kalkstaub bedeckten Gasse Kreisel drehten, war weit und breit kein menschliches Gesicht zu erblicken.
Von dem Hirschgraben, dessen Hänge mit blühenden Bäumen und Sträuchern übersät waren, wehte ein duftgetränkter Hauch von Jasmin und Flieder herauf, und in der Ferne träumte das Lustschloß der Kaiserin Anna, von dem silberweißen Gischt der sprühenden Fontänen umgeben, mit seinem gebauchten, grünkupfernen Patinadach im Mittagslicht wie ein riesiger, glänzender Käfer.
Dem kaiserlichen Leibarzt schlug mit einemmal das Herz seltsam laut in der Brust. Die weiche erschlaffende Frühlingsluft, der betäubende Geruch der Blumen, die spielenden Kinder, das dunstig helleuchtende Bild der Stadt zu seinen Füßen und der ragende Dom mit den in Scharen über ihren Nestern kreischenden Dohlen, alles erweckte in ihm wieder das dumpfe vorwurfsvolle Gefühl von heute morgen, er habe seine Seele um ein ganzes langes Leben betrogen.
Er sah eine Weile zu, wie sie die kleinen, grau-roten, kegelförmigen Kreisel unter den Schlägen der Peitschen drehten und Staubwölkchen emporwirbelten; er konnte sich nicht entsinnen, jemals als Kind dieses lustige Spiel

getrieben zu haben – jetzt kam es ihm vor, als hätte er ein langes Dasein voll Glück dadurch versäumt.
Die offenen Flure der kleinen Häuser, in die er spähte, um die Wohnung des Schauspielers Zrcadlo zu erkunden, waren wie ausgestorben.
In dem einen stand ein leerer Bretterverschlag mit Glasfenstern, hinter denen wahrscheinlich in Friedenszeiten mit blauen Mohnkörnern bestreute Semmeln verkauft worden waren oder – wie ein ausgetrocknetes hölzernes Fäßchen verriet – saurer Gurkensaft gemäß der Landessitte: einen in dieser Flüssigkeit hängenden Lederriemen gegen Entgelt von einem Heller zweimal durch den Mund ziehen zu dürfen.
Vor einem anderen Eingang hing ein schwarz-gelbes Blechschild mit einem zerkratzten Doppeladler darauf und den Fragmenten einer Inschrift, die besagte, es dürfe hier straflos Salz an Reflektanten abgegeben werden.

Hirschgraben: tschechisch Jelení příkop; die zwischen Královská zahrada (Kaisergarten) und Hradschin gelegene Schlucht, die von Kaiser Ferdinand I. als Blumengarten, von Rudolf II. auch als Tiergehege benutzt wurde. (Vgl. S. 127)
Lustschloß: das 1538–1558 auf Ferdinands I. Geheiß errichtete und für seine Gemahlin Anna erbaute Belvedere (Belvedér), das Tycho de Brahe als Sternwarte diente und den zu Meyrinks Zeit durch achtzehn Fontänen belebten Kaisergarten (vgl. S. 117) im Osten begrenzt.

☞ *Hradčanské náměstí (Hradschiner Platz) Nr. 4/183: St. Benedikt-Kirche (kostel svatého Benedikta)*

Der Gebäudekomplex kam Ende des 18. Jahrhunderts an die Karmeliterinnen, gehörte aber zuvor dem Orden der Barnabiterinnen, dessen Prager Wirken Rilke in seinem 1899 erschienenen »König Bohusch« mit dem Schicksal seiner Titelgestalt verwoben hat. Als Vorbild für seine Hauptfigur diente Rilke der bucklige Schneidergeselle Rudolf Mrva, der Ende 1893 von Mitgliedern des tschechischen Geheimbundes »Omladina« (Jugend) ermordet worden war, weil er sich als Provokateur in die Gruppe eingeschlichen und die Polizei von deren hochverräterischen Umtrieben unterrichtet hatte. In Rilkes Erzählung entsagt die Prinzessin Aglaja aus dem Palais Thun-Hohenstein, Gespielin des Portierssohns Bohusch während ihrer Kindheit, der Welt und wird als jugendliche Schönheit dem strengsten aller Orden zugeführt: Die Barnabiterinnen dürfen das Klostergebäude niemals verlassen und kein Wort miteinander sprechen.

> Als vor etwa fünfzehn Jahren zum letztenmal die rostige Rast der Türangeln gestört wurde, da wollten weißhaarige Leute aus der Nähe, Betschwestern mit nicht ganz zuverlässigem Gedächtnis – wollten wissen, daß zu den sieben noch lebenden Schwestern eine achte hinzugekommen sei – aber das waren doch nur ziemlich haltlose Vermutungen. Wohl aber hatten auch jüngere und scharfsichtigere Menschen in den Wagen geschaut, welcher das neue Opfer brachte, und diese beschworen, daß dies ein ganz junges Mädchen von unbeschreiblicher Schönheit und Vornehmheit gewesen sei, und sagten, es sei sündhaft, diese Fülle seltener Anmut in dem schrecklichsten aller Klöster verwelken zu lassen. Und sie sagten noch manches; das Manche aber war Geschwätz, das sich auf die Gründe bezog, welche diesen frühen Lebensabschied hervorgerufen haben mochten; da baute man große romantische Geschichten auf, die verschiedensten Dolche blitzten in den unterschiedlichsten bengalischen Feuern, und die dämonischsten Prinzen aller Ammenmärchen sogen Lebensmöglichkeit aus diesen Vermutungen. Man wußte natürlich gewiß, daß irgend ein lautes und fürchterliches Ereignis hinter diesem Entsagen stünde, und vergaß wie immer, daß es vielleicht ein ganz leises Erleiden, eine jener tiefen, lautlosen Enttäuschungen gewesen sein konnte, welche den zartesten Seelen die dunkelgewußte Gewißheit geben, daß Gipfel und

> Abgründe des Erlebens vorüber sind, und daß nun die weite, weite Ebene mit den kleinen Gräben und lächerlichen Hügeln beginnen würde, durch die zu wandern so müde macht. Das schöne müde Kind kam aus dem hohen finstern Fürstenhaus in der Spornergasse, in dem auch Bohusch seine scheuen Knabenspiele spielte, und der Tag, an welchem der geschlossene Wagen die Prinzessin Aglaja ihrer neuen einsamen Heimat zuführte, war auch für ihn, den damals Halbreifen, ein Abschnitt. Eigentlich konnte er sich gar nicht vorstellen, wie die Prinzessin zu jener Zeit aussah; er trug in seinem Innern ihr Bild aus den Tagen, da ihr goldenes Lachen wie eine verirrte Schwalbe durch die ernsten Hallen flatterte und sich endlich, der steifen und entsetzten Engländerin zum Trotz, in den freien Weiten des rauschenden Parkes verlor. Dort begegneten die beiden Kinder einander ziemlich oft und schwatzten und scherzten und haschten einander, wie es eben Kinder tun, die einen Zwang losgeworden sind: Aglaja ihre Gouvernante und Bohusch seine stille, treue Traurigkeit. Es folgten dann Jahre, in welchen der Portierssohn die inzwischen Dame gewordene Gespielin nicht sah, und so kam es, daß er in seinem Erinnern den Tag ihres Entsagens hart an jene Stunden jubelnden Kindseins schob und den Effekt empfand, als würde einmal der glänzendste Tag in die allertiefste Nacht, der reichste Sommer in den trostlosesten Wintertag verändert – ohne Übergang.

Auch Inge Thiele widmet sich in ihrer autobiographischen Erzählung *Das Kloster unter dem Hradschin* den Karmeliterinnen. Zwei dreizehnjährige Prager Mädchen erkunden an einem Frühlingsabend nach Schulschluß das Kloster auf dem Hradschiner Platz und besuchen das Grab der ersten Äbtissin des Ordens.

Die scheidende Sonne rötete die Giebel der würdigen Domherrenhäuser auf dem Hradschiner Platz. Ihr Widerschein glühte wie Feuersbrunst aus den schmalen Fenstern einer kleinen, kahlen Kirche – konnte das noch Abglanz der Sonne sein? Schmucklose, insichgekehrte Mauern, Baumwipfel eines Gartens, den sie hoch und eng umschlossen, eine Treppe, die abwärts, zur Stadt führen mußte. Dort drinnen waren die Mädchen noch niemals gewesen. Sie blickten einander an, und Andrea drückte den mächtigen Türgriff nieder. Er gab nach. Frostiges Dunkel des Vorraumes nahm sie auf, in dem sich erst allmählich ein riesiges Kruzifix an der Wand unterscheiden ließ. Auf dem bleichen Haupt des Heilands lastete eine übermäßige Dornenkrone wie eine düstere Wolke, sein Blut quoll in schwärzlich-roten Strömen aus zahllosen, schrecklichen Wunden. [...]

Auf den Vergoldungen des Altars verglommen die Feuerkringel und Funken der Abendsonne. Die wenigen Heiligenbilder rings versanken vollends in Schwärze. Hinter den Mädchen schlurften Schritte über die Steinfliesen.

»Wollt ihr die heilige Elektra sehen?« raunte die schielende Alte, die in der Grabesstille des Hauses den Staub von den Beichtstühlen wischte.

Die Mädchen starrten sie an. »Die heilige ...?« Mariannens fragender Mund blieb offen. Das Weib hob den rissigen Zeigefinger und wies nach rechts, neben den Altar. »Dort müßt ihr läuten – aber es kostet zwanzig Heller«, sagte es, ohne die beiden aus den Augen zu lassen.

Jetzt erst entdeckte Andrea ein Gitter in der Wand; daneben hing ein Glockenzug. Sie stieß die Freundin an: »Läute! Ich hab einen Zwanziger.«

Marianne zögerte unentschlossen. Dann schwang gedämpft melodisches Gebimmel irgendwo in der Tiefe unsichtbarer Räume – dann erhellte sich ein Schiebefensterchen zur Seite des Glockenzuges, der sachte pendelte, dann wurde den Mädchen in dem schwachen Lichtschein eine Holzschale hingehalten. Als Andrea das Geldstück hineinfallen ließ, sah sie für Augenblicke eine Hand, ein noch junges, glattes Gesicht, von weißen und schwarzen Binden mittelalterlich streng umschlossen, sah ein undeutbares, sehr abwesendes Lächeln auf diesem Antlitz, das von ebenmäßiger Schönheit war und die Augen unter schweren Lidern verbarg.

Das Licht im Fensterchen erlosch. Zugleich öffnete sich mit leisem Rauschen ein Vorhang hinter der Gitterwand. Elektrische Birnen flammten auf und bestrahlten eine seltsame, dunkle Gestalt. Sie thronte in einem Glasschrein, auf ihrem vorgeneigten Haupte funkelten eine Krone, Edelsteine und Perlen. Das kleine, eingesunkene Gesicht unter der Krone, die dünnen, beringten Finger, die einen Lilienstengel hielten, waren braun wie Leder. Auch dieses Gesicht lächelte – ein starres, schauriges Lächeln, das gelbe Zähne entblößte.

In der kleinen Kirche brannten nur noch die Totenkerzen und die Wachsstöcke auf dem Hauptaltar. Niemand kniete mehr im Gestühl; nur die Schieläugige bewegte sich wie ein Schemen im Hintergrund. Stumm, eng aneinandergedrückt, hockten die Mädchen in einer Bank.

»Jetzt weiß ich es«, flüsterte Marianne endlich, »unsre Baruschka hat es erzählt. Sie können da nie mehr heraus, sie dürfen nichts reden, sie schlafen in Särgen, und beim Essen liegt immer ein Totenschädel auf ihrem Tisch.«

Andrea nickte mechanisch. Mit halbgeschlossenen Augen sah sie noch immer die zwei Gesichter vor sich, jenes nicht mehr menschliche, die kostbar geschmückte, juwelenblitzende Mumie der Äbtissin, und das andere, das junge, sanfte, unbewegte.

Plötzlich stand die schielende Alte wieder neben ihnen. Sie stützte sich auf einen langen Besen und klapperte mit schweren Schlüsseln.

»Ihr müßt jetzt gehen«, sagte sie, »die Kirche wird geschlossen.« Die Mädchen erhoben sich gehorsam und tappten vor der Greisin her dem Ausgang zu. Im Vorraum, unter dem Kruzifix, blakte rubinrot das Öllämpchen mit dem Ewigen Licht.
Da hielt Andrea an und wendete sich nach der Alten um. »Ist es wahr«, fragte sie stockend und eindringlich, »sind die Nonnen hier im Kloster für immer eingeschlossen? Dürfen sie mit niemand sprechen?« Das Weib schüttelte den Kopf. »Es ist ein strenger Orden.« »Aber«, murmelte Andrea bestürzt, während Marianne schon das Tor nach der Straße aufstieß, »die Nonne, der wir das Geld gaben, war noch jung. Sie war schön …«
»Schön?« wiederholte die Alte gleichmütig, und man wußte nicht, wohin sie eigentlich blickte. »Davon weiß sie nichts; Schwester Serafina ist blind.«
Die Kirchentür wurde zugeschlagen, der Schlüssel drehte sich zweimal im Schloß. Den westlichen Himmel über dem Laurenziberg färbte noch eine zarte Glut. Neben der Kuppel von St. Niklas aber schwamm schon das schmale Boot des zunehmenden Mondes der Nacht entgegen.

eine Treppe: die zur Nerudova führende Rathausstiege (Radnické schody).

Inge Thiele wurde am 23. Januar 1903 als Gottfriede Aloisia Karoline Peschka in Prag geboren. Sie studierte an der dortigen Kunstakademie und heiratete 1927 den Maler Franz Thiele. Nach 1945 lebte sie als Journalistin und Kunstkritikerin in Wörgl (Tirol), wo sie am 31. Dezember 1993 starb. 1968 erschien ihr Gedichtband *Die Insel.*

☞ *Hradčany (Hradschin): Rudolfsgalerie (Rudolfova galerie)*

Das Wahrzeichen Prags, der Hradschin, hat seinen mittelalterlichen Charakter durch Umbaumaßnahmen in der zweiten

Hälfte des 18. Jahrhunderts weitgehend eingebüßt. Damals entstand der sogenannte Ehrenhof (Erster Hof) mit den ihn umschließenden Bauten, die sich an der Südfront bis zu der Stelle fortsetzen, an welcher der Alte Königspalast mit dem sogenannten Ludwigstrakt gegen den Abhang zur Moldau vorspringt. Über das ehemals zur Befestigungsanlage gehörige Matthias-Tor (Matyásova brána) von 1614, das sich in diesem Teil der Prager Burg als einziges Überbleibsel der älteren Anlage erhalten hat, gelangt man in den Zweiten Hof, in dessen Mitte sich ein Brunnen von 1686 erhebt. In dem vom Nordtor der Burg unterbrochenen Gebäudekomplex, der die Nordwestecke dieses Hofes begrenzt, befinden sich der Spanische Saal (Španělský sál) und die Rudolfsgalerie, früher auch Deutscher Saal genannt, die beide um 1600 errichtet, aber 1866–1868 im Stil des Neubarock umgestaltet wurden. Die Rudolfsgalerie beherbergte die berühmte Kunst- und Kuriositätensammlung Rudolfs II., die nach seinem Tod aufgelöst wurde.

Rudolf II., 1575 König von Böhmen, ein Jahr später Kaiser geworden, ließ seit 1582 den Hradschin als Residenz ausbauen. Unter seiner Regierungszeit wurde Prag zu einem blühenden Zentrum von Kunst und Wissenschaft. 1599 berief er Tycho de Brahe als Hofastronom, ein Jahr später folgte ihm Kepler als Assistent. Der vom Hof ausgehende Glanz, Rudolfs Sammlerstolz, sein melancholisches, eingezogenes Wesen und sein Hang zu Alchimie und Astrologie machten das von ihm geprägte Zeitalter bald zu einem verlockenden Sujet literarischer Darstellung.

In seinem Roman *Tycho Brahes Weg zu Gott* (1916), dessen beiden letzten Kapitel auf dem Hradschin spielen, läßt Max Brod Rudolf II. gegen die historische Wahrheit in dem eben erwähnten, an der Nordseite der Anlage liegenden Teil der Burg wohnen, »da er in seiner Menschenscheu selbst den Anblick der Stadt und das aus dem weiten Talkessel emporsteigende Gesumme verabscheute«. Hierher kommt Tycho zur Audienz und wird von Rudolf II. in ein Gespräch verwickelt, in dessen Verlauf die beiden durch die Sammlungsräume schreiten:

> Sie befanden sich in der berühmten kaiserlichen »Kunstkammer«, die ein Fremder nie zu sehen bekam. Hier erst wich der starre Ausdruck aus dem Antlitz des Herrschers, er hatte nun die zufriedene Haltung des Sammlers, der seine Schätze zeigt. Mit Muße erklärte er, als warteten nicht Minister und Gesuchsteller draußen, die deutschen, niederländischen und welschen Gemälde, die bis an die Decke hinauf, selbst längs der Pfeiler und Säulen, zum Teil auch über die Fenster hinweg aufgehängt waren. Und in zahllosen Vitrinen unten drängten sich wie Schaum kostbare Kristallbecher, Perlen, Silberschalen. Der sogenannte deutsche Saal, ursprünglich zu Ballfesten bestimmt, war ebenfalls ganz mit Kunstgegenständen und Kuriositäten angefüllt; selbst in den Korridoren und Stiegengängen strahlte Poliertes, Gedrechseltes, Getriebenes, Mosaik und Elfenbein, ausgestopfte Kolibripracht und Pelzwerk durcheinander, so daß einem das stumme Gleißen zum Schluß wie lautes Stimmengewirr um die Ohren sauste. – »Nein, Gott ist wirklich nicht allmächtig«, ging es dabei durch Tychos Kopf, den diese unbeherrschbaren Zusammenhäufungen an das Chaos der Welt gemahnte[n]. Auch dem Kaiser schien es inmitten seiner Kostbarkeiten, die er vielleicht schon lange nicht in ihrer Masse überblickt hatte, bange zu werden. Er schüttelte den Kopf, wie ermattet, und ging bald still längs der Schaustücke weiter, ohne Kraft, bei einem einzelnen zu verweilen. All dies war danach angetan, in Tychos taumelhaft empörten Sinnen das Ineinanderspielen von kaiserlicher und oberster Weltherrschaft zu fördern, so daß er endlich, einen Zweifel aussprechend, der sein ganzes Forscherleben bezeichnete, demütig, doch

ganz unzeremoniell fragte: »Majestät, ist ein Gesetz in all dem oder keines?«

Der Kaiser blieb stehen: »Ihr fragt nach dem Gesetz, das ich beim Sammeln einhalte? Das haben schon manche gefragt und nicht jedem konnte ich antworten. Ich weiß auch, daß es manchem da draußen nicht billig scheint, wie ich nur für diese Dinge hier lebe und ihre Zänkereien verabscheue …«

»O man vergleicht Euch den Fürsten Medici in Florenz, den Gönnern der Künste«, warf Tycho in ehrlicher Bewunderung ein. Er verstand den Mann, durch dessen hoheitsvolle, beherrschte Stimme ein unfaßbares Gefühl von Schwäche zitterte.

Rudolf aber wehrte heftig ab: »Nein, Medici nicht! Die waren weltlich und fanden schon im Leben einen Sinn, den ihre Kunst nur schmücken sollte. Ich aber versperre meine Kunst, ich halte sie rein, denn ich habe im Leben keinen Sinn gefunden«.

Der harte Kern der Kafka-Verehrer wird nicht versäumen, einen Abstecher zum Belvedere (Belvedér) und dem davor gelegenen, 1567/68 entstandenen Singenden Brunnen (Zpívající fontána) zu machen, die neuerdings über den sehenswerten Kaisergarten (Královská zahrada) erreicht werden können, dessen Eingang sich beim Nordzugang des Hradschin befindet (U Prašného mostu). Denn der sich um das Lustschloß erstreckende Chotek-Park (Chodkovy sady) war für Kafka der schönste Ort in Prag, in dem er sich besonders während des Ersten Weltkriegs oft aufgehalten hat.

☞ *Hradčany (Hradschin): St. Veitsdom (chrám svatého Víta)*

Der von Johann von Luxemburg 1344 begonnene, von Karl IV. (1346–1378) und seinen Nachfolgern fortgeführte spätgotische Dom ist vor allem ein Werk des aus Schwäbisch

Gmünd stammenden Peter Parler (1352–1399) und seinen Söhnen, das freilich erst 1929 vollendet wurde.

Nachdem man den Dom betreten und die rechter Hand liegende Wenzelskapelle sowie die Andreas- oder Martinitz-Kapelle (kaple svatého Ondřeje či Martinická) passiert hat, biegt man an der Seilabsperrung, die jetzt dem Touristen den Zugang zum Chorumgang zu verwehren pflegt, nach links ein, wo man auf der Bank vor der Königsgruft Platz nimmt. Vor den Augen des Beschauers liegt der Hochchor mit den ihn umschließenden Kapellen; die drei östlichen enthalten die von Kaiser Karl IV. in Auftrag gegebenen Grabmäler von sechs dem 11. bis 13. Jahrhundert zugehörigen Herrschern des Přemysliden-geschlechtes, deren sterbliche Überreste aus dem Vorgängerbau hierher umgebettet wurden. In der Ernestus-Kapelle (kaple svatého Jana Křtitele), die sich unmittelbar links von der auf der Hauptachse liegenden Marienkapelle (kaple Panny Marie) befindet, steht der sogenannte Jerusalemer Leuchter (jeruzalémský svícen), der im Jahr 1162 von König Wladislaw I. von Mailand nach Prag gebracht wurde und von Stifter im Schlußkapitel des *Witiko* (Näheres S. 303) erwähnt wird.

Zwischen den Pfeilern, die den Hochaltar im Norden und Süden flankieren, hängen vier Holzreliefs, die Kaspar Bechteller im Auftrag Kaiser Ferdinands II. (1619–1637) schuf. Sie stellen wichtige Ereignisse zu Beginn des 30jährigen Krieges dar: Auf der Nordseite, in der Nähe der Sakristei, die Flucht des Winterkönigs Friedrich von der Pfalz nach der Schlacht am Weißen Berg. (Vgl. S. 156) Der Reiz der Tafel liegt in der detailreichen, aber auch wieder naiv gehaltenen Wiedergabe der Prager Topographie, die beispielsweise Johannes Urzidil als Kind so nachhaltig beeindruckte, daß er den Titel seiner Erzählung »Relief der Stadt«, die sein *Prager Triptychon* eröffnet, nach diesem Werk wählte, das er im gleichen Zusammenhang eindringlich würdigt.

Richtet man den Blick nach rechts, so beeindruckt zunächst das Wladislawsche Oratorium (1490–1493), eine in die vorletzte Kapelle des südlichen Chorumgangs eingebaute Königsempore, die durch einen Arkadengang mit dem ehemaligen Königspalast verbunden ist und dem Gebet des Herrschers vorbehalten war. Links daneben erhebt sich der monumentale silberne Reliquienaltar des hl. Johannes von Nepomuk (náhrobek svatého Jana Nepomuckého). Als Johannes von Nepomuk (vgl. S. 37) 1729 heiliggesprochen wurde, gab Karl VI. (1711–1740) den Auftrag zur Errichtung eines Schreins, der 1736 vollendet wurde. 1771 wurde der große Baldachin mit den vier schwebenden Silberengeln hinzugefügt. Kafka erwähnt dieses Monument im »Dom«-Kapitel seines 1914 entstandenen *Prozeß*-Romans, allerdings ohne es direkt beim Namen zu nennen. Der von einem ungreifbaren Gericht angeklagte Prokurist Josef K. hat sich mit einem italienischen Geschäftsfreund verabredet, dem er die Sehenswürdigkeiten der Stadt zeigen soll. Als dieser nicht erscheint, trifft er bei einem Erkundungsgang durch den Dom einen Geistlichen, der ihn über den Stand seines Verfahrens informiert und in diesem Zusammenhang das berühmte Prosastück »Vor dem Gesetz« erzählt. Während die beiden im dunklen Seitenschiff auf und ab gehen und die Geschichte zu deuten versuchen, verliert K. wegen der im Kirchenraum herrschenden Dunkelheit die Orientierung. Als er vor sich das silberne Standbild eines Heiligen bemerkt, das »nur mit dem Schein des Silbers« blinkt und »gleich wieder ins Dunkel« versinkt, fragt er seinen Begleiter, ob man in der Nähe des Haupteingangs sei, und erhält zur Antwort, daß man sich im Gegenteil weit davon entfernt befinde.

Das für die Herstellung von Heiligenstatuen selten verwendete Material, der ungewöhnliche Standort mitten im Seitenschiff und fern des Hauptportals sowie schließlich das reflektierende Licht aus den hochgelegenen Fenstern, das eine beträchtliche Höhe des Monuments voraussetzt, geben zu der Vermutung Anlaß, daß sich Kafka bei der Niederschrift dieser Stelle den Nepomuk-Schrein des Veitsdoms zum Vorbild genommen hatte. Auch andere im »Dom«-Kapitel begegnende Details sind möglicherweise durch die hier herrschenden Verhältnisse angeregt worden. So sind diesem Bauwerk und Kafkas Darstellung der vor dem Hauptportal liegende enge Domplatz, die Dreischiffigkeit des Kirchenraums, die Lage der Hauptkanzel und ein mit Seitenbänken bestückter »Altarchor« gemeinsam, den K. vor sich hat, nachdem er auf der Suche nach dem Italiener das ganze Seitenschiff fast bis zur Höhe des Hauptaltars durchschritten und das Hauptschiff betreten hat. Wenn er sich, dort angekommen, mit dem Ellbogen an die vorderste Kirchenbank lehnt, befindet er sich genau an der Stelle wie der seinen Spuren nachwandernde, literarisch interessierte Spaziergänger.

Wenn sich K. in dieser Situation wundert, daß die Predigt, die er fälschlicherweise erwartet, nicht von der Orgel eingeleitet wird, die »nur schwach aus der Finsternis ihrer großen Höhe« blinkt, dann muß er das Instrument andeutungsweise über sich wahrgenommen haben, obwohl dies dem heutigen Betrachter unmöglich ist. Aber zu Kafkas Lebzeiten war die Orgel derart an einer zwischen Chor und dem erst 1903 vollendeten Längsschiff gezogenen Notmauer angebracht, daß sie ein beträchtliches Stück in den Chorraum hereinragte, von K. also ausgemacht werden konnte, wenn er sich umdrehte.

Schließlich sei vermerkt, daß sich der im folgenden Textausschnitt beschriebene Fluchtversuch ebenfalls mit den vor dem Ersten Weltkrieg im Veitsdom herrschenden Gegebenheiten verträgt. Denn der breite »Hauptweg«, über den K. dem freien, zwischen Bankreihen und Ausgang sich erstreckenden Raum zustrebt, war an dieser Stelle tatsächlich vorhanden: Historische Abbildungen des Kircheninnern zeigen, daß die Bankreihen zu beiden Seiten des von einem Eisengitter begrenzten Mausoleums, das Kafka freilich nicht erwähnt, Gehwege freiließen. Sie vereinigten sich hinter der Gruft zu einem fast deren gesamte Breite einnehmenden

Gang, der in den nicht mehr bestuhlten Teil des Kirchenraums überging.

Aus einer Tagebuchstelle Kafkas vom 5. September 1911 ist erschließbar, daß die Licht- und Größenverhältnisse sowie einige im »Dom«-Kapitel erwähnte Objekte offenbar in Anlehnung an den Mailänder Dom gestaltet sind, den Kafka gerade besucht hatte. Denn zu dem damaligen Reiseeindruck stimmen die im Roman vorausgesetzte große Dunkelheit, die Ausführung der Hauptkanzel, die Ausstattung der Seitenkapellen sowie die gewaltige Größe des Kircheninnern, die nach dem Eindruck Josefs K.s »gerade an der Grenze des für Menschen noch Erträglichen« liegt – wobei noch zu berücksichtigten ist, daß der heutige Eindruck von der Ausdehnung des Prager Veitsdoms erst vier Jahre nach Kafkas Tod entstand, als die schon erwähnte Notmauer entfernt wurde, die bisher das eigentliche Kirchenschiff den Augen des Beschauers entzogen hatte.

Im weiteren Verlauf des »Dom«-Kapitels geht die Handlung ins Unwirkliche über: Kafka versieht den linken, östlichen der beiden vor der Königsempore befindlichen Pfeiler, der tatsächlich fast, wie im Text vorausgesetzt, an die Bänke des Hochchors grenzt, mit einer kleinen, aber bedeutungsschweren Kanzel, durch welche die schon erwähnte Begegnung mit dem Geistlichen hergestellt wird.

> Als er in das Hauptschiff trat, um seinen Platz zu suchen, auf dem er das Album liegengelassen hatte, bemerkte er an einer Säule, fast angrenzend an die Bänke des Altarchors, eine kleine Nebenkanzel, ganz einfach, aus kahlem, bleichem Stein. Sie war so klein, daß sie aus der Ferne wie eine noch leere Nische erschien, die für die Aufnahme einer Heiligenstatue bestimmt war. Der Prediger konnte gewiß keinen vollen Schritt von der Brüstung zurücktreten. Außerdem begann die steinerne Einwölbung der Kanzel ungewöhnlich tief und stieg, zwar ohne jeden Schmuck, aber derartig geschweift in die Höhe, daß

ein mittelgroßer Mann dort nicht aufrecht stehen konnte, sondern sich dauernd über die Brüstung vorbeugen mußte. Das Ganze war wie zur Qual des Predigers bestimmt, es war unverständlich, wozu man diese Kanzel benötigte, da man doch die andere, große und so kunstvoll geschmückte zur Verfügung hatte.

K. wäre auch diese kleine Kanzel gewiß nicht aufgefallen, wenn nicht oben eine Lampe befestigt gewesen wäre, wie man sie kurz vor einer Predigt bereitzustellen pflegt. Sollte jetzt etwa eine Predigt stattfinden? In der leeren Kirche? K. sah an der Treppe hinab, die an die Säule sich anschmiegend zur Kanzel führte und so schmal war, als solle sie nicht für Menschen, sondern nur zum Schmuck der Säule dienen. Aber unten an der Kanzel, K. lächelte vor Staunen, stand wirklich der Geistliche, hielt die Hand am Geländer, bereit aufzusteigen, und sah auf K. hin. Dann nickte er ganz leicht mit dem Kopf, worauf K. sich bekreuzigte und verbeugte, was er schon früher hätte tun sollen. Der Geistliche gab sich einen kleinen Aufschwung und stieg mit kurzen, schnellen Schritten die Kanzel hinauf. Sollte wirklich eine Predigt beginnen? War vielleicht der Kirchendiener doch nicht so ganz vom Verstand verlassen und hatte K. dem Prediger zutreiben wollen, was allerdings in der leeren Kirche äußerst notwendig gewesen war? Übrigens gab es ja noch irgendwo vor einem Marienbild ein altes Weib, das auch hätte kommen sollen. Und wenn es schon eine Predigt sein sollte, warum wurde sie nicht von der Orgel eingeleitet? Aber die blieb still und blinkte nur schwach aus der Finsternis ihrer großen Höhe.

K. dachte daran, ob er sich jetzt nicht eiligst entfernen sollte, wenn er es jetzt nicht tat, war keine Aussicht, daß er es während der Predigt tun könnte, er mußte dann bleiben, solange sie dauerte, im Büro verlor er soviel Zeit, auf den Italiener zu warten, war er längst nicht mehr verpflichtet, er sah auf seine Uhr, es war elf. Aber konnte denn wirklich gepredigt werden? Konnte K. allein die Gemeinde darstellen? Wie, wenn er ein Fremder gewesen wäre, der nur die Kirche besichtigen wollte? Im Grunde war er auch nichts anderes. Es war unsinnig, daran zu denken, daß gepredigt werden sollte, jetzt um elf Uhr, an einem Werktag, bei gräßlichstem Wetter. Der Geistliche – ein Geistlicher war es zweifellos, ein junger Mann mit glattem, dunklem Gesicht – ging offenbar nur hinauf, um die Lampe zu löschen, die irrtümlich angezündet worden war.

Es war aber nicht so, der Geistliche prüfte vielmehr das Licht und schraubte es noch ein wenig auf, dann drehte er sich langsam der Brüstung zu, die er vorn an der kantigen Einfassung mit beiden Händen erfaßte. So stand er eine Zeitlang und blickte, ohne den Kopf zu rühren, umher. K. war ein großes Stück zurückgewichen und lehnte mit den Ellbogen an der vordersten Kirchenbank. Mit unsicheren Augen sah er irgendwo, ohne den Ort genau zu bestimmen, den Kirchendiener, mit krummem Rücken, friedlich, wie nach beendeter Aufgabe, sich zusammenkauern. Was für eine Stille herrschte jetzt im Dom! Aber K. mußte sie stören, er hatte nicht die Absicht hierzubleiben; wenn es die Pflicht des Geistlichen war, zu einer bestimmten Stunde, ohne Rücksicht auf die Umstände, zu predigen, so mochte er es tun, es würde auch ohne K.s Beistand gelingen, ebenso wie die Anwesenheit K.s die Wirkung gewiß nicht steigern würde. Langsam setzte sich also K. in Gang, tastete sich auf den Fußspitzen an der Bank hin, kam dann in den breiten Hauptweg und ging auch dort ganz ungestört, nur daß der steinerne Boden unter dem leisesten Schritt erklang und die Wölbungen schwach, aber ununterbrochen, in vielfachem, gesetzmäßigem Fortschreiten davon widerhallten. K. fühlte sich ein wenig verlassen, als er dort, vom Geistlichen vielleicht beobachtet, zwischen den leeren Bänken allein hindurchging, auch schien ihm die Größe des Doms gerade an der Grenze des für Menschen noch Erträglichen zu liegen. Als er zu seinem früheren Platz kam, haschte er förmlich, ohne weiteren Aufenthalt, nach dem dort liegengelassenen Album und nahm es an sich. Fast hatte er schon das Gebiet der Bänke verlassen und näherte sich dem freien Raum, der zwischen ihnen und dem Ausgang lag, als er zum erstenmal die Stimme des Geistlichen hörte. Eine mächtige, geübte Stimme. Wie durchdrang sie den zu ihrer Aufnahme bereiten Dom! Es war aber nicht die Gemeinde, die der Geistliche anrief, es war ganz eindeutig, und es gab keine Ausflüchte, er rief: »Josef K.!«

☞ *Hradčany (Hradschin): Alter Königspalast (Starý královský palác)*

Wenn man an der Nordseite des Veitsdoms über den dritten Burghof bis zum Ende des Chors geht, wobei man die aus dem Jahr 1373 stammende Reiterstatue des hl. Georg (Socha svatého Jiří) passiert, der Detlev von Liliencron in seinem *Poggfred* literarischen Tribut gezollt hatte (vgl. S. 88), gelangt man zum St.-Georgs-Platz (náměstí U svatého Jiří), dessen Südseite vom ehemaligen Königspalast eingenommen wird. Die spätgotischen Räume im zweiten Obergeschoß, unter denen der von Benedikt Ried geschaffene Wladislaw-Saal (vgl. auch S. 262) sowie die Böhmische Kanzlei (von der aus der Prager Fenstersturz von 1618 erfolgte) besonders berühmt sind, können vom Dritten Burghof aus besichtigt werden. In diesem Stockwerk wohnte Rudolf II. Es ist als Schauplatz der Szenen zu denken, die Leo Perutz in seinem Roman *Nachts unter der steinernen Brücke* (1953) auf dem Hradschin spielen läßt. Es handelt sich bei diesem Werk um eine kunstreiche Verknüpfung selbständiger Novellen, um eine Mischung aus Sage und Legende, Geschichte und jüdischer Überlieferung, die vorzugsweise im Prager Ghetto des 17. Jahrhunderts angesiedelt ist. Zu Beginn des fünften, »Der Heinrich aus der Hölle« überschriebenen Kapitels findet sich die folgende Szene, in der des Kaisers Aberglaube mit feinsinnigem Humor bedacht wird:

»Wer war bei Eurer Majestät heute nacht?« fragte der Hanniwald, wiewohl er des Kaisers Antwort im vorhinein wußte.
»Einer von seinen Boten«, sagte der Kaiser, der den Teufel nicht gern beim Namen nannte, mit einem leisen Stöhnen.
»Und wiederum in eines Gewürzkrämers Gestalt?« fragte der Hanniwald, und dabei strich er sich sein silberweißes Haar zurecht.
»Nein, nicht in eines Menschen Gestalt«, erwiderte der Kaiser. »Es ist jetzt zwei Tage her, da kamen sie zum erstenmal, seine Boten, sie kamen zu dritt in der Nacht in einer Krähe, eines Kuckucks und einer Hummel Gestalt. Sie schrien aber nicht, wie diese Vögel zu schreien pflegen, sondern sie sprachen mit Menschenstimmen zu mir und plagten mich.«
»Gott steh' uns Sündern bei!« murmelte der Červenka entsetzt, und der Lakai, der die Weinkannen hielt, versuchte, eine Hand frei zu bekommen, um hastig ein Kreuz zu schlagen.
»Der Kuckuck«, fuhr der Kaiser fort, »begehrte, ich sollt' den Sakramenten, den Messen, den Vigilien, dem Chrysam und dem Weihwasser absagen. Der in der Hummel Gestalt raunte mir zu, daß der Herr Jesus, unsere Hoffnung, nicht in das Fleisch gekommen und daß die heilige Muttergottes in der Erbsünde empfangen worden sei.«
»Dann ist's wohl klar, von welcher Art und Herkunft diese Vögel waren«, bemerkte nachdenklich der Adam Sternberg.

»Der dritte, der in einer Krähe Gestalt sich zeigte«, berichtete der Kaiser weiter, »der beschwor mich, es sei jetzt die Zeit und ich dürfe nicht länger warten, ich müsse absagen der heiligen Taufe und dem heiligen Kreuz, den Messen und dem geweihten Wasser, sonst werde der, der ihn sende, die Krone von meinem Haupte nehmen und sie mit all meiner Macht in die Hände des Frevlers und Lotterbuben geben.«

Wenn der Kaiser vom Frevler und Lotterbuben sprach, dann meinte er seinen Bruder Matthias, den Erzherzog von Österreich.

»Gott wird's nicht zulassen«, sagte der Hanniwald. »In seinen Händen liegt des Reichs und Eurer Majestät Geschick und nicht in denen des Widersachers.«

»So ist es. In Ewigkeit Amen«, ließ sich der Červenka vernehmen.

»Gestern in der Nacht«, fuhr der Kaiser fort, »kamen nur zwei von seinen Boten, der in des Kuckucks und der in der Hummel Gestalt. Der Kuckuck nannte den Papst einen losen spanischen Kaplan, der in Rom residiert, und die Hummel raunte mir zu, ich sollt' mich ihrem Herrn nicht länger widersetzen, sondern ihm seinen Willen tun, sonst werde es mir übel ergehen, der geheime Schatz werde nicht in meine Hände kommen, er werde in Nichts zergehen wie Märzenschnee, und ich müßte verzweifeln.«

»Weiß Eure Majestät von einem geheimen Schatz?« fragte der Sternberg. »Ich weiß nur von Schulden da und Schulden dort.«

»Und heute in der Nacht«, sprach der Kaiser weiter, »kamen sie wiederum zu dritt, aber der in des Kuckucks Gestalt führte allein das Wort.«

»Er wird Eurer Majestät wohl nicht das Benedictus vorgepfiffen haben«, meinte der Sternberg.

Der Kaiser fuhr sich mit dem Rücken seiner schmalen

Hand über die feuchte Stirne. Sein Blick war abwesend, und in seiner Seele war das Grauen und der Tod.

Leo Perutz wurde am 2. November 1882 in Prag geboren, besuchte die dortige Piaristen-Volksschule, bis zum Sommer 1899 das »Graben-Gymnasium« (Näheres S. 221) und anschließend bis 1902 Gymnasien in Krummau (Krumlov) und Wien, ohne freilich das Abitur zu erreichen. Perutz, dessen Magie und Okkultismus, aber auch gleichermaßen logischem Kalkül verpflichtete Kriminalromane in den zwanziger Jahren erfolgreich waren, emigrierte 1938 nach Palästina und starb am 25. August 1957 in Bad Ischl.

☞ ***Hradčany (Hradschin): Alchimistengäßchen (Zlatá ulička)***

Das heute von Touristen überlaufene Alchimistengäßchen mit seinen winzigen Häuschen, die man in die Mauerbögen der alten Verteidigungsanlage eingebaut hatte, war ursprünglich die Behausung der Burgwächter; erst später, als die Gasse zum Wohnbereich armer Leute wurde, erfolgte die Bebauung der inneren Seite.

Gemäß einer Prager Lokalsage soll der mißtrauische Rudolf II. hier Alchimisten gefangengehalten haben, die für ihn den Stein der Weisen suchen und Gold herstellen sollten. Eines Tages hätten sie die ihnen aufgetragene Arbeit verweigert, Retorten und Chemikalien in den sich vor ihren Fenstern erstreckenden Hirschgraben (Jelení příkop) hinuntergeworfen. Daraufhin habe man sie in den Hirschgraben geführt und in eisernen Käfigen an Bäume gehängt, wo sie verhungerten. Ein Balladenmotiv, wie Detlev von Liliencron fand, als ihm Oskar Wiener im Frühjahr 1904 davon erzählte. Christian Saalberg hat sich von diesem Thema zu einem Gedicht inspirieren lassen, das 1987 in seiner Sammlung *Die alten Nächte* erschienen ist.

Die alten Nächte IV

Der alte Kaiser Kaum daß sich über seinem Garten
die schwarze Blüte des Saturns erhebt (eine
Sonne aus reinem Schrott) jagt er seine Pferde
über die Stiegen und läßt im Hirschgraben
Die Schwarzkünstler baumeln (sanfte Schwengel in
Käfigen von den Tannen gerührt)
Man hört sie bis unter die Brücken läuten wo ihr
Glockenspiel in der Moldau verrauscht
Doch im Gäßchen brennt noch immer ein Licht
Die Alchemisten stellen es auf den Schemel und
bereden mit den Schatten ihr letztes Werk
Die große Finsternis die unter ihren Händen wächst
und die Erde immer dichter umkreist

Christian Saalberg (eigentlich Christian-Udo Rusche) wurde am 10. Dezember 1926 im schlesischen Hirschberg (Polen) im Riesengebirge geboren und nach dem Zweiten Weltkrieg aus der Tschechoslowakei vertrieben. Er lebt heute als Notar in Kronshagen. In seinen Lyrikbänden *Die alten Nächte* (1987), *Einnahme einer seltsamen Stadt* (1991), *Heute am Tag der Heiligen Katharina* (1993) und *Schwierige Ruinen* (1995) hat er der von ihm geliebten böhmischen Metropole literarisch gehuldigt.

☞ *Hradčany (Hradschin): Alchimistengäßchen (Zlatá ulička) Nr. 20/22 (heute Buchhandlung)*

In diesem Häuschen schrieb Kafka zwischen Dezember 1916 und Ende August 1917 die meisten der kleinen Prosastücke, die er 1920 in seiner Erzählsammlung *Ein Landarzt* veröffentlichte. Seine jüngste Schwester Ottla, die im väterlichen Geschäft angestellt war, sich aber unter dem Einfluß des Bruders gegen die elterliche Bevormundung auflehnte und ihren eigenen Weg gehen wollte, mietete es im Herbst 1916 und stellte ihm dieses vor der Familie geheimgehaltene Domizil unter der Woche als Arbeitsstätte zur Verfügung. Kafka schreibt darüber um die Jahreswende 1916/17 an seine Verlobte Felice Bauer nach Berlin:

> Es hatte viele Mängel des Anfangs, ich habe nicht Zeit genug, um die Entwicklung zu erzählen. Heute entspricht es mir ganz und gar. In allem: der schöne Weg hinauf, die Stille dort, von einem Nachbar trennt mich nur eine sehr dünne Wand, aber der Nachbar ist still genug; ich trage mir das Abendessen hinauf und bin dort meistens bis Mitternacht; dann der Vorzug des Weges nach Hause: ich muß mich entschließen aufzuhören, ich habe dann den Weg, der mir den Kopf kühlt. Und das Leben dort: es ist etwas Besonderes, sein Haus zu haben, hinter der Welt die Tür nicht des Zimmers, nicht der Wohnung, sondern gleich des Hauses abzusperren; aus der Wohnungstür geradezu in den Schnee der stillen Gasse zu treten. Das Ganze zwanzig Kronen monatlich, von der Schwester mit allem Nötigen versorgt, von dem kleinen Blumenmädchen (Ottlas Schülerin) so geringfügig als es nötig ist bedient, alles in Ordnung und schön.

Nachdem er um 14 Uhr die »Arbeiter-Unfall-Versicherungs-Anstalt« verlassen und in der elterlichen Wohnung am Altstädter Ring zu Mittag gegessen hatte, pflegte Kafka Zeitung zu lesen, Geschäftsgänge zu machen und anschließend einige Stunden zu schlafen, um dann in den frühen Abendstunden seine Unterkunft im Alchimistengäßchen aufzusuchen. Da das nur aus einem einzigen und sehr kleinen Raum bestehende Häuschen Übernachtungen nicht zuließ, kehrte er in den ersten drei Monaten um Mitternacht oder später über die Alte Schloßstiege (Staré zámecké schody), die

Mánes-Brücke (Mánesův most) und die Karpfengasse (Kaprova) zur elterlichen Wohnung am Altstädter Ringplatz zurück. Im März 1917 änderte sich die Situation, weil er jetzt über eine eigene Zweizimmer-Wohnung auf der Kleinseite verfügte. (Vgl. S. 50)

☞ *Hradčany (Hradschin): Hungerturm (Daliborka)*

Über eine zweiflüglige Tür am Ostende des Alchimistengäßchens gelangt man über eine abwärts führende Treppe auf einen kleinen, teilweise begrünten, im Norden durch die Brüstungsmauer der Burgbefestigung begrenzten kleinen Hof, auf dem Bänke zum Sitzen einladen. Linker Hand führen hinter einem Eisengitter, wie Rilke (vgl. S. 226) in seiner Erzählung »Die Geschwister« formulierte, »dichtverwucherte Stufen« abwärts, die »in einen feuchten und dämmernden Teil des Hanges« lenken und um die Jahrhundertwende von Sträuchern wilder Rosen flankiert waren. Dahinter sind die zerbröckelnden Mauern des Hungerturms zu sehen, der neuerdings ein rotes Ziegeldach erhalten hat. Oberhalb der Treppe, über die man die Hofanlage betreten hat, befindet sich ein Fenster, das zur ehemaligen Wohnung des Turmwärters gehört, die über eine rechts daneben liegende Tür betreten werden konnte.

Der in seiner heutigen Gestalt aus dem 15. Jahrhundert stammende Rundturm diente früher als Gefängnis des böhmischen Herrenstandes. Er hat seinen tschechischen Namen von Dalibor von Kozojed bekommen, dem Anführer eines Bauernaufstandes, der hier 1498 eingekerkert wurde. Bedřich Smetanas Oper *Dalibor* schildert das zur Legende gewordene Schicksal dieses Ritters, wobei das Stöhnen des mit der »Geige« Gefolterten zum Saitenspiel verklärt wurde, mit dem sich der Todgeweihte getröstet haben soll.

Daß die Schriftsteller, die sich der Darstellung des geheimnisvollen Prag verschworen haben, den Hungerturm nicht übergehen mochten, ist selbstverständlich, und dementsprechend begegnet man hier bekannten Namen wieder. So finden sich die drei Hauptfiguren aus Rilkes »Geschwistern«, die 1899 zusammen mit dem »König Bohusch« als *Zwei Prager Erzählungen* veröffentlicht wurden, hier zu einer Besichtigung ein, auf der ihnen von einer alten Beschließerin die schreckliche Wirkungsweise des sich über drei Stockwerke erstreckenden Gefängnisses erklärt wird, in dem die Gefangenen langsam verhungerten. Dieses Wissen und das ringsum flutende Dunkel bewirken, daß das Mädchen Luisa, das manchmal zwischen Tun und Träumen nicht mehr zu unterscheiden vermag, die Geschehnisse des Alltags mit Sagengestalten vermengt, die Rilke 1895 im südböhmischen Krummau (Krumlov) kennengelernt hatte. Luisa sieht sich am

Das von Kafka bewohnte Häuschen (links) im Alchimistengäßchen auf dem Hradschin

Rande der Daliborka stehen und will ihren Verfolger, den tschechischen Studenten Rezek, der sie und ihren Bruder begleitet, in den Hirschgraben hinunterstürzen, reißt ihn jedoch im letzten Augenblick unvermittelt zurück, und als sie seine Nähe fühlt, wird sie in einer ihr bisher unbekannten tiefen, zitternden Seligkeit ohnmächtig.

Die Art und Weise, in der Gustav Meyrink in seiner *Walpurgisnacht* Legenden Gestalt werden läßt, die sich um die ehemals hier einsitzenden Gefangenen ranken, zeigt deutlich, daß er sich in eine Tradition Prager Erzählkunst stellt, für die Rilkes »Geschwister« ein frühes Beispiel abgeben, denn auch er läßt seine Figuren in der Spur längst vergangener Geschehnisse gehen, mit denen sie sich identisch glauben.

Eine wichtige Rolle spielt in diesem Zusammenhang die Geschichte der Marie Katerína Odkolková von Ujezd, die freilich von den Prager Quellen in unterschiedlichen Versionen dargeboten wird: Die Zwanzigjährige hatte gegen ihren Willen den Adligen Jgnác František Zahradka Sovinsky von Eulenfeld heiraten müssen. Als sie die brutale Behandlung, die sie von ihrem Gatten erfährt, nicht mehr ertragen kann, vergiftet sie ihn, stellt die Angelegenheit aber mit Hilfe eines Jägers, der sie liebt, als Raubmord eines unbekannten Täters hin. Aber der wahre Sachverhalt wird entdeckt und Katerína zum Tode verurteilt; doch bald wird sie von Maria Theresia begnadigt und im Hungerturm eingesperrt, weil man ihr mildernde Umstände zubilligt. 1735 ist sie geisteskrank geworden und hat mit ihrem eigenen Blut das Bild ihres am Tisch sitzenden Mannes aus Leid und zu ihrer Buße an die Wand gemalt. Daraufhin wurde sie in die Prager Irrenanstalt gebracht, wo sie in hohem Alter starb. Nach einer anderen Überlieferung war sie die letzte der in der Daliborka Inhaftierten und soll dort zehn Jahre verbracht haben, bevor sie 1750 enthauptet wurde.

Die Komtesse Polyxena, mit der sich der Student Ottokar in Meyrinks *Walpurgisnacht* vor dem Hungerturm verabredet hat (vgl. S. 103), sieht sich als Wiederverkörperung dieser Gattenmörderin, die ihr im Roman als Ururgroßmutter zugeordnet wird, nur daß Meyrink dieser Ahnin den Namen Polyxena Lambua zuschreibt, während er den Nachnamen der historisch überlieferten Täterin Polyxenas Tante vorbehält, der im Thunschen Palais residierenden Gräfin Zahradka.

> Als er ihre Schritte – diesmal wirklich – dem Turme näher kommen hörte, war seine Qual auch schon verflogen – verblaßt wie die Erinnerung eines längst überstandenen Leides. –
> Nie wußte er, wenn sie sich in den Armen hielten: War sie durch die Mauern gekommen wie eine Erscheinung oder durch die Tür getreten?
> Sie war bei ihm, das war alles, was er in solchen Fällen begriff; was vorher lag, verschlang der Abgrund der Vergangenheit mit rasender Eile, kaum daß es sich vollzogen hatte. –
> So war es auch jetzt wieder.
> Er sah ihren Strohhut mit dem blaßblauen Band aus dem Dunkel des Raumes schimmern, achtlos auf den Boden geworfen – gleich darauf war alles verschwunden: Ihre weißen Kleider bedeckten in Nebelballen den Tisch, dann wieder lagen sie auf den Stühlen verstreut; er fühlte ihr heißes Fleisch, den Biß ihrer Zähne an seinem Hals, er hörte ihr wollüstiges Stöhnen – – alles, was geschah, war schneller, als er es erfassen konnte – reihte sich zusammen aus Bildern, die sich blitzschnell verdrängten: eines immer betäubender als das andere. Ein Sinnenrausch, an dem jeder Zeitbegriff zerschellte. – – – Hatte sie von ihm verlangt, er solle ihr auf der Geige vorspielen?
> Er wußte es nicht – konnte sich nicht entsinnen, daß sie es gesagt hätte.
> Er wußte nur, daß er aufrecht vor ihr stand, seine Lenden

von ihren Armen umschlungen – er fühlte, daß der Tod ihm das Blut aus den Adern sog – daß sich ihm das Haar sträubte, die Haut kalt gerann und seine Knie zitterten. Er konnte nicht mehr denken – glaubte zuweilen, er falle nach rückwärts; dann wieder erwachte er im selben Moment, wie gehalten von ihr, und hörte ein Lied aus den Saiten klingen, das wohl sein Bogen strich und seine Hand, das aber auch von ihr kam – aus ihrer Seele und nicht aus der seinen –, ein Lied, gemischt mit Wollust, Grauen und Entsetzen.

Infolge dieser Geschehnisse wird Ottokar in den Strudel dieser magischen Vergegenwärtigung hineingerissen, wird Teilhaber geträumter Orte und verwächst, wehrlos und halb in Ohnmacht lauschend, was sich Polyxena in Gedanken ausmalt, mit dem Schicksal des Ritters Borivoj Chlavec, das bei der St.-Barbara-Kapelle bereits angeführt wurde (vgl. S. 103).

☞ ***Staré zámecké schody (Alte Schloßstiege)***

Die zur Kleinseite hinunterführenden Stufen der Alten Schloßstiege erweisen sich in einer dem Hungerturm vergleichbaren Weise als literarischer Schauplatz, der das Tor zum Übersinnlichen öffnet. An der Stelle, an der sich ein Gartenhaus des rechter Hand liegenden Fürstenberg-Parks auffällig an die Mauer herangeschoben hat, welche die Anlage an dieser Seite begrenzt, läßt der tschechische Erzähler Svatopluk Čech (1846–1908) (vgl. auch S. 296) den Helden seines Romans *Die wahre Reise des Herrn Brouček zum Mond* (1888) Seltsames erleben. Der Hausbesitzer Matěj Brouček hat in der heute noch bestehenden, an der Südseite des Veitsdoms gelegenen Weinstube »Vikárka« (Vikářská Nr. 6/39) nicht nur kräftig gebechert, sondern auch in einer populärwissenschaftlichen Abhandlung über den Mond gelesen und steigt spät in der Nacht in seine in der Altstadt gelegene Junggesellenwohnung hinunter, als sich dies ereignet:

Er warf einen Blick über die niedrige Mauer und sah unter ihr ein dunkles Häusermeer mit vielen Türmen und Türmchen, die ins helle Mondlicht ragten. Doch erfreute er sich nur flüchtig an diesem Anblick; dann sah er wieder zum Mond hinauf, diesmal wirklich von geheimnisvoller Anziehungskraft gepackt.
Es widerstrebt mir fast, aufzuschreiben, was danach kam. Ich weiß, die wissenschaftlichen Vorurteile sind viel zu groß, als daß jemand meine Geschichte glauben könnte, ohne sie gleich als dummes Ammenmärchen abzutun. Doch darf ich die Sache irgendwelcher Vorurteile wegen nicht anders schildern, als sie sich tatsächlich zugetragen hat.
Herr Brouček kletterte auf die Mauer und schlenderte dort, die Augen auf den Mond gerichtet, weiter vor sich hin. Unter selbiger Mauer erstreckt sich, den Hradschiner Hügel hangabwärts, ein ziemlich großer herrschaftlicher Garten, der in seinem oberen, steileren Bereich terrassenförmig angelegt und an einer Stelle mit zwei Steintreppen versehen ist; diese laufen streckenweise voneinander weg und dann wieder aufeinander zu, beiderseits von einem durchbrochenen, barocken Steingeländer gesäumt. Beide Treppen führen zu einem kleinen Gartenhäuschen hinauf, das an die Mauer angebaut ist. Vielleicht ist meine Beschreibung nicht ganz exakt; doch bin ich kein Zolist, der einer größeren Genauigkeit halber die Feder im Schönsten weglegt und erst nach Hradschin rennt, um Treppen und Häuschen an Ort und Stelle zu inspizieren.
Herr Brouček kam also an die Mauer des Häuschens und stolzierte auch über diese hinweg. Ich weiß nicht mehr, ob dessen Dach die Mauer so wenig überragt, daß es ein Mensch ohne Schwierigkeit erklimmen könnte. Sicher ist nur, daß sich Herr Brouček auf diesem Dach einfand. Er kletterte auf den First und umklammerte, nachdem er

sich dort rittlings hingesetzt hatte, die eiserne Wetterfahne. Sein Auge blieb mit unverminderter Ausdauer auf Luna haften; in einer Mischung aus Grauen und seltsamer Wohligkeit fühlte er bald eine magische Kraft auf seinen Körper wirken. Die gespreizten Beine begannen sich gegen seinen Willen rückwärts zu heben, hoben sich immer höher, bald saß er nicht mehr rittlings, lag vielmehr waagrecht, die Hände an die Wetterfahne geklammert, über dem Dachgiebel; doch hinten hoben sich die Beine immer höher in die Lüfte, schon hob sich auch der Rumpf; schon schwebte der ganze Körper, von unwiderstehlicher Kraft gezogen, senkrecht hinauf, mit dem Kopf nach unten, die Beine gen Himmel, hoch über dem Dach des Pavillons, nur die Hände hielten sich noch krampfhaft an der Spitze der Wetterfahne fest. Doch kam ihre Kraft gegen die unbekannte Macht nicht an; schließlich ließen sie los, und Herr Brouček – Newtons scharfsinnige wissenschaftliche Konstruktion löst sich hiermit in nichts auf – fiel mit erstaunlicher Geschwindigkeit – *nicht etwa zur Erde nieder, sondern von der Erde weg, in den unermeßlichen Weltraum.*

Dritter Spaziergang:

In Kafkas Lebenskreis Durch Altstadt und Juden-Ghetto

Das Altstädter Rathaus mit der berühmten astronomischen Uhr

Der Weg:

Václavské náměstí (Wenzelsplatz) – Na můstku (Brückel) – Melantrichova (Melantrichgasse) – Kožná ulička (Ledergäßchen) – Železná (Eisengasse) – Kamzíková (Gemsengäßchen) – Celetná (Zeltnergasse) – Staroměstské náměstí (Altstädter Ringplatz) – Malé náměstí (Kleiner Ring) – U radnice (Rathausgasse) – Staroměstské náměstí (Altstädter Ringplatz) – Týnská ulička (Teyngäßchen) – Týnský dvůr (Teynhof) – Malá Štupartská (Kleine Stupartsgasse) – Týnský dvůr (Teynhof) – Týnská ulička (Teyngäßchen) – Masná (Fleischmarktgasse) – Rybná (Fischmarktgasse) – Dlouhá třída (Langegasse) – Kozí (Ziegengasse) – Vězeňská (Stockhausgasse) – U staré školy (Altschulgasse) – Dušní (Geistgasse) – U milosrdných (Barmherzigengasse) – Na Františku (Am Frantischek) – Pařížská (Niklasstraße) – Maislova (Meiselgasse) – Široká (Josefstädter Gasse) – Starý židovský hřbitov (Alter jüdischer Friedhof) – U starého hřbitova (Hahnpaßgasse) – Břehová (Ufergasse) – 17. listopadu (Salnitergasse) – Kaprova (Karpfengasse) – Valentinská (Valentinergasse) – Mariánské náměstí (Marienplatz) – Husova (Husgasse) – Skořepka (Schalengasse) – Uhelný trh (Kohlmarkt) – Rytířská (Rittergasse) – Na můstku (Brückel) – Václavské náměstí (Wenzelsplatz)

In Kafkas Lebenskreis
Durch Altstadt und Juden-Ghetto

Hinweis: Dieser Spaziergang sollte nicht an einem Samstag durchgeführt werden, weil die Synagogen, das Jüdische Rathaus und der Alte jüdische Friedhof an diesem Tag geschlossen sind.

Der Rundgang hat mehrere Schwerpunkte: Er führt zunächst an den Wohnungen vorbei, in denen Kafka gelebt und die meisten seiner Werke geschrieben hat, zeigt die Institutionen, an denen er ausgebildet wurde, und schließlich Orte, die in anderer Weise für ihn und sein Schreiben von Bedeutung waren. Des weiteren werden die teils in der Altstadt, teils im ehemaligen Ghetto liegenden Schauplätze gezeigt, an denen Gustav Meyrinks *Golem* spielt. Schließlich werden die Alt-Neu-Synagoge und der Alte jüdische Friedhof berührt, denen Texte von Rudolf Pannwitz, Wilhelm Raabe, Else Lasker-Schüler und Friedrich Torberg gelten. Um diese Zentren gruppieren sich Johanna Anderka, Rudolf Fuchs, Salomon Kohn, Alfred Meißner, Jaroslav Seifert, Karl Hans Strobl und Zikmund Winter, die in ihren Werken Gegebenheiten der Prager Altstadt thematisiert haben.

Franz Kafka wurde am 3. Juli 1883 als ältestes Kind des jüdischen Kurzwarenhändlers Hermann Kafka und seiner Frau Julie in der Prager Altstadt geboren. (Vgl. S. 162) Die Entwicklung des überempfindlichen Kindes verlief unter ungünstigen Rahmenbedingungen: Die beiden nächstgeborenen Geschwister starben im Säuglingsalter, so daß Kafka bis zur Geburt seiner Schwestern Elli, Valli und Ottla als Einzelkind aufwuchs. Diese Tatsache wurde durch den Umstand verschärft, daß die Mutter ganztägig im Geschäft ihres Mannes zu arbeiten pflegte, Kafka in den ersten Lebensjahren also viel allein oder der manchmal fragwürdigen Obhut des tschechischen Personals überlassen blieb (vgl. S. 175).

Von Bedeutung war weiterhin, daß die Familie öfters umzog: Man versuchte offenbar, in möglichst ökonomischer Weise den Wohnraum der allmählich wachsenden Zahl der Familienmitglieder anzupassen, schuf dadurch aber ein dauernd wechselndes, unruhiges Umfeld, in dem sich das ängstliche und ängstlich behütete Kind schwer zurechtfand. Schließlich brachten beide Elternteile, durch ungünstige Familienverhältnisse um ihre eigene Kindheit betrogen, nicht die richtige Einstellung gegenüber dem sensiblen Erstgeborenen auf, wobei im Falle des Vaters noch hinzukam, daß er in seinem einzigen Sohn den Geschäftsnachfolger sah, während dessen Neigungen und Begabungen in eine ganz andere Richtung gingen.

Daß man insbesondere für die literarische Arbeit Kafkas keinerlei Verständnis aufbrachte, lag jedoch vor allem darin begründet, daß weder Hermann Kafka noch seine Frau zum alteingesessenen Prager Bildungsbürgertum gehörten, für das der Umgang mit Kunst und Wissenschaft selbstverständlich war. Der Vater entstammte einer armen Familie aus der Provinz, erarbeitete sich mühsam einen bescheidenen Wohlstand und war in seinem Denken allein von wirtschaftlichen Zweckmäßigkeitserwägungen bestimmt, während sich der Sohn, besonders seit der 1911 allmählich erfolgten Hinwendung zum Zionismus, wie viele seiner Altersgenossen von dieser bürgerlichen Erwerbswelt abzugrenzen suchte.

Nachdem er von 1901 bis 1906 an der Prager deutschen Universität (vgl. S. 147) Jura studiert und danach sein Referendariat absolviert hatte, nahm er im Herbst 1907 einen Posten bei der privaten Versicherungsgesellschaft »Assicurazioni Generali« an (vgl. S. 220). Da er unter dem schlechten Betriebsklima und der langen Arbeitszeit (8–12 und 2–6 Uhr) litt, wechselte er ein Jahr später in die halbstaatliche »Arbeiter-Unfall-Versicherungs-Anstalt für das Königreich Böhmen in Prag« über, wo der Dienst zwar ebenfalls um acht Uhr begann, aber schon um zwei Uhr nachmittags endete und auch die Urlaubsfrage besser geregelt war (vgl. S. 236).

Die literarische Arbeit, die Kafka seit seiner Gymnasialzeit betrieb, ließ sich trotzdem schlecht mit dieser beruflichen Tätigkeit vereinbaren, denn er konnte nur in der Stille der Nacht schreiben und zerrieb sich deswegen im Lauf der Jahre zwischen den Anforderungen des Brotberufs und der früh erkannten Berufung als Schriftsteller (vgl. S. 64). Eine vorübergehende Entspannung der Lage brachten die Ferienreisen, die er in dieser Zeit mit seinem Freund Max Brod (vgl. S. 97) unternahm. Sie führten 1909 nach Riva am Gardasee, 1910 nach Paris, 1911 nach Oberitalien und neuerlich in die französische Metropole (anschließend verbrachte Kafka eine Woche in einem Naturheilsanatorium in Erlenbach bei Zürich). Im Jahr darauf besuchte man gemeinsam Weimar. Danach fuhr der nervlich angegriffene Kafka allein für drei Wochen in ein Naturheilsanatorium bei Stapelburg im Harz.

Eine Verschärfung seiner Lebensprobleme ergab sich im Herbst 1912, als ein fünfjähriger Kampf um die Ehe begann. Kafka hatte in der Wohnung der Familie Brod die Tochter eines Berliner Geschäftsmanns kennengelernt, die er heiraten wollte (vgl. S. 205). Einerseits lockte ihn die Ehe mit Felice Bauer, die ihn nach seiner Auffassung dem bewunderten und verhaßten Vater ebenbürtig gemacht und zugleich in Übereinstimmung mit wichtigen Normvorstellungen der jüdischen Überlieferung gebracht hätte. Andererseits fürchtete er das enge Zusammenleben mit einer Frau, weil er Angst vor der Sexualität hatte (vgl. S. 150) und nicht wußte, ob er, als Ehemann in Wohngemeinschaft mit einer Partnerin lebend, weiterhin die Ruhe und Abgeschiedenheit haben würde, die er zum Schreiben benötigte. Gleichwohl kam es Pfingsten 1914 nach langem Hin und Her zu einer Verlobung, die aber schon im Juli dieses Jahres unter merkwürdigen Begleitumständen aufgelöst wurde. Im Lauf der ersten Kriegsjahre näherten sich die Partner jedoch allmählich wieder einander, so daß sie im Sommer 1916 gemeinsam in Marienbad Urlaub machen konnten, und beschlossen, es noch einmal miteinander zu versuchen. Sie verlobten sich im Juli 1917 neuerlich und wollten nach dem bald erwarteten Ende des Krieges heiraten. Aber wenige Wochen später erkrankte Kafka an einem Lungenspitzenkatarrh (vgl. S. 51), der sich ganz offensichtlich als Ergebnis und Lösung der ausweglosen Situation einstellte, in die er sich im Lauf der Zeit hineinmanövriert hatte. Die Tuberkulose diente dann auch nach außen hin als Grund für die endgültige Trennung, die im Dezember 1917 erfolgte.

Seit Herbst dieses Jahres absolvierte Kafka lange Kuraufenthalte außerhalb Prags, die aber nur kurzfristig Besserung brachten und das Fortschreiten der Krankheit lediglich zu verlangsamen, nicht aber wirklich aufzuhalten vermochten. Am glücklichsten fühlte er sich in Zürau (Siřem), einem kleinen Dorf in Nordwestböhmen, wo er von September 1917 bis Ende April 1918 bei seiner jüngsten Schwester wohnte, die dort ein im Besitz der Familie befindliches Anwesen bewirtschaftete.

Merkwürdigerweise wollte Kafka 1919 trotz seines schlechten Gesundheitszustandes doch noch heiraten. Diesmal war Julie Wohryzek die Auserwählte, eine einfachen Verhältnissen entstammende Prager Jüdin, die er in Schelesen (Želízy) an der Elbe kennengelernt hatte. Aber auch dieser dritte Versuch, der wegen der Herkunft der Braut vom Vater noch viel heftiger abgelehnt wurde als die vorhergehenden, scheiterte unter fast dramatischen Umständen im November dieses Jahres. Im Frühjahr 1920, als sich Kafka zur Erholung in Meran aufhielt, begann er einen Briefwechsel mit der tschechischen Journalistin Milena Jesenská, die mit einem Prager Literaten in unglücklicher Ehe in Wien lebte. Aus dieser Korrespondenz entwickelte sich im Sommer des Jahres eine Liaison, die allerdings schon im Herbst in eine Krise geriet und erstarb, wenngleich man weiterhin miteinander in freundschaftlicher Verbindung blieb.

Nachdem ein neunmonatiger Kuraufenthalt in der Hohen Tatra (Dezember 1920 bis August 1921) und eine sich daran anschließende Liegekur in Prag keine Besserung des Lungenleidens gebracht hatten, wurde Kafka mit Wirkung vom 1. Juli 1922 pensioniert. Im darauffolgenden Sommer lernte er in Müritz an der Ostsee Dora Diamant kennen, eine fünfundzwanzigjährige Ostjüdin, mit der er innerhalb weniger Tage in eine so enge Beziehung trat, daß er beschloß, mit ihr in Berlin ein gemeinsames Leben zu beginnen. So übersiedelte er im September 1923 in die von der Inflation geschüttelte deutsche Metropole, doch erzwang schon im März 1924 sein rapide sich verschlechternder Gesundheitszustand die Rückkehr nach Prag. In einem Privatsanatorium in Kierling bei Klosterneuburg fand der Todkranke Ende April angemessene Pflege. Dort ist er am 4. Juni 1924 gestorben. Er wurde auf dem Neuen jüdischen Friedhof in Prag beigesetzt, der vom Wenzelsplatz aus bequem mit der Metro A erreichbar ist (Haltestelle Želivského).

☞ *Kožná ulička (Ziegengasse)*

Alfred Meißner gibt im Eingangskapitel seines 1865 erschienenen Romans *Lemberger und Sohn* eine eindringliche Beschreibung dieser Gasse, die in älterer Zeit Ledergäßchen hieß, die Melantrichova und Železná miteinander verbindet und bis heute viel von ihrem altertümlichen Charakter bewahrt hat.

> Ganz nahe dem Mittelpunkte Prag's, dicht hinter dem volksreichsten Platze, dem altstädter Ringe und der belebten Eisengasse, existirt wie im Versteck ein so desolater Häusercomplex, daß sein Anblick den Besucher an die ödesten und verwildertsten Quartiere einer herabgekommenen italienischen Stadt mahnt. Ist man durch einen engen und winklich verschobenen Thorweg der

Eisengasse gegangen, der höchstens in einen Hofraum zu führen scheint, so befindet man sich in dem sogenannten Lederhausgäßchen; der Name stammt aus der Zeit, wo unter Carl IV. die einzelnen Gewerkschaften in einzelne Gassen vertheilt waren. Tiefgeschwärzte, ungesund und baufällig aussehende Häuser von einer wahrhaft grotesken Difformität treten bald so nahe zusammen, als wollten sie jedem Sonnenstrahl, der hereinfallen möchte, den Zutritt wehren, bald weichen sie auseinander und bilden kleine Sackgassen von abstoßender Häßlichkeit. Aus den kellerähnlichen Gelassen und Spelunken im Erdgeschoß der Häuser blicken fremdartige, verwitterte Gesichter mit schwarzem Haar, brennenden Augen: hier handeln einzelne alte, unverfälschte Juden mit alten Büchern, altem Eisen, alten Möbeln, Trödel aller Art, und müssen durch lange Übung die Fähigkeit erlangt haben, im Finstern zu sehen, denn sonst ließe es sich nicht begreifen, wie sie in Wohnungen, wo selbst in der Mittagsstunde ein Licht unentbehrlich scheint, ihr Contobuch führen können. Fast jede Thüre führt in einen Kramladen, doch ist auch ein Kaffeehaus da, welches den ganzen Tag leer und nur besucht ist, wenn die ganze Stadt schläft; ein Ort, wo die Marktweiber bei Talgkerzenlicht frühstücken; daneben eine Kneipe, über deren Eingang ein Bierzeichen hängt, und wo auf die Vorhauswände ein Tüncherpinsel, das Auge zu erfreuen, einen Tannenwald gemalt hat, der wie eine Allee von Kehrbesen aussieht. Jedes Haus ist Jahrhunderte alt: das zeigen die ellendicken Mauern, die schmalen Aufgänge, die Wölbungen; nähme man den Mörtelanwurf hinweg, würde man gewiß allenthalben die Spur alter Spitzbogenfenster entdecken. Welch' bizarre Dächer! Dort – auf einem niedrigen Hause steigt aus bauchiger Kuppel ein hoher Schlot empor – hier hat vielleicht vor hundert und hundert Jahren ein chemischer Laborant, vielleicht ein Alchymist, mit Kessel und Feuer gewirthschaftet.

Alfred Meißner wurde am 15. Oktober 1822 im böhmischen Teplitz (Teplice) geboren und studierte in Prag Medizin, wo er 1848 Mitglied des revolutionären Nationalausschusses wurde. Danach lebte er in Paris, London und seit 1869 in Bregenz, wo er am 29. Mai 1885 freiwillig aus dem Leben schied. Meißner, der als Schriftsteller dem jungen Deutschland nahestand, trat vor allem mit Zeit- und Unterhaltungsromanen hervor. Seine 1884 unter dem Titel *Geschichte meines Lebens* erschienene Autobiographie, die wichtige Erinnerungen an Heinrich Heine enthält, erfreute sich der besonderen Wertschätzung Kafkas.

☞ ***Kožná ulička (Ziegengasse) Nr. 1/475: Haus »Zu den zwei goldenen Bären« (dům »U dvou zlatých medvědů«)***
Mit seinem Portal und seinem arkadengeschmückten Innenhof ist das Haus »Zu den zwei goldenen Bären« eines der bedeutendsten bürgerlichen Renaissance-Denkmäler der Stadt. Im Erdgeschoß befand sich am Ende des letzten Jahrhunderts das Tuchwarengeschäft »S. Kisch & Bruder«, das Samuel und Hermann Kisch betrieben. Ihm verdankt der Prager Schriftsteller Salomon Kohn (1825–1904) Anregungen zu seiner Humoreske »Die Antipoden«, die als Teil seiner Erzählsammlung *Prager Ghettobilder* 1884 gedruckt wurde. Erzählt wird im ersten Teil, welche Anstrengungen der 91jährige Reb Natel Schmeling, ein Bewunderer Napoleons, auf sich nehmen muß, damit sein Freund, der arme, 94jährige, noch ganz dem 18. Jahrhundert verpflichtete Reb Jisrael Schachner zu einem neuen Halbfeiertagsrock kommt. Da Schachner keine finanzielle Unterstützung annehmen will, bietet ihm der von Schmeling entsprechend instruierte Seidenzeughändler David Neustadtl ein solches Kleid gegen sehr geringes Entgelt mit der Begründung an, es sei für ihn selbst hergestellt worden, aber zu kurz geraten und deswegen fast ohne Wert. Die Manipulation droht zunächst daran zu scheitern, daß sich die Antipoden Schmeling und Schachner

nicht über die richtige Länge der Ärmel verständigen können, kommt aber schließlich doch zu einem guten Ende.

Hermann Kisch und seine Familie wohnten im ersten Obergeschoß des Hauses. Zu seinen fünf Söhnen gehörten der spätere Journalist Paul Kisch, ein Klassenkamerad Kafkas, sowie Egon Erwin Kisch (Gedenktafel an der Hausfassade), der in seinem Buch *Aus Prager Gassen und Nächten* berichtet hat, wie Paul die Wohnung als Mensurlokal zweckentfremdete, so daß »das Blut auf die Zimmerdecke spritzte und Ohren und Nasenspitzen auf die Schränke flogen«.

Egon Erwin Kisch, der Ahnvater des modernen Einschleich-Journalismus, wurde am 29. April 1885 im »Haus zu den zwei goldenen Bären« geboren und begann nach dem Abitur ein Studium an der Deutschen Technischen Hochschule in Prag (vgl. S. 204), wechselte dann aber im Sommersemester 1904 an die Prager deutsche Universität über, wo er germanistische Vorlesungen hörte (vgl. S. 203). Schon im Herbst 1905 übersiedelte er nach Berlin, um seine Ausbildung an der dortigen Journalistenhochschule fortzusetzen. Im Frühjahr 1906 wurde er Lokalreporter bei der deutschen Tageszeitung *Bohemia* in Prag, wo er bis 1913 blieb. In dieser Zeit erwarb er sich ungewöhnliche Kenntnisse des Prager Milieus, insbesondere der Unterschichten und sozialen Randgruppen, die er in seiner Reportagen-Sammlung *Aus Prager Gassen und Nächten* (1912) und in seinem 1914 erschienenen Roman *Der Mädchenhirt* (vgl. S. 43 und 207) eindrucksvoll beschreibt. 1913 deckte er auf, daß der Oberst Alfred Redl, der unter mysteriösen Umständen aus dem Leben geschieden war, für Rußland spioniert hatte und nach seiner Enttarnung durch die österreichischen Behörden zum Selbstmord gezwungen worden war.

Im Frühjahr 1917 wird der Soldat Kisch an das Kriegspressequartier nach Wien versetzt, wo er Ende Oktober 1918 als Kommandant der Roten Garde am Sturz der Monarchie beteiligt war. 1921 ging er neuerlich nach Berlin, unternahm

Reisen in alle Welt, die sich in vielbeachteten Büchern niederschlugen, unter denen *Der rasende Reporter* (1924) und *Hetzjagd durch die Zeit* (1925) hervorgehoben seien. Nach der Machtergreifung Hitlers kehrte Kisch nach Prag zurück. 1939 emigrierte er über Frankreich nach New York und ein Jahr später nach Mexiko. Dort erschien 1942 sein Buch *Marktplatz der Sensationen*, in dem wichtige Stationen seines Lebens dokumentiert sind. Seit 1946 lebte er wieder in seiner Heimatstadt, wo er am 31. März 1948 gestorben ist.

☞ ***Kamzíková (Gemsengäßchen) Nr. 6/543: Restaurant »Zum roten Pfau« (»U červeného páva«)***

Bevor man, durch die Železná (Eisengasse) gehend, das altehrwürdige Karolinum erreicht, die Keimzelle der 1348 von Karl IV. gegründeten Prager Universität, in dessen Festsaal Franz Kafka im Juni 1906 in einer feierlichen Zeremonie zum Doktor der Rechte promoviert wurde, zweigt linker Hand die Kamzíková ab. In dem 1804 erbauten Gebäude, das im Erdgeschoß das Restaurant »Zum roten Pfau« beherbergt, befand sich bis Ende 1919 das nobelste Prager Bordell, der auch unter dem Namen »Gogo« geläufige »Salon Goldschmied«, in dem Regierungsvertreter, der Hochadel, Militärs und natürlich die Künstler zu Gast waren. Unter den letzteren befand sich der Schriftsteller Christian Morgenstern (1871–1914), der mit seinen satirischen Lyriksammlungen *Galgenlieder* (1905) und *Palmström* (1910) bekannt wurde. Er hat im Stammbuch eines der Mädchen des Hauses das folgende Gedicht hinterlassen:

Palmström bei Gogo

Palmström sucht (gleich anderen vielen)
Wie man, ohne zu verspielen,
Mittels Formel finden könnte,
Wieviel jeder, wenn er wollte –

Angenommen, daß er könnte –
Wieviel jeder zahlen sollte,
Wieviel jeder, wenn er könnte,
Angenommen: daß er wollte,
Wie wenn sollte, wollte, könnte,
Der Kaffee zu zahlen wäre
Pro Person nach Recht und Ehre,
Wenn der, der aufs Zimmer rennte,
Und sich von den andern trennte,
Der nun auszulassen wäre.

Palmström beginnt zu dividieren,
Er versinkt in den Papieren,
Er versinkt in dem Probleme,
Wieviel wohl auf jeden käme
Wenn, – wie oben es notiert.
Während er noch dividiert,
Hat – wohl nur damit er prahlt –
Hat ein anderer bezahlt.
Palmström denkt: es ist genog,
Nimmt sich Hut und Stock und Rock;
Denn nicht an mehr – meint er – käm' es
Auf die Lösung des Problemes.

Die zum Verständnis nötige Hintergrundinformation überliefert Egon Erwin Kisch in seinem Feuilleton »Die Geheimnisse des Salon Goldschmied«: Eine Tasse Kaffee wurde im »Gogo« nicht serviert, das Eintrittsbillet hatte vielmehr den Gegenwert einer Portion dieses Getränks, bestehend aus einer gefüllten Kanne und fünf Tassen, die man zu bestellen hatte, gleichgültig, ob man allein oder in Gesellschaft gekommen war. Deswegen wartete man an der Einmündung der Kamzíková in die Železná auf Gleichgesinnte, mit denen man für die nächsten Stunden eine auf diese gastronomische Besonderheit abgestimmte Interessengemeinschaft eingehen konnte.

Die Prager Bohème versammelte sich regelmäßig nach der Schließung der Kaffeehäuser (vor dem Ersten Weltkrieg um zwei Uhr morgens) in diesem Etablissement, um im stimulierenden Ambiente den Rest der Nacht versitzen zu können. Dies gilt besonders für Franz Werfel (Näheres S. 225), der wahrscheinlich schon während seiner beiden letzten Gymnasialjahre hier aus und ein ging, sich mit einzelnen Mädchen anfreundete und in seiner 1927 erschienenen Erzählung »Das Trauerhaus« eine anschauliche Schilderung des im »Salon Goldschmied« herrschenden Treibens hinterlassen hat.

☞ *Celetná (Zeltnergasse) Nr. 12/558:* *»Hrzan-Passage« (»Hrzánská pasáž«)*

Wenn man den engen Durchlaß am Ende der Kamzíková passiert hat, steht man in der vom Pulverturm (Prašná brána) zum Altstädter Ringplatz (Staroměstské náměstí) führenden Zeltnergasse. Zwischen 1908 und 1914 hat Kafka diese Straße täglich zweimal durchschritten, am Morgen, wenn er von seiner Wohnung in der Niklasstraße (Pařížská) zur »Arbeiter-Unfall-Versicherungs-Anstalt« (vgl. S. 236) ging, und dann wieder am frühen Nachmittag in Begleitung seines Freundes Max Brod, der ihn nach Dienstschluß auf dem nahegelegenen Josefsplatz (náměstí Republiky) erwartete und anschließend bis zum Altstädter Ringplatz begleitete, von wo aus jeder für sich nach Hause ging. Zuvor hatte Kafka lange Jahre in der Zeltnergasse selbst gewohnt, in der zeitweise auch das elterliche Geschäft lag.

Im ersten Stock des kleinen, vermutlich 1702 errichteten Barock-Palais Nr. 12/558, dessen Portal sich heute zu einer Passage mit Ladengeschäften öffnet, befand sich von Mai 1906 bis zum September 1912 die Kurzwaren-Firma Hermann Kafkas. Obwohl Kafka von den Lebensmaximen seines Vaters nie völlig loskam, begann er doch im Lauf der Zeit, dieses Geschäft zu hassen, und zwar nicht zuletzt wegen der schlechten Behandlung, der das hier beschäftigte Personal ausgesetzt war. (Vgl. auch S. 175)

☞ *Celetná (Zeltnergasse) Nr. 3/602: Haus »Zu den drei Königen« (dům »U tří králů«)*

In entgegengesetzter Richtung in der rechten Straßenfront liegt das im Kern spätgotische Haus »Zu den drei Königen«. Im ersten Stock dieses Gebäudes wohnte die Familie Kafka von September 1896 bis Juni 1907. Bis zum Frühjahr 1906 befand sich hier auch das Geschäft Hermann Kafkas. In dieser Wohnung ist ein Teil von Kafkas Frühwerk entstanden, so die erste Fassung der »Beschreibung eines Kampfes« (vgl. S. 12) sowie einige Stücke aus seinem Erstling *Betrachtung* (1912). Kafkas erstes erotisches Erlebnis hat ebenfalls in diesem Haus seinen Ausgang genommen. Er berichtet von diesem, auf den Frühsommer 1903 zu datierenden Ereignis (das im Text erwähnte Teilexamen fand am 18. Juli dieses Jahres statt) am 9. August 1920 an seine damalige Geliebte Milena Jesenská:

> Ich erinnere mich an die erste Nacht. Wir wohnten damals in der Zeltnergasse, gegenüber war ein Konfektionsgeschäft, in der Tür stand immer ein Ladenmädchen, oben wanderte ich, etwas über 20 Jahre alt, unaufhörlich im Zimmer auf und ab mit dem nervenspannenden Einlernen für mich sinnloser Dinge zur ersten Staatsprüfung beschäftigt. Es war im Sommer, sehr heiß, diese Zeit wohl, es war ganz unerträglich, beim Fenster blieb ich, die widerliche römische Rechtsgeschichte zwischen den Zähnen, immer stehn, schließlich verständigten wir uns durch Zeichen. Am Abend um 8 Uhr sollte ich sie abholen, aber als ich abend hinunterkam, war schon ein anderer da, nun das änderte nicht viel, ich hatte vor der ganzen Welt Angst, also auch vor diesem Mann; wenn er nicht da gewesen wäre, hätte ich auch Angst vor ihm

gehabt. Aber das Mädchen hängte sich zwar in ihn ein, aber machte mir Zeichen, daß ich hinter ihnen gehen solle. So kamen wir auf die Schützeninsel, tranken dort Bier, ich am Nebentisch, gingen dann, ich hinterher, langsam zur Wohnung des Mädchens, irgendwo beim Fleischmarkt, dort nahm der Mann Abschied, das Mädchen lief ins Haus, ich wartete ein Weilchen, bis sie wieder zu mir herauskam und dann gingen wir in ein Hotel auf der Kleinseite. Das alles war, schon vor dem Hotel, reizend, aufregend und abscheulich, im Hotel war es nicht anders. Und als wir dann gegen Morgen, es war noch immer heiß und schön, über die Karlsbrücke nachhause gingen, war ich allerdings glücklich, aber dieses Glück bestand nur darin, daß ich endlich Ruhe hatte vor dem ewig jammernden Körper, vor allem aber bestand das Glück darin, daß das Ganze nicht noch abscheulicher, nicht noch schmutziger gewesen war. Ich war dann noch einmal mit dem Mädchen beisammen, ich glaube, 2 Nächte später, es war alles so gut wie zum erstenmal, aber als ich dann gleich in die Sommerfrische fuhr, draußen ein wenig mit einem Mädchen spielte, konnte ich in Prag das Ladenmädchen nicht mehr ansehn, kein Wort habe ich mehr mit ihr gesprochen, sie war (von mir aus gesehn) meine böse Feindin und war doch ein gutmütiges freundliches Mädchen, immerfort verfolgte sie mich mit ihren nichts verstehenden Augen. Ich will nicht sagen, daß der alleinige Grund meiner Feindschaft (sicher war er es nicht) der gewesen ist, daß das Mädchen im Hotel in aller Unschuld eine winzige Abscheulichkeit gemacht hat (nicht der Rede wert), eine kleine Schmutzigkeit gesagt hat (nicht der Rede wert), aber die Erinnerung blieb, ich wußte im gleichen Augenblick, daß ich das nie vergessen werde und gleichzeitig wußte ich oder glaubte es zu wissen, daß dieses Abscheuliche und Schmutzige, äußerlich gewiß nicht notwendig, innerlich aber sehr notwendig mit dem Ganzen zusammenhänge und daß mich gerade dieses Abscheuliche und Schmutzige (dessen kleines Zeichen mir ihre kleine Handlung, ihr kleines Wort gewesen war) mit so wahnsinniger Gewalt in dieses Hotel gezogen hatte, dem ich sonst ausgewichen wäre mit meiner letzten Kraft.

ein Konfektionsgeschäft: das Damenkonfektionsgeschäft von Ernestine Hrase, das im Erdgeschoß des Hauses Nr. 4/554 gelegen war.

☞ *Celetná (Zeltnergasse) Nr. 2/553: »Sixen-Haus« (»Sixtův dům«)*

Das in seinem Kernbestand romanische Haus stammt in seiner heutigen Gestalt aus dem Jahr 1725. Es leitet seinen Namen von dem Adelsgeschlecht Sixt von Ottersdorf her, in dessen Besitz es vom Anfang des 16. Jahrhunderts bis zum Jahr 1623 war. (Vgl. S. 156) Hier wohnte die Familie Kafka von August 1888 bis Mai 1889.

☞ *Staroměstské náměstí (Altstädter Ringplatz)*

Der Altstädter oder Große Ring, der mit dem sich in westlicher Richtung anschließenden Kleinen Ring (Malé náměstí) und der beide Plätze im Westen verbindenden Rathausgasse (U radnice) eine natürliche Einheit bildet, ist der geschichtsträchtige Mittelpunkt der Prager Altstadt, der insbesondere im Lauf der letzten hundert Jahre sein Aussehen so beträchtlich verändert hat, daß sich lediglich seine Südfront dem Beschauer so darbietet, wie Kafka sie in seiner Kindheit und Jugend sah, wobei allerdings einschränkend zu bemerken ist, daß die hier stehenden Gebäude bei den Kämpfen, die Anfang Mai 1945 in der Stadt tobten, teilweise schwer beschädigt wurden und rekonstruierte Fassaden aufweisen.

Die Teynkirche (kostel Panny Marie před Týnem) mit der ihr vorgelagerten Teyn-Schule (Týnská škola) und das Kinsky-Palais (palác Kinských) an der Ostseite sind zwar ebenfalls unverändert geblieben, aber das zwischen beiden liegende Haus »Zur Glocke« (»U zvonu«), das heute Ausstellungszwecken dient (»Galerie hlavního města Prahy«), hat erst durch Restaurierungsmaßnahmen in den letzten Jahren seine aus dem 14. Jahrhundert stammende ursprüngliche Gestalt wiedergewonnen. Die Nordfront des Platzes wurde mit Ausnahme des Hauses Nr. 7/931 (mit einem Salvator mundi von 1696 als Giebelplastik) im Zusammenhang mit der 1897 begonnenen Stadtsanierung eingerissen. Mit der hier einmündenden Niklasstraße (Pařížská), mit der man eine bisher nicht bestehende gerade Fahrstraße zur Moldau schuf, schwächte man den mittelalterlichen Charakter des Platzes genauso wie durch die sich daran in östlicher Richtung anschließenden Neubauten. Abgetragen wurde im Jahr 1901 auch das sogenannte Grän-Haus, das der barocken St. Niklaskirche (kostel svatého Mikuláše) an der Nordwestecke des Ringplatzes vorgelagert war. (Auf seiner vom Altstädter Ringplatz abgewandten Seite wohnte die Familie Kafka 1887 und 1888.) Anstelle der sich von hier aus an der Westseite bis zum Altstädter Rathaus (Staroměstská radnice) erstreckenden Rasenfläche erhob sich zu Kafkas Lebzeiten ein neugotischer Erweiterungsbau, der am 8. Mai 1945 ausbrannte, als die sich zurückziehenden deutschen Truppen das Gebäude beschossen.

Auch der Platz selbst bietet heute ein vollkommen anderes Bild als um die Jahrhundertwende. Das gewaltige Hus-Denkmal wurde nach mehrjähriger Bauzeit am 6. Juli 1915, dem 500. Todestag des tschechischen Märtyrers, seiner Bestimmung übergeben. Zuvor hatte eine vor der Teynkirche befindliche Mariensäule den Platz beherrscht, ein hoher Steinmonolith mit der Statue der Immaculata an seiner Spitze. Sie war im Jahr 1650 von Kaiser Ferdinand III. als Dank dafür errichtet worden, daß man 1648 der Belagerung der Stadt durch die Schweden getrotzt hatte. Am 3. November 1918 wurde die Mariensäule von tschechischen Nationalisten zerstört. Sie sahen darin ein Symbol der Gegenreformation, die nach der Schlacht am Weißen Berge einsetzte und Böhmen seiner politischen Selbständigkeit beraubte.

Kafka erwähnt das Monument im Mittelteil seiner »Beschreibung eines Kampfes« in einer nächtlichen, auf dem Altstädter Ringplatz spielenden Szene, dessen Charakter hier in phantastischer Verfremdung vorgestellt wird (vgl. S. 63). Im Hauptstück dieser »Belustigungen« erscheint auf einer Tragbahre ein ungeheuer dicker Mann in orientalischer Haltung, der zunächst eine »Ansprache an die Landschaft« hält und dann ein Gespräch mit einem Beter beginnt, der im Verlauf der Unterredung seinerseits die folgende Episode berichtet:

> Dann aber wenn ich einen großen Platz zu durchqueren habe, vergesse ich an alles. Die Schwierigkeit dieses Unternehmens verwirrt mich und ich denke oft bei mir: »Wenn man so große Plätze nur aus Übermuth baut, warum baut man nicht auch ein Steingeländer, das durch den Platz führen könnte. Heute bläst ein Südwestwind. Die Luft auf dem Platz ist aufgeregt. Die Spitze des Rathhausthurmes beschreibt kleine Kreise. Warum macht man nicht Ruhe in dem Gedränge? Was ist das doch für ein Lärm! Alle Fensterscheiben lärmen und die Laternenpfähle biegen sich wie Bambus. Der Mantel der heiligen Maria auf der Säule rundet sich und die stürmische Luft reißt an ihm. Sieht es denn niemand? Die Herren und Damen, die auf den Steinen gehen sollten, schweben. Wenn der Wind Athem holt, bleiben sie stehn, sagen einige Worte zu einander und verneigen sich grüßend, stößt aber der Wind wieder, können sie ihm nicht widerstehn und alle heben gleichzeitig ihre Füße. Zwar müssen sie fest ihre Hüte halten, aber ihre Augen schauen lustig, als wäre milde Witterung. Nur ich fürchte mich.«

☞ ***Staroměstské náměstí Nr. 17/551: Buchhandlung »Zum Einhorn« (knihkupectví »U jednorožce«)***

In den Räumlichkeiten dieser Buchhandlung befand sich ehemals die Apotheke »Zum Einhorn«, die zu Anfang dieses Jahrhunderts von Max Fanta betrieben wurde. Im gleichen Haus lag die Wohnung des Apothekers, in der sich unter der Leitung seiner Frau, Berta Fanta, ein privater Kreis zusammenfand, der bis zum Ende des Ersten Weltkriegs bestand. Er lief dem Brentanisten-Zirkel im »Café Louvre« (vgl. S. 13), der allerdings schon 1908 einging, in der ersten Zeit gewissermaßen parallel, widmete sich jedoch allgemeinen philosophischen Fragen: dem Studium Kants, Fichtes und Hegels, aber auch der Relativitätstheorie und der Anthroposophie. Als unregelmäßiger, in den späteren Jahren seltener Gast hat auch Kafka seit etwa 1903/04 an diesen Zusammenkünften teilgenommen.

☞ ***Staroměstské náměstí: Altstädter Rathaus (Staroměstské radnice)***

Nach alter Gepflogenheit ist der Platz Versammlungsort und Schauplatz politischer Entscheidungen gewesen. So hatte beispielsweise am 25. Februar 1948 Klement Gottwald vom Balkon des Kinsky-Palais aus den kommunistischen Umsturz verkündet, der die Geschicke des Landes bis zum November 1989 bestimmen sollte. An der gleichen Stelle hat dann der jetzige Staatspräsident der Tschechischen Republik, Václav Havel, am 25. Februar 1990 eine programmatische Rede zur demokratischen Erneuerung des Landes gehalten.

Nach dem Prager Fenstersturz des Jahres 1618, bei dem die beiden katholischen Statthalter und deren Schreiber in den Wallgraben der Prager Burg gestürzt worden waren, hatten sich die böhmischen Stände von Wien losgesagt und anstelle Kaiser Ferdinands II. (1619–1637) den Kurfürsten Friedrich von der Pfalz zu ihrem Herrscher gewählt. Zwei Jahre später, am 8. November 1620, kam es auf dem Weißen

Berge, der sich am westlichen Rand der Prager Vorstadt Břevnov erhebt, zu einer Entscheidungsschlacht zwischen den Abtrünnigen und einem kaiserlichen Heer. Die böhmischen Truppen wurden entscheidend geschlagen, Friedrich, der Winterkönig, floh (vgl. S. 118), und die meist adeligen Aufrührer wurden nach und nach gefangengenommen und bestraft: Am 21. Juni 1621 wurden die 27 Hauptschuldigen auf dem Altstädter Ring öffentlich hingerichtet (vierundzwanzig mit dem Schwert, drei auf dem Galgen). Eine Gedenktafel aus Bronze, auf der die Namen der Toten verzeichnet sind, befindet sich an der Ostseite des Altstädter Rathauses, rechts von der 1381 erbauten und 1857 renovierten gotischen Erkerkapelle. Auf dem sich davor erstreckenden Pflastermosaik zeigen siebenundzwanzig Kreuze und das Datum der Exekution den Ort des grausigen Geschehens.

Der tschechische Schriftsteller Zikmund Winter (1846–1912) hat in seinem 1906/07 gedruckten Roman *Magister Kampanus* die Erhebung der böhmischen Stände bis zur Schlacht am Weißen Berge und die daraus sich ergebenden Folgen dargestellt. Hauptfigur ist der Schriftsteller, Komponist und Professor der Prager Universität Jan Campanus Vodňanský (1572–1622). Im neunten Kapitel des zweiten Teils berichtet Winter quellengetreu von der Hinrichtung auf dem Altstädter Ringplatz. Kampanus befindet sich zunächst im Sixen-Haus (vgl. S. 152), um die Frau Theodor Sixts von Ottersdorf zu trösten, der unter den zum Tode Verurteilten war, dann aber als einziger auf dem Blutgerüst begnadigt wurde.

> Kampanus sah aus dem Fenster, von dem man schräg einen Teil des Rings einsehen konnte. Er sah Soldaten, überall nur Soldaten. Zur Ringmitte hin war die Reiterei versammelt, ansonsten, wohin das Auge reichte, Landsknechte, in Karrees aufgestellt – über den Köpfen der

Soldaten, gegenüber dem Fenster, aus dem Kampanus blickte, leuchtete mitten auf dem Ring der neue weiße Galgen, an dem eine neue Leiter lehnte. Vom schwarzen Theatrum konnte der Rektor nur ein Eck erspähen; mehr war aus dem Fenster der Sixts nicht zu erfassen. Aus den Fenstern der Ringhäuser sah niemand heraus.

Oder doch!

Auf der Seite gegenüber, gleich hinter dem weißen Galgen, im Hause des einstigen Direktors Dvořecký, das schon seit Wochen unbewohnt und von Michna konfisziert ist, werden die Fenster geöffnet. In einem taucht Michna auf.

Wie könnte der auch heute fehlen, haben doch er selbst und seine Kanzlei die Männer samt der Ursach dem Blutgericht zugeführt, warum sollte er nicht das Werk betrachten, dessen Mitschöpfer er ist?

Irgendein Lakaienmensch öffnet ein zweites, ein drittes Fenster – in einem, siehe, der Fürst von Liechtenstein – gewiß, das ist er, die Haare glatt nach hinten gekämmt, fast ohne Bart; ihm zur Seite eine schöne Frau, schwarzhaarig, geschmeidig, vielleicht die Kanzlergattin Polyxena, in der Tat, ein solches Schauspiel hat die Welt noch nicht erlebt und wird es wohl so bald nicht wieder erleben. Im letzten Fenster, am äußersten Rand des Hauses, das behaarte Affengesicht des Herrn Fabricius. Er ist gekommen, den Tod jener zu schauen, die ihm den Tod durch Sturz in große Tiefe bestimmt hatten – neben Fabricius nimmt Frau Mollerus Platz, fleischig, blaß, mit einer Pfauenfeder am roten Hütchen. Der gedrungene Mann hinter ihr mit den Augengläsern hat Ähnlichkeit mit Magister Georgius Mollerus.

Äh, mit Abscheu wandte Kampanus seine Augen von diesen Fenstern, mit der lauten Bemerkung, daß nur die Armen im Herzen glücklich sein könnten, da sie keinen Schmerz empfänden.

Vom Rathaus her hört man es läuten. Die Totenglocke? Da vernimmt der Rektor aus der Menge unten, die sich in der Zeltnergasse im Rücken der Soldaten drängt, den Namen Schlicks.

»Schlick kommt! Das ist Graf Schlick!« rufen die Zuschauer, auf Fässern und Tischen stehend, die sie sich aus der Gaststube der Sixts geliehen haben.

Eine leise Stimme klingt vom Rathaus herüber; als die Stimme verstummt, dröhnen die Trommeln.

»Zack!« grölt der erste auf dem Faß.

»Huch, der Kopf ist ab! Und – jetzt ziehn die ihm den Arm auf den Block – und ab!« schreit der zweite.

»Jetzt packen sie alles ein und tragen es weg!« ruft der dritte.

Die Trommeln verstummen.

»Wen führen sie jetzt vor?« fragt einer.

»Das ist Herr Budovec!«

»Das ist nicht Budovec!«

Kampanus hörte nicht weiter hin und riß sich vom Fenster los. Zu Frau Sixt, die neben dem Fenster saß und in einem Gebetbuch las, sagte er in aller Hast etwas Verworrenes und lief hinaus.

Theatrum: mit schwarzem Tuch überzogenes Holzpodest, auf dem die Enthauptungen vorgenommen wurden.

Michna: Pavel Michna von Vacínov, Gegner der böhmischen Stände, nach Liechtensteins Tod Oberburggraf von Böhmen.

Fürst von Liechtenstein: Karl Fürst von Liechtenstein (1569–1627), harter, habgieriger Statthalter des Kaisers nach der Niederschlagung des Aufstandes.

Fabricius: Philipp Fabricius Platter von Hohenfall, Geheimschreiber der kaiserlichen Statthalter Martinitz und Slawata, der am 23. Mai 1618 zusammen mit diesen aus einem Fenster des Prager Königspalastes in den davorliegenden Burggraben gestürzt wurde; wie durch ein Wunder überlebten alle drei den Prager Fenstersturz.

Schlick: Der tschechische Adlige und Lutheraner Joachim Andreas Schlick (geb. 1569) wurde auf Befehl des sächsischen Kurfürsten am 18. März 1621 verhaftet, in Dresden eingekerkert und im Mai dem Kaiser übergeben.

Budovec: Wenzel Budovec (geb. 1547), Freiherr von Budov, ein Mitglied der böhmischen Brüder.

An der Südseite des 1805 umgebauten Altstädter Rathausturms befindet sich eine aus dem Jahr 1490 stammende, freilich am Ende des Zweiten Weltkriegs schwer beschädigte astronomische Uhr (Orloj), die nicht nur die Tageszeit, sondern auch Monate, den Lauf der Planeten und die Mondphasen anzeigt. Berühmt ist das mechanische Beiwerk, das zu einer besonderen Touristenattraktion geworden ist. Zu jeder vollen Stunde ziehen hinter zwei zu diesem Zweck sich öffnenden kleinen Fenstern oberhalb der beiden Zifferblätter die zwölf Apostel vorbei (Schnitzarbeiten aus den Jahren 1947 bis 1949), die charakteristische Bewegungen ausführen. Danach läutet der Tod, der als Gerippe das obere Zifferblatt auf der rechten Seite flankiert, mit der einen Hand das Totenglöckchen und dreht mit der anderen eine Sanduhr um. Er will damit dem neben ihm stehenden, musizierenden Türken, der ablehnend den Kopf schüttelt, andeuten, seine Zeit sei abgelaufen. Ähnlich verhält sich das linker Hand auf gleicher Höhe angebrachte Paar, das einen an seinem Beutel erkennbaren Geizhals und einen sich bespiegelnden Eitlen darstellt. Zum Abschluß der ganzen Vorstellung kräht, eine Zutat des vorigen Jahrhunderts, ein Hahn, der sich über den beiden Fensteröffnungen zeigt.

Als die Milena Jesenská im Mai 1920 eine Eigenart Kafkas mit der Wendung »nechápu« (»verstehe ich nicht«) kommentierte, antwortete dieser mit dem Bemerken, es sei möglich, »daß die drei Silben auch die Bewegungen der Apostel auf der Prager Uhr bedeuten: Ankunft, Sich-zeigen und böser Abgang«.

Der Prager Schriftsteller Rudolf Fuchs hat in einem Erzählgedicht, das 1941 in der Londoner Emigration entstanden ist, in den nacheinander erscheinenden Aposteln Figurationen von zwölf Lebensstationen gesehen, die sich ihm mit bestimmten Bezugspersonen verbanden. Hier sei die Einleitungsstrophe sowie der Schlußteil dieses Werks angeführt, in dem Fuchs sich selbst in dem letzten der hinter den beiden Uhrfensterchen vorbeiziehenden Apostel wiederfindet.

Die Prager Aposteluhr

Erschein, erschein, mit Tierkreis und Figur,
wie ich dich oft gesehn, Aposteluhr!
Wo über dir der graue Turm sich reckt,
wo rings umher das Pflaster Träume weckt!
Erschein, erschein, mit Hoffart, Geiz und Tod,
vom Mond bespült und von der Sonne rot!
Die Klingel schellt so seltsam und vertraut,
die Menschen bleiben stehn, und jeder schaut.
Das Schiebefenster gibt die Szene frei,
die zwölf Apostel drehen sich vorbei.
Und wenn der letzte an der Lücke steht,
kräht lang der Hahn das Amen im Gebet.
[...]
Der zwölfte – bin ich selbst? Erregten Sinns
betracht ich mich und staun, allein ich bin's.
So wie ein Maler aus der alten Zeit
im Haufen oft sich selber konterfeit,
ist's mir geschehn. So steh ich eben dort
und überblick vom Fenster aus den Ort
und find mich unten in der Menge stehn,
den Hals gereckt, um besser mich zu sehn,
wie ich als letzter meine Reihe führ.
Die Stunde wechselt, andre stehn dann hier.
Jetzt kräht der Hahn. Das Fenster ist verstellt ...
Ich lebe fern, in einer fremden Welt.

Rudolf Fuchs wurde am 5. März 1890 in Podiebrad (Poděbrady) in Südböhmen als Sohn eines jüdischen Geschäftsmanns geboren. Er wuchs in einer tschechisch sprechenden Umgebung auf, bis ihn die Eltern 1901 nach Prag schickten, wo er bis zum Abitur im Jahr 1908 die deutsche Realschule in der Mikulandská und anschließend den sogenannten Abiturientenkurs an der »Deutschen

Handelsakademie« in der Masná (vgl. S. 177) besuchte. 1910 wurde er Beamter in einer Prager Maschinenfabrik, 1912 kam er in Verbindung mit dem Literatenkreis im »Café Arco«. 1913 erschien sein erster Gedichtband *Der Meteor*, Ende 1916 im Leipziger Kurt-Wolff-Verlag seine Übersetzung der in Österreich verbotenen *Schlesischen Lieder* von Petr Bezruč, die Werfel mit einem Vorwort versehen hatte. 1928 erschien sein Stück *Aufruhr im Mansfelder Land*, das im März 1921 in Leuna spielt und die letzten Wochen des von Max Hoelz geführten Aufstandes im dortigen Bergbaurevier dokumentarisch nachzeichnet. 1939 ist ihm die Flucht nach London geglückt. Dort ist er am 17. Februar 1942 an den Folgen eines Verkehrsunfalls gestorben.

☞ *Staroměstské náměstí Nr. 2/3: Haus »Minuta« (dům »U minuty«)*

In diesem zu Beginn des 17. Jahrhunderts errichteten Haus wohnte die Familie Kafka von Juni 1889 bis September 1896. Rechts daneben, also vor der aus vier unterschiedlichen Bauwerken gebildeten Fassade des Altstädter Rathauses, ist eine kleine, für Kafkas Verhältnis zum Geld jedoch überaus bezeichnende Geschichte anzusiedeln, die er als Kind erlebte und Milena Jesenská am 18. Juli 1920 mit diesen Worten berichtet hat:

> Ich hatte einmal als ganz kleiner Junge ein Sechserl bekommen und hatte große Lust es einer alten Bettlerin zu geben, die zwischen dem großen und dem kleinen Ring saß. Nun schien mir aber die Summe ungeheuer, eine Summe die wahrscheinlich noch niemals einem Bettler gegeben worden ist, ich schämte mich deshalb vor der Bettlerin etwas so Ungeheuerliches zu tun. Geben aber mußte ich es ihr doch, ich wechselte deshalb das Sechserl, gab der Bettlerin einen Kreuzer, umlief den ganzen Komplex des Rathauses und des Laubenganges

am kleinen Ring, kam als ein ganz neuer Wohltäter links heraus, gab der Bettlerin wieder einen Kreuzer, fing wieder zu laufen an und machte das glücklich zehnmal (Oder auch etwas weniger, denn, ich glaube die Bettlerin verlor dann später die Geduld und verschwand mir). Jedenfalls war ich zum Schluß, auch moralisch, so erschöpft, daß ich gleich nach Hause lief und so lange weinte, bis mir die Mutter das Sechserl wieder ersetzte.

☞ ***U radnice (Rathausgasse) Nr. 5/27: Kafkas Geburtshaus***

An der Stelle, wo drei Straßen in die Rathausgasse einmünden, erweitert sich diese zu einem kleinen Platz. An seiner Nordseite erhebt sich, angebaut an die rechter Hand sichtbar werdende St. Niklaskirche, der Nachfolgebau des Hauses, in dem Franz Kafka am 3. Juli 1883 geboren wurde. An seiner Fassade wurde Mitte der sechziger Jahre eine von Karel Hladík geschaffene Bronzeplastik angebracht, die Kafkas Kopf zeigt. Die Aufgabe des Künstlers war nicht einfach, weil alle erhaltenen Photographien Kafka lediglich von vorne zeigen, sein physiognomisches Profil also nicht überliefert ist. Hladík nahm sich deswegen einen Enkel von Kafkas Schwester Ottla zum Modell, der nach der Erinnerung kompetenter Zeitzeugen dessen Nasenbildung ererbt hatte.

Im Erdgeschoß des Hauses rechts ist eine kleine Ausstellung zu sehen, in der auf Schrifttafeln und mithilfe historischer Photos der Lebensgang Kafkas nachgezeichnet ist.

☞ ***Staroměstské náměstí Nr. 5/934: Wirtschaftsministerium der Tschechischen Republik (Ministerstvo Hospodářství ČR)***

Im obersten voll ausgebauten Stockwerk dieses Eckhauses, das mit dem rechts neben ihm liegenden das tschechische Tourismus-Ministerium beherbergt, lebte ab November 1913 die Familie Kafka in einer Wohnung, deren Fenster teils auf die Pařížská, teils auf den Ringplatz zeigten. Der als Archivmaterial erhaltene Wohnungsgrundriß und gelegentliche Hinweise in den Dokumenten zu Kafkas Leben lassen den Schluß zu, daß das auf die Pařížská weisende Doppelfenster links des Erkers zu seinem Zimmer gehörte, das links daneben sich befindliche aber zum Schlafzimmer der Eltern. Das Zimmer Ottlas, die 1913 als einzige der drei Töchter Hermann Kafkas noch unverheiratet war und deswegen in der elterlichen Wohnung lebte, lag auf der Ringseite, und zwar hinter dem zweiten (Einzel-)Fenster rechts des Erkers.

Als zu Beginn des Ersten Weltkriegs Karl Hermann, der Ende 1910 Kafkas älteste Schwester Elli geheiratet hatte, einrücken mußte, kehrte seine Frau mit ihren beiden Kindern zu den Eltern zurück, so daß kein Platz mehr für den Bruder vorhanden war, der sich jetzt ein eigenes Zimmer in der Stadt suchen mußte. Die ersten drei Domizile lagen in der Altstadt und werden auf diesem Spaziergang angesteuert. Ende 1916 übersiedelte Kafka jedoch teilweise auf den Hradschin (vgl. S. 128), im März 1917 gänzlich auf die Kleinseite (vgl. S. 50).

Nach dem Ausbruch der Lungentuberkulose wohnte er wieder bei seinen Eltern, sofern er sich nicht außerhalb Prags zur Erholung aufhielt. Zunächst lebte er in Ottlas Zimmer, die im Frühjahr 1917 nach Zürau übersiedelt war. Später richtete man dem Kranken das Elternschlafzimmer ein, das infolge seiner Randlage in der Wohnung vergleichsweise ruhig war. Hier sind 1922 die Anfangsteile des *Schloß*-Romans und im März 1924 die Erzählung »Josefine, die Sängerin oder Das Volk der Mäuse« entstanden.

☞ *Staroměstské náměstí Nr. 4/932: Handelsministerium der Tschechischen Republik (Ministerstvo Hospodářství ČR)*

Das Palais erhebt sich anstelle dreier im Jahr 1900 abgerissener Häuser und war ehemals der Sitz der städtischen Versicherungsgesellschaft. Am Portal finden sich, der ursprünglichen Zweckbestimmung des Gebäudes entsprechend, Feuer und Wasser in allegorischer Darstellung, während die Gestalten am Giebel Wasser, Blitz, Hagel, Sturm, Feueralarm und Feuerlöschen symbolisieren. Dieser Fassadenschmuck ist für Kafka offenbar der Anlaß gewesen, den Nachtschwärmer, der in einer Szene im Mittelteil der »Beschreibung eines Kampfes« die beiden Ringplätze umrundet, am »Haus der Feuerwehr« vorbeikommen zu lassen.

☞ ***Staroměstské náměstí Nr. 8/929: ehemaliges Hotel »Goldhammer«***

Das letzte der an der Nordseite des Platzes gelegenen Häuser wurde ebenfalls um die Jahrhundertwende neu errichtet. Im Vorgängerbau befand sich nicht nur das Hotel »Goldhammer«, in dem Kafkas Eltern Julie und Hermann Kafka am 3. September 1882 ihre Hochzeit gefeiert hatten, sondern auch bis in die Mitte der neunziger Jahre das väterliche Geschäft, über das Kafka in seinem 1919 entstandenen »Brief an den Vater« schreibt:

> Das nächste äußere Ergebnis dieser ganzen Erziehung war, daß ich alles floh, was nur von der Ferne an Dich erinnerte. Zuerst das Geschäft. An und für sich besonders in der Kinderzeit, solange es ein Gassengeschäft war, hätte es mich sehr freuen müssen, es war so lebendig, abends beleuchtet, man sah, man hörte viel, konnte hie und da helfen, sich auszeichnen, vor allem aber Dich bewundern in Deinen großartigen kaufmännischen Talenten, wie Du verkauftest, Leute behandeltest, Späße machtest, unermüdlich warst, in Zweifelsfällen sofort die Entscheidung wußtest und so weiter; noch wie Du einpacktest oder eine Kiste aufmachtest, war ein sehenswertes Schauspiel und das Ganze alles in allem gewiß nicht die schlechteste Kinderschule. Aber da Du allmählich von allen Seiten mich erschrecktest und Geschäft und Du sich mir deckten, war mir auch das Geschäft nicht mehr

behaglich. Dinge, die mir dort zuerst selbstverständlich gewesen waren, quälten, beschämten mich, besonders Deine Behandlung des Personals. Ich weiß nicht, vielleicht ist sie in den meisten Geschäften so gewesen (in der Assicurazioni Generali, zum Beispiel, war sie zu meiner Zeit wirklich ähnlich, ich erklärte dort dem Direktor, nicht ganz wahrheitsgemäß, aber auch nicht ganz erlogen, meine Kündigung damit, daß ich das Schimpfen, das übrigens mich direkt gar nicht betroffen hatte, nicht ertragen könne; ich war darin zu schmerzhaft empfindlich schon von Hause her), aber die anderen Geschäfte kümmerten mich in der Kinderzeit nicht. Dich aber hörte und sah ich im Geschäft schreien, schimpfen und wüten, wie es meiner damaligen Meinung nach in der ganzen Welt nicht wieder vorkam. Und nicht nur schimpfen, auch sonstige Tyrannei. Wie Du zum Beispiel Waren, die Du mit anderen nicht verwechselt haben wolltest, mit einem Ruck vom Pult hinunterwarfst – nur die Besinnungslosigkeit Deines Zorns entschuldigte Dich ein wenig – und der Kommis sie aufheben mußte.

☞ ***Staroměstské náměstí Nr. 12/606: Kinsky-Palais (palác Kinských)***

In diesem Gebäude, und zwar im Erdgeschoß hinter dem rechts liegenden Portal, befand sich seit Herbst 1912 das Geschäft Hermann Kafkas, das 1918 verkauft, aber unter seinem alten Namen weitergeführt wurde. In diesen Räumlichkeiten wurde im Sommer 1995 eine Buchhandlung eröffnet, die Kafkas Namen trägt (»knihkupectví Franze Kafky«). Im zweiten Stockwerk des Hinterhauses, das über das linke Portal – heute Eingang zu einer Abteilung der Prager Nationalgalerie (Národní Galerie v Praze) – zu erreichen, aber der Öffentlichkeit nicht zugänglich ist, lag das »K. k. deutsche Staatsgymnasium in Prag-Altstadt«, das Franz Kafka von 1893 bis 1901 besuchte. Er war ein guter Schüler, obgleich er dauernd Angst hatte, das Klassenziel nicht zu erreichen. Zu den in Prag nicht seltenen Originalen gehörte der Rabbiner Nathan Grün, der in den Oberklassen den jüdischen Schülern Religionsunterricht erteilte. Franz Werfel und sein Freund, der bekannte Schauspieler Ernst Deutsch, der Absolvent des Altstädter Gymnasiums war, haben das Lehrverhalten Grüns, das Friedrich Torberg der Nachwelt übermittelt hat, auf folgende Weise parodiert:

> »Der Stammvater des Geschlechtes der Hasmonäer, aus welchem die Makkabäer hervorgingen, war Mattatias. Mattatias hatte fünf Söhne: Eleasar ... Juda, später Juda Makkabi genannt ... Jochanan ... nein, Jochanan war der älteste, also Jochanan ... Juda ... Simon ... Jochanan ... aber der war ja schon da, ich mein' den Jonatan ...« (er geriet in immer heftigeres Schwimmen und kehrte, um Ordnung in die Reihenfolge zu bringen, an den Anfang zurück:) »Mattatias hatte fünf Söhne. Sie hießen der ... Jochanan ... Simon ... Juda ... eigentlich der wichtigste, weil er später Juda Makkabi genannt wurde ... Jonatan ... nein, Eleasar ...« (erneuter Anlauf, wieder vom Anfang an:) »Mattatias hatte fünf Söhne. Jochanan war der älteste, aber Juda war der wichtigste ... und dazwischen Simon ... fehlt mir noch der fünfte ... Eleasar hab ich schon ...« Er verstummte, überschlug in Gedanken ein letztesmal die noch vorhandenen Möglichkeiten und verkündete mit endgültiger, unwidersprechlicher Entschlossenheit: »Mattatias hatte fünf Söhne: Juda, Simon und Eleasar.«

☞ ***Staroměstské náměstí: Teynkirche (kostel Panny Marie před Týnem)***

Wenn man vor der im 14. Jahrhundert errichteten Teynkirche steht und das links davon abgehende Teyngäßchen (Týnská ulička) betritt, zeigt sich rechter Hand ein in die Nordfassade dieser Kirche eingelassenes Portal, dessen Tym-

Das Geschäft Hermann Kafkas im Kinsky-Palais auf dem Altstädter Ringplatz. In diesem Geschäft arbeitete auch Kafkas Mutter und seine Schwester Ottla

panon dem Jurastudenten Karl Hans Strobl als Verkörperung altdeutschen Kunstwollens erschienen war. Es spielt in seinem Roman *Die Vaclavbude* eine Rolle, in dem er seine Prager Studentenzeit verarbeitet hat, zugleich aber dem genius loci der Stadt huldigt. (Vgl. S. 38, 168, 176 und 186)

Im fünften Kapitel erzählt ein geheimnisvoller Fremder dem Studenten Binder und seinen Freunden, wie Tycho de Brahe zu Tode kam (vgl. auch S. 115), und zwar in einer von der gewöhnlichen Überlieferung abweichenden Version. In der darauffolgenden Nacht träumt Binder, wie er dem Fremden auf der Straße wiederbegegnet. Er ist niemand anders als der nach der Mode seiner Zeit gekleidete große Astronom.

Leise dämmerte der Tag. Die Straßen füllten sich mit Menschen.
Tycho de Brahe aber schritt hindurch und hatte seinen Mantel um die Schultern des Studenten gelegt. Niemand sah sie.
Bei der Mariensäule blinzelten einige schläfrige Dienstmänner von ihren Handkarren herab müde in den Morgen. Sie gingen vorbei, quer über den Ringplatz.
Tycho bog in die schmale Straße zur Teynkirche.
Bei dem Seitenportal der Kirche blieb er stehen. Er stieg die Steinstufen empor und stemmte die Spitze seines Degens gegen die Figuren der Türfelder.
»Das wollte ich dir sagen! Beachte es oder beachte es nicht. Es lag mir schwer auf dem Herzen. Und noch einmal: jeder und jedes Volk will seine eigene Geschichte durch seine inneren Kräfte. Leb' wohl!«
Zwischen zwei alten Weiblein, die zu gleicher Zeit zur offenen Tür herein wollten, schritt er durch, gerade und aufrecht und ohne sich oder sie zu stoßen.
In diesem Augenblick verlosch plötzlich der Stern, der bis dahin am Morgenhimmel hell über ihren Köpfen gestrahlt hatte.

Die große Kirchentür fiel donnernd ins Schloß und gab Binder einen furchtbaren Schlag vor die Stirn.

Natürlich geht Tycho de Brahe zu seinem rechts vom Hochaltar befindlichen Grab, das an einer großen, rotbraunen, aufrecht an einem Pfeiler stehenden Steinplatte kenntlich ist, die einen Ritter in voller Rüstung zeigt.

Karl Hans Strobl wurde am 18. Januar 1877 in Iglau (Jihlava) geboren und studierte vom Herbst 1894 bis zum Sommer 1898 an der Prager Karl-Ferdinands-Universität Jura. Er trat der konservativ-deutschnationalen, farbentragenden Studentenverbindung »Austria« bei und hatte dort Funktionsstellen inne. In seinen in Prag spielenden Romanen *Die Vaclavbude* (1902), *Der Schipkapaß* (1908) und *Das Wirtshaus »Zum König Przemysl«* (1913) hat er das Leben deutscher Studenten auf dem Hintergrund eigener Erfahrungen beschrieben.

Von 1900 bis 1913 war Strobl in der Brünner Finanzverwaltung tätig. Erzählbände, die zwischen 1901 und 1907 erschienen, zeigen ihn als frühen Vertreter der modernen phantastischen Literatur. In der Folgezeit – er wurde wegen eines »Bierherzens« vom Militärdienst zurückgestellt – war er Mitarbeiter am *Tagesboten aus Mähren und Schlesien*, seit 1918 lebte er als freier Schriftsteller in Perchtoldsdorf bei Wien, wo er am 10. März 1946 starb. Im Lauf der Jahre wandelte sich seine Position vom völkisch orientierten Konservativen zu einem militanten Faschisten, so daß beispielsweise sein Stück *Die Mühlen Gottes. Ein deutsches Schicksalsspiel* (1931) und sein Roman *Kamerad Viktoria* (1933) wegen ihrer antitschechischen Tendenzen von den tschechoslowakischen Behörden verboten wurden.

☞ ***Týnský dvůr (Teynhof) Nr. 2/640: ehemalige Weinstube »Zum alten Ungelt« (vinárna »U starý Ungelt«)***

Geht man vom Nordportal der Teynkirche einige Schritte im

Teyngäßchen weiter, öffnet sich auf der gegenüberliegenden Straßenseite in einer Mauer ein Tor, durch das man in den Teynhof gelangt, in dem ehemals durchreisende Kaufleute übernachten und ihre Waren lagern konnten. Dafür hatten sie einen Zoll zu entrichten, das Ungelt, weshalb die ganze Anlage auch Altes Ungelt genannt wird. In dem rechts des Tores gelegenen ehemaligen Zollhaus befand sich früher ein bekanntes Gasthaus, das den Namen der Hofanlage trug.

Um die Jahrhundertwende war diese Weinstube eines der Stammlokale der literarischen Avantgarde in der Stadt, zu der besonders der Zeichner Hugo Steiner-Prag sowie die Schriftsteller Viktor Hadwiger, Paul Leppin (vgl. S. 31) und Gustav Meyrink (vgl. S. 95) zählten. Dieser Sachverhalt spiegelt sich im vierzehnten, »Weib« betitelten Kapitel von Meyrinks *Golem*, wo der Ich-Erzähler Pernath, der Held des Romans, nach einem eigenartigen nächtlichen Erlebnis im Alchimistengäßchen auf dem Hradschin das »Alte Ungelt« aufsucht, um seine Freunde Zwakh, Prokop und Vrieslander zu treffen. Unter den Geschichten, die man sich bei dieser Gelegenheit erzählt, ist die vom Räuberhauptmann Babinsky, die auch Egon Erwin Kisch zum Gegenstand eines Feuilletons gemacht hat.

> »Babinski war«, begann Zwakh sofort, ohne auch nur eine Sekunde von seiner Arbeit aufzusehen, »einst ein berühmter Raubmörder in Prag. – Viele Jahre betrieb er sein schändliches Handwerk, ohne daß es jemand bemerkt hätte. Nach und nach jedoch fiel es in den besseren Familien auf, daß bald dieses, bald jenes Mitglied der Sippe beim Essen fehlte und sich nie wieder blicken ließ. Wenn man auch anfangs nichts sagte, da die Sache gewissermaßen ihre guten Seiten hatte, indem man weniger zu kochen brauchte, so durfte wiederum nicht außer acht gelassen werden, daß das Ansehen in der Gesellschaft leicht darunter leiden und man ins Gerede kommen konnte.

Besonders, wenn es sich um das spurlose Verschwinden mannbarer Töchter handelte.
Überdies verlangte die Hochachtung vor sich selbst, daß man auf ein bürgerliches Zusammenleben in der Familie nach außen hin das nötige Gewicht legte.
Die Zeitungsrubriken: ›Kehre zurück, alles verziehen‹, wuchsen immer mehr und mehr – ein Umstand, den Babinski, leichtsinnig wie die meisten Berufsmörder, in seine Berechnungen nicht einbezogen hatte – und erregten schließlich die allgemeine Aufmerksamkeit.
In dem lieblichen Dörfchen Krtsch bei Prag hatte sich Babinski, der innerlich ein ausgesprochen idyllischer Charakter war, mit der Zeit durch seine unverdrossene Tätigkeit ein kleines, aber trautes Heim geschaffen. Ein Häuschen, blitzend vor Sauberkeit, und ein Gärtchen davor mit blühenden Geranien.
Da es ihm seine Einkünfte nicht gestatteten, sich zu vergrößern, sah er sich genötigt, um die Leichen seiner Opfer unauffällig bestatten zu können, statt eines Blumenbeetes – wie er es gern gesehen hätte – einen grasbewachsenen und schlichten, aber den Umständen angemessenen zweckmäßigen Grabhügel anzulegen, der sich mühelos verlängern ließ, wenn es der Betrieb oder die Saison erforderte. [...]
Das beständige Wachsen des Hügels erweckte allmählich Verdacht bei den Anrainern, und einem Polizeimann aus der Vorstadt Zizkov, der gelegentlich von weitem zusah, wie Babinski gerade eine alte Dame der guten Gesellschaft erwürgte, gebührt das Verdienst, dem selbstsüchtigen Treiben des Unholdes ein für allemal Schranken gesetzt zu haben:
Man verhaftete Babinski in seinem Tuskulum.
Der Gerichtshof verurteilte ihn unter Zubilligung des mildernden Umstandes eines ansonsten trefflichen Leumunds zum Tode durch den Strang und beauftragte

zugleich die Firma Gebrüder Leipen – Seilwaren en gros und en détail –, die nötigen Hinrichtungsutensilien, soweit diese in ihre Branche fielen, unter Anrechnung ziviler Preise einem hohen Staatsärar gegen Quittung auszuhändigen.
Nun fügte es sich aber, daß der Strick riß und Babinski zu lebenslänglichem Gefängnis begnadigt wurde.
Zwanzig Jahre verbüßte der Raubmörder hinter den Mauern von St. Pankraz, ohne daß je ein Vorwurf über seine Lippen gekommen wäre; noch heute ist der Beamtenstab des Institutes voll Lob über seine vorbildliche Aufführung, ja, man gestattete ihm sogar, an den Geburtstagen unseres Allerhöchsten Landesherrn ab und zu die Flöte zu blasen –«.
Prokop suchte sofort wieder nach seinem Hausschlüssel, aber Zwakh wehrte ihm.
»Infolge allgemeiner Amnestie wurde dem Babinski der Rest der Strafe nachgesehen, und er bekam die Stelle eines Pförtners im Kloster der ›Barmherzigen Schwestern‹. Die leichte Gartenarbeit, die er nebenbei mit zu versehen hatte, ging ihm dank der großen, während seines früheren Wirkungskreises erworbenen Geschicklichkeit im Gebrauch des Spatens hurtig von der Hand, so daß ihm hinlänglich Muße blieb, Herz und Geist an guter, sorgfältig ausgewählter Lektüre zu läutern.

Staatsärar: Ärar, österreichisch für staatliche Gewalt.

Die Legende hat Babinsky zu einem tschechischen Volkshelden erhoben, der die Reichen beraubt und die Armen beschenkt. Wie die Untersuchungen von Josef V. Scheybal zeigen, ist jedoch in Wirklichkeit in seinem Verhalten keine Spur von Edelmut oder Freigebigkeit zu finden: Václav Babinsky wurde am 20. August 1798 in Leitmeritz (Litomerice) in einfachen Verhältnissen geboren und arbeitete zunächst in der

Umgebung der Stadt als Taglöhner. Als er 1816 eingezogen wurde, simulierte der Dienstunwillige vergeblich eine Geisteskrankheit. Als er 1824 vom Militär entlassen wurde, brachte man ihn im »Invalidenhaus«, dem heutigen Militärarchiv, in Karolinenthal (Praha-Karlín) unter. 1825 floh er aus dieser Anstalt und beging in den nächsten zehn Jahren zahlreiche Verbrechen. Er wurde mehrmals verhaftet, doch gelang ihm dank seiner Schlauheit, seinem Mut und aufgrund gefälschter Papiere jedesmal die Flucht. Erst 1835 wurde er endgültig eingekerkert. Als er 1861, innerlich gebrochen, aus dem Zuchthaus entlassen wurde, nahmen sich die Barmherzigen Schwestern in Řepy bei Prag seiner an und beschäftigten ihn als Gärtner. Dort ist er am 1. August 1879 gestorben.

☞ ***Malá Stupartská (Kleine Stupartsgasse): St. Jakobskirche (kostel svatého Jakuba)***

Wenn man den Teynhof auf der gegenüberliegenden Ostseite durch einen Durchlaß verläßt, steht man vor der St. Jakobskirche, die im 14. Jahrhundert vollendet und später barockisiert wurde. In dieser Basilika hängt an der Wand rechts vom Eingang eine vertrocknete menschliche Hand, deren Herkunft auf einem benachbarten Gemälde veranschaulicht wird: Nach dieser Überlieferung war einst ein Mann in die Kirche eingedrungen, der ein Bildnis der Gottesmutter entwenden wollte. Aber Maria vereitelte das Verbrechen, indem sie seine diebische Hand so fest umklammerte, daß er aus dieser Lage nur befreit werden konnte, indem man ihm die Hand abhackte.

Johanna Anderka wurde am 12. Januar 1933 in Mährisch-Ostrau (Ostrava) geboren und nach dem Zweiten Weltkrieg aus ihrer Heimat vertrieben. Sie lebt seit 1950 in Ulm und hat seit 1976 zahlreiche Gedichte und Prosatexte veröffentlicht. 1994 erschien ihre zweisprachige Lyriksammlung *Promluvy proti cizotě. Gegen die Fremdheit gesprochen*, ihr Beitrag zu dem 1990 begonnenen Begegnungsprojekt *Erbe und Zukunft*, in dem Künstler, insbesondere aus der Bundesrepublik Deutschland, der Tschechischen Republik und der Slowakischen Republik, versuchen, die deutsch-tschechische Kulturtradition unter dem Zeichen der Völkerverständigung fortzusetzen. Durch Prag-Reisen, die sie in diesem Zusammenhang 1992 und 1993 unternahm, wurde Johanna Anderka von der angeführten Legende zu folgendem Gedicht inspiriert:

In St. Jakob zu Prag

Die Hand des Diebes
und Kirchenschänders
wie uns berichtet
gebannt vom Blick
der Himmelsfrau
nachtlang am Ort
des Frevels

Abgehauen im Namen
der Gerechtigkeit
aufgehängt zur Warnung
verdorrt im Laufe der Zeit

Wer gedenkt der Qual
der Angst des Ertappten
der Not die ihn trieb

Wer von uns Menschen
maßt sich an
die Güte Gottes zu begrenzen

☞ ***Týnská ulička (Teyngäßchen)***
Um den Weg nachzuvollziehen, den Kafka während seiner Grundschulzeit täglich gegangen ist, begibt man sich durch den Teynhof in die Teyngasse zurück und durchschreitet

einen rechter Hand liegenden Durchlaß. Dahinter erweitert sich das Teyngäßchen bei den Häusern Nr. 15/623 (links) und Nr. 10/632 (rechts) etwas, in denen sich während Kafkas Kindheit Kohlenhandlungen befanden, die von Frauen geführt wurden. Am 21. Juni 1920 berichtet er in einem Brief an Milena Jesenská von den Qualen, denen er im ersten Schuljahr während des täglichen Schulwegs ausgesetzt war.

> Unsere Köchin, eine kleine trockene magere spitznasige, wangenhohl, gelblich, aber fest, energisch und überlegen führte mich jeden Morgen in die Schule. Wir wohnten in dem Haus, welches den kleinen Ring vom großen Ring trennt. Da gieng es also zuerst über den Ring, dann in die Teingasse, dann durch eine Art Torwölbung in die Fleischmarktgasse zum Fleischmarkt hinunter. Und nun wiederholte sich jeden Morgen das Gleiche wohl ein Jahr lang. Beim Aus-dem-Haus-treten sagte die Köchin, sie werde dem Lehrer erzählen, wie unartig ich zuhause gewesen bin. Nun war ich ja wahrscheinlich nicht sehr unartig, aber doch trotzig, nichtsnutzig, traurig, böse und es hätte sich daraus wahrscheinlich immer etwas Hübsches für den Lehrer zusammenstellen lassen. Das wußte ich und nahm also die Drohung der Köchin nicht leicht. Doch glaubte ich zunächst, daß der Weg in die Schule ungeheuer lang sei, daß da noch vieles geschehen könne (aus solchem scheinbaren Kinderleichtsinn entwickelt sich allmählich, da ja eben die Wege nicht ungeheuer lang sind, jene Ängstlichkeit und totenaugenhafte Ernsthaftigkeit) auch war ich, wenigstens noch auf dem Altstädter Ring, sehr im Zweifel, ob die Köchin, die zwar Respektsperson aber doch nur eine häusliche war, mit der Welt-Respekts-Person des Lehrers überhaupt zu sprechen wagen würde. Vielleicht sagte ich auch etwas derartiges, dann antwortete die Köchin gewöhnlich kurz mit

ihren schmalen unbarmherzigen Lippen, ich müsse es ja nicht glauben, aber sagen werde sie es. Etwa in der Gegend des Eingangs zur Fleischmarktgasse – es hat noch eine kleine historische Bedeutung für mich (in welcher Gegend hast Du als Kind gelebt?) – bekam die Furcht vor der Drohung das Übergewicht. Nun war ja die Schule schon an und für sich ein Schrecken und jetzt wollte es mir die Köchin noch so erschweren. Ich fieng zu bitten an, sie schüttelte den Kopf, je mehr ich bat, desto wertvoller erschien mir das, um was ich bat, desto größer die Gefahr, ich blieb stehn und bat um Verzeihung, sie zog mich fort, ich drohte ihr mit der Vergeltung durch die Eltern, sie lachte, hier war sie allmächtig, ich hielt mich an den Geschäftsportalen, an den Ecksteinen fest, ich wollte nicht weiter, ehe sie mir nicht verziehen hatte, ich riß sie am Rock zurück (leicht hatte sie es auch nicht) aber sie schleppte mich weiter unter der Versicherung auch dieses noch dem Lehrer zu erzählen, es wurde spät, es schlug 8 von der Jakobskirche, man hörte die Schulglocken, andere Kinder fiengen zu laufen an, vor dem Zuspätkommen hatte ich immer die größte Angst, jetzt mußten auch wir laufen und immerfort die Überlegung: »sie wird es sagen, sie wird es nicht sagen« – und sie sagte es nicht, niemals, aber immer hatte sie die Möglichkeit und sogar eine scheinbar steigende Möglichkeit (gestern habe ich es nicht gesagt, aber heute werde ich es ganz bestimmt sagen) und die ließ sie niemals los. Und manchmal – denke Milena – stampfte sie auch auf der Gasse vor Zorn über mich und auch eine Kohlenhändlerin war manchmal irgendwo und schaute zu.

☞ ***Týnská ulička Nr. 21/1053: ehemaliges Domizil von Karl Hans Strobl***

Im Dachgeschoß des an der Einmündung zur Masná liegenden, 1894 errichteten Eckhauses links (Nr. 21/1053) wohnte der Schriftsteller Karl Hans Strobl als Student vom Herbst 1894 bis zum Ende des Wintersemesters 1895/96. In seinen Jugenderinnerungen *Heimat im frühen Licht* schreibt er über die Aussicht, die er von dieser Behausung aus hatte:

> Die Teingasse ist ein ganz schmaler Straßenschlitz im allerältesten Prag, vom Altstädter Ring weg, an der Teinkirche hin, am »Alten Ungeld« vorbei, unter einem düsteren Schwibbogen, durch Winkelwerk, nach ungelüfteten Jahrhunderten duftend. Stellenweise ist sie so eng, daß man mit ausgebreiteten Armen beiderseits die Hauswände berühren kann. Wo sie ein wenig breiter wurde, standen einige neugebaute Häuser, und in einem von ihnen war mir meine Wohnung bereitet durch die Vorsorge eines einstigen Geschäftsfreundes meiner Eltern, der für mich bei einer Witwe ein hübsches Zimmerchen gefunden hatte. Vom Fenster sah man tief in die enge Straßenschlucht hinab, auf deren Grund in engen Laden allerlei Geschäft und Handwerk seine Stätte hatte. Das war schon lustig genug, diesem Gewimmel da unten aus der Höhe eines fünften Stockwerkes zuzusehen, wie Sankt Petrus von der Himmelstür auf das Weltgetriebe schaut. Noch lustiger aber war der Blick über die alten verschnörkelten, wirr durcheinandergeschachtelten Dächer hin auf die zwei Türme der Teinkirche, die oben um das steile Dach noch je acht unglaubwürdig kühne und luftig-spitze Nebentürmchen stehen hatten.

☞ *Masná (Fleischmarktgasse) Nr. 8/617: ehemalige »Deutsche Handelsakademie«*

Die Anstalt sah nicht nur Gustav Meyrink (vgl. S. 95), Rudolf Fuchs (vgl. S. 160) und Camill Hoffmann (vgl. S. 308) in ihren Mauern, die hier Abitur machten, sondern auch Franz Kafka. Dieser absolvierte von Februar bis Mai 1908 einen Kurs im Versicherungswesen, der auf die erwartete Stellung in der

»Arbeiter-Unfall-Versicherungs-Anstalt« vorbereiten sollte. Wenn man die an dieser Stelle nach rechts abbiegende Fleischmarktgasse weiter in dieser Richtung verfolgt, sieht man auf der rechten Straßenseite die Grund- und Hauptschule, die Kafka von 1889–1893 besuchte.

☞ ***Masná (Fleischmarktgasse) Nr. 16/1000: ehemalige »Deutsche Knabenvolksschule in Prag-Altstadt«***

Da er die vorgeschriebenen vier Grundschuljahre als sehr guter Schüler hinter sich gebracht hatte, konnte Kafka ohne Schwierigkeit ins Gymnasium überwechseln. Sein damaliger Lehrer hätte es aber lieber gesehen, wenn er mit dem Übergang noch ein Jahr gewartet hätte, und sagte den Eltern, ohne allerdings den prophetischen Spaß zu bemerken, der nach Kafkas Meinung in diesen Worten lag: »Lassen Sie ihn noch in die fünfte Klasse gehn, er ist zu schwach, solche Überhetzung rächt sich später.« Kafka zitiert diesen Ratschlag, dem die Anerkennung versagt blieb, am 11. Dezember 1919 im Tagebuch anläßlich einer Situation, in der er sich infolge bestehender »Zierlichkeit« für eine von Julie Wohryzek (vgl. S. 142) ausgehende sexuelle Ausstrahlung »nicht genug vorbereitet« fühlte.

☞ ***Dlouhá třída (Langegasse) Nr. 16/704: Haus »Zum goldenen Hecht« (dům »U zlaté štiky«)***

Im obersten regulären Stockwerk des Hauses »Zum goldenen Hecht«, an seiner dem Platz zugewandten Schmalseite, wohnte Kafka von März 1915 bis zum Februar 1917 in einem Balkon- und Eckzimmer, dessen Aussicht er besonders lobte:

> Ich bin übersiedelt, in ein Zimmer, in dem der Lärm etwa zehnmal größer ist als in dem frühern, das aber im übrigen unvergleichlich schöner ist. Ich dachte unabhängig von der Lage und dem Aussehn des Zimmers zu sein. Aber das bin ich nicht. Ohne freiere Aussicht, ohne die

Möglichkeit, ein großes Stück Himmel aus dem Fenster zu sehn und etwa einen Turm in der Ferne, wenn es schon nicht freies Land sein kann, ohne dieses bin ich ein elender, gedrückter Mensch, ich kann zwar nicht angeben, was für ein Teil des Elends dem Zimmer anzurechnen ist, aber es kann nicht wenig sein.

☞ *Vězeňská (Stockhausgasse) Nr. 9/859: Ehemals »Café Savoy«*

Zwischen Oktober 1911 und Februar 1912 gastierte in diesem Lokal, das früher den Namen »Café Savoy« trug, eine aus Lemberg kommende Theatergruppe, die jeden Abend jiddische Volksstücke aufführte. Im Gegensatz zu den Prager Intellektuellen, die in diesen vergleichsweise einfach inszenierten Aufführungen ein Schmiere-Theater sahen, das ihren Ansprüchen nicht genügen konnte, wurde Kafka von dem Gesehenen und der Begegnung mit den Schauspielern tief erschüttert. Er hat in dem angegebenen Zeitraum rund zwanzig Vorstellungen besucht, aber auch viel mit der Truppe verkehrt, besonders mit dem begabten Jizchak Löwy, mit dem er sich anfreundete. Löwy erzählte ihm seine Lebensgeschichte, rezitierte aus jiddischen Werken und führte ihn so in die ihm bis dahin verborgene Welt des Ostjudentums ein. Aufgrund der in den Stücken dargestellten Lebensformen und der behandelten Familienkonflikte wurde sich Kafka erstmals seiner eigenen Lebensprobleme bewußt. So brachte die Begegnung mit diesen ostjüdischen Schauspielern die Einsicht, daß Judentum nicht nur, wie bisher in dem von der Assimilation geprägten Prager Milieu fast ausschließlich praktiziert, als bloßes Glaubensbekenntnis bestimmt, sondern auch als Volksgemeinschaft mit eigener Überlieferung verstanden werden konnte. Auf diese Weise entwickelte sich Kafka im Lauf der Jahre zu einem national denkenden Juden, der die in Prag vorherrschende Spielart des kulturell orientierten Zionismus zeitweilig mit Überzeugung vertrat, ohne sich jedoch vorbehaltlos zu dieser jüdischen Erweckungsbewegung bekennen zu wollen.

☞ *U staré školy (Altschulgasse)*

Während der bisherige Weg durch die Prager Altstadt außerhalb der Grenzen des ehemaligen Ghettos verlaufen ist, führt die weitere Route ein Stück weit mitten hindurch. Die Josefstadt oder der fünfte Bezirk, wie man das Judenviertel zu nennen pflegte, erstreckte sich am Ausgang des 19. Jahrhunderts zum größeren Teil westlich der Dušní bis zu den heutigen Straßen 17. listopadu und Křižovnická, war also im Zentrum des sogenannten Moldauknies lokalisiert, wobei freilich die eigentliche Uferregion ausgespart blieb, die vor der Regulierung des Flusses wegen ihrer Unwirtlichkeit nicht eigentlich auf Dauer bewohnt werden konnte. Im Süden reichte die alte Judenstadt bis fast zur Kaprova, deren Nordseite aber genauso außerhalb ihrer Grenzen lag wie Kafkas Geburtshaus. Außerdem dehnte sich zwischen Vězeňská und Bílková eine selbständige, dem östlichen Ritus verpflichtete Judengemeinde, die in der Spanischen Synagoge (Španělská synagóga) ihren Mittelpunkt hatte. Diese wurde im 19. Jahrhundert im maurischen Stil an Stelle eines aus dem siebzehnten Jahrhundert stammenden Vorgängerbaus errichtet, der wiederum die älteste Prager Synagoge, die 1389 abgebrannte Altschul, ersetzt hatte. Da die sich ihr jenseits der Dušní im Westen anschließenden Straßenzüge um die Heiliggeistkirche (kostel svatého Ducha) zum St. Georgskloster auf dem Hradschin gehörten, blieb dieser »Kleines Ghetto« benannte Bezirk von der übrigen Josefstadt räumlich abgetrennt.

Um die Jahrhundertwende lebten im Prager Ghetto etwa 9000 Menschen, von denen die Hälfte Christen waren. Sie bewohnten über 200 Häuser, die bis zu zwanzig verschiedene Eigentümer hatten. Der ganze Stadtteil konnte früher nur durch Tore betreten werden, die nachts geschlossen wurden. Weil das Ghetto übervölkert, eine Brutstätte des Lasters und der dort herrschenden sanitären Verhältnisse wegen Ausgangspunkt ansteckender Krankheiten geworden war, wurde am 11. Februar 1893 ein Gesetz beschlossen, das den Abbruch des ganzen Viertels und die Errichtung eines den Verhältnissen der Zeit entsprechenden modernen Stadtteils vorsah.

Die Bauarbeiten, die 1897 begannen und bis 1917 dauerten, machten die Judenstadt für viele Jahre zu einer riesigen Baustelle, in deren Trümmern ein in Jahrhunderten gewachsenes Gemeinwesen verschwand. Erhalten blieben lediglich fünf Synagogen (nicht aber die Zigeunersynagoge, in der Kafkas Bar-Mizwah stattfand, eine religiöse Zeremonie, deren Bedeutung am ehesten mit der Konfirmation vergleichbar ist), das Jüdische Rathaus und, freilich in verkleinerter Form, der Alte jüdische Friedhof. Durch diese Maßnahmen wurde die Straßenführung beträchtlich verändert. Auch die Altschulgasse, deren Name die Erinnerung an die älteste Prager Synagoge bewahrt, nimmt jetzt einen anderen Verlauf als vor der Sanierung des Viertels. Sie begrenzte zwar wie heute im Norden und noch ein kleines Stückchen im Osten die Spanische Synagoge, bog dann aber zwischen den heutigen Häusern Nr. 2/115 und 4/114 nach Osten ab, um erst vor dem Gebäude neben dem ehemaligen »Café Savoy« in die Vězeňská einzumünden. In einem der Gebäude, die ursprünglich an dieser Gasse lagen, läßt Gustav Meyrink Teile seines 1915 veröffentlichten *Golem* spielen.

Titel und wichtige Zentralvorstellungen des Romans sind von einer jüdischen Sage angeregt worden, die in spätantiker Zeit entstanden ist, jedoch in Prag eine besondere Ausprägung erhalten hat. Diese Version ist in den von Wolf Pascheles 1853 herausgegebenen Prager *Sippurim-Sagen* abgedruckt, denen Meyrink auch andere Motive verdankt. Eine Kurzfassung dieser Überlieferung findet sich im fünften, »Punsch« überschriebenen Kapitel des *Golem*, wo sie der Marionettenschneider Zwakh seinen Freunden erzählt, ohne daß Meyrink freilich seinen Lesern verrät, daß es sich bei dem Rabbiner, der in solch eigenartiger Weise das Werk des Schöpfers fortsetzt, um den Hohen Rabbi Löw handelt, den berühmten Prager Talmudgelehrten und Zeitgenossen Rudolfs II. (vgl. S. 115).

> Nach verlorengegangenen Vorschriften der Kabbala soll ein Rabbiner da einen künstlichen Menschen – den sogenannten Golem – verfertigt haben, damit er ihm als Diener helfe, die Glocken in der Synagoge läute und allerhand grobe Arbeit tue.
> Es sei aber doch kein richtiger Mensch daraus geworden, und nur ein dumpfes, halbbewußtes Vegetieren habe ihn belebt. Wie es heißt, auch das nur tagsüber und kraft des Einflusses eines magischen Zettels, der ihm hinter den Zähnen stak und die freien siderischen Kräfte des Weltalls herabzog.
> Und als eines Abends vor dem Nachtgebet der Rabbiner das Siegel aus dem Munde des Golem zu nehmen versäumt, da wäre dieser in Tobsucht verfallen, in der Dunkelheit durch die Gassen gerast und hätte zerschlagen, was ihm in den Weg gekommen.
> Bis der Rabbi sich ihm entgegengeworfen und den Zettel vernichtet habe. Und da sei das Geschöpf leblos niedergestürzt. Nichts blieb von ihm übrig als die zwerghafte Lehmfigur, die heute noch drüben in der Altneusynagoge gezeigt wird.

Allerdings kommt diese Volkssage im Handlungsgefüge und im atmosphärischen Gewebe des Meyrinkschen Romans in ganz anderer, psychologisch vertiefter Form zum Tragen: Der Golem erscheint hier als Umriß eines charakteristischen Wesens, das vor Jahrhunderten in der Prager Judenstadt gelebt hat, alle dreiunddreißig Jahre epidemieartig die Seelen der Lebenden befällt und so »nach Form und Gestaltung dürstet«. Außerdem wird er als Folgeerscheinung einer psychischen Explosion bezeichnet, die aus der stetigen Anhäufung jener niemals wechselnden Gedanken hervorbricht, die im Ghetto die Luft vergiften. Demnach läßt er sich auch als Gespenst verstehen, »das in Mienen, Gang und Gehaben, in allem und jedem das Symbol der Massenseele unfehlbar offenbaren müßte, wenn man die geheime Sprache der Form nur richtig zu deuten verstünde«.

Hier Hinweise zum Geschehen, soweit sie für das Verständnis des folgenden Textausschnitts notwendig sind: Der aufgrund einer Geisteskrankheit seiner Erinnerung beraubte Ich-Erzähler verfällt zu Beginn des Romans in einen Dämmerzustand und nimmt im Traum die Gestalt des Gemmenschneiders Athanasius Pernath an. Er findet sich als Ghetto-Bewohner wieder und erlebt Dinge, die, wie spätere Nachforschungen ergeben, schon über dreißig Jahre zurückliegen. Durch eine Falltüre im Boden eines Ateliers, das seiner am Rande des Alten jüdischen Friedhofs liegenden Wohnung benachbart ist, gelangt Pernath in ein System unterirdischer, die ganze Judenstadt durchziehender Gänge, die er durchwandert, bis er schließlich über eine Wendeltreppe in ein Zimmer ohne Zugang gerät, dessen Fenster vergittert sind. Da erkennt er, daß er sich in dem von jedermann gemiedenen altertümlichen Haus in der Altschulgasse befindet, in dem der geheimnisvolle Golem nach jedem seiner Auftritte zu verschwinden pflegt.

Der Boden lag fußhoch bedeckt mit Staub, als hätte ihn seit Jahrzehnten kein lebendes Wesen betreten.
Das Gerümpel in der Ecke zu durchsuchen, ekelte ich mich. Es lag in tiefer Finsternis, und ich konnte nicht unterscheiden, woraus es bestand.
Dem äußeren Eindruck nach schienen es Lumpen, zu einem Knäuel geballt.
Oder waren es ein paar alte, schwarze Handkoffer?
Ich tastete mit dem Fuß hin, und es gelang mir, mit dem Absatz einen Teil davon in die Nähe des Lichtstreifens zu

ziehen, den der Mond quer übers Zimmer warf. Es schien wie ein breites, dunkles Band, das sich da langsam aufrollte.
Ein blitzender Punkt wie ein Auge!
Ein Metallknopf vielleicht?
Allmählich wurde mir klar: ein Ärmel von sonderbarem, altmodischem Schnitt hing da aus dem Bündel heraus.
Und eine kleine weiße Schachtel oder dergleichen lag darunter, lockerte sich unter meinem Fuß und zerfiel in eine Menge fleckiger Schichten.
Ich gab ihr einen leichten Stoß: Ein Blatt flog ins Helle.
Ein Bild? Ich bückte mich: ein Pagat!
Was mir eine weiße Schachtel geschienen, war ein Tarockspiel.
Ich hob es auf.
Konnte es etwas Lächerlicheres geben: ein Kartenspiel hier an diesem gespenstischen Ort!
Merkwürdig, daß ich mich zum Lächeln zwingen mußte.
Ein leises Gefühl von Grauen beschlich mich.
Ich suchte nach einer banalen Erklärung, wie die Karten wohl hierhergekommen sein könnten, und zählte dabei mechanisch das Spiel. Es war vollständig: achtundsiebzig Stück. Aber schon während des Zählens fiel mir etwas auf: die Blätter waren wie aus Eis.
Eine lähmende Kälte ging von ihnen aus, und wie ich das Paket geschlossen in der Hand hielt, konnte ich es kaum mehr loslassen: so erstarrt waren meine Finger. Wieder haschte ich nach einer nüchternen Erklärung:
Mein dünner Anzug, die lange Wanderung ohne Mantel und Hut in den unterirdischen Gängen, die grimmige Winternacht, die Steinwände, der entsetzliche Frost, der mit dem Mondlicht durchs Fenster hereinfloß: sonderbar genug, daß ich erst jetzt anfing zu frieren. Die Erregung, in der ich mich die ganze Zeit befunden, mußte mich darüber hinweggetäuscht haben.

Ein Schauer nach dem andern jagte mir über die Haut. Schicht um Schicht drangen sie tiefer, immer tiefer in meinen Körper ein.
Ich fühlte mein Skelett zu Eis werden und wurde mir jedes einzelnen Knochens bewußt wie kalter Metallstangen, an denen mir das Fleisch festfror.

Pagat: einer der drei wichtigsten Trümpfe im Tarockspiel.

☞ ***Bílkova (Bilekgasse) Nr. 10/868: ehemaliges Domizil Kafkas***

In diesem Gebäude hat Kafka zweimal gewohnt. Nachdem er zu Beginn des Ersten Weltkriegs gleichsam aus der elterlichen Wohnung am Altstädter Ring vertrieben worden war (vgl. S. 163), hielt er sich im August in der hier gelegenen Wohnung seiner mittleren Schwester Valli auf, die zu dieser Zeit leer stand, weil ihr Mann eingezogen war und sie selbst mit ihrer Tochter bei den Schwiegereltern in der Provinz Ferien machte. Dieser Wohnungswechsel bedeutete für ihn nicht nur eine äußerliche Veränderung, sondern symbolisierte zugleich einen tiefen Einschnitt in seinem Leben, der ihn bewußt werden ließ, vor den Forderungen des Gemeinschaftslebens versagt zu haben und weiterhin zu einer ihn nicht befriedigenden Junggesellenexistenz verurteilt zu sein. So notierte er sich am 3. August 1914 im Tagebuch:

Keine ersehnte Ehefrau öffnet die Tür. In einem Monat hätte ich heiraten sollen. Ein furchtbares Wort: Wie Du es wolltest, so hast Du es. Man steht an der Wand schmerzhaft festgedrückt, senkt furchtsam den Blick, um die Hand zu sehn, die drückt und erkennt mit einem neuen Schmerz der den alten vergessen macht, die eigene verkrümmte Hand, die mit einer Kraft, die sie für gute Arbeit niemals hatte, dich hält. Man hebt den Kopf, fühlt wieder den ersten Schmerz, senkt wieder den Blick und hört mit diesem Auf und Ab nicht auf.

Die durch die Entlobung ausgelöste Erschütterung wurde im *Prozeß* literarisch aufgearbeitet, den Kafka Anfang August 1914 in der Bílkova begann. Nach der Rückkehr Vallis nach Prag übersiedelte er in die leerstehende Wohnung seiner ältesten Schwester Elli in der Polská (Nerudagasse) Nr. 48/1532 im Stadtteil Königliche Weinberge (Vinohrady), wo der Rest des Romanfragments, aber auch die Erzählungen *In der Strafkolonie* und »Der Dorfschullehrer« geschrieben wurden. Am 8. Februar 1915 kehrte er jedoch in das Haus in der Bílkova zurück, jetzt aber in ein möbliertes Zimmer, in dem er es allerdings nur bis Mitte März aushielt.

☞ *U milosrdných (Barmherzigengasse) Nr. 4/848: Schauplatz der »Vaclavbude«*

Eine besonders anschauliche, auf eigener Kenntnis des Verfassers beruhende Beschreibung der alten Judenstadt zur Zeit ihrer Sanierung findet sich in Karl Hans Strobls Buch *Die Vaclavbude*. Eine deutsche Studentenverbindung in Prag sucht für ihre Zusammenkünfte eine »Bude« und findet sie schließlich, wie es im Roman heißt, in der Geistgasse (Dušní) Nr. 126, in der Nähe des Klosters und Spitals der Barmherzigen Brüder (kostel svatého Šimona a Judy s nemocnicí). Nun gab es diese Hausnummer weder in der Dušní noch überhaupt in der Nähe des erwähnten Klosters. Andererseits erzählt Strobl in seinen Jugenderinnerungen *Heimat im frühen Licht*, der Name dieses Domizils leite sich vom Vornamen des Wirts Václav Zimmermann her, der den Studenten »ein enges, düsteres und schmutziges Loch« zur Verfügung gestellt habe. Da sich Zimmermann im fraglichen Zeitraum als Betreiber des Gasthauses »Zum goldenen Kreuzel« (»U zlatého křížku«) in der U milosrdných Nr. 4 nachweisen läßt, muß es sich bei der gesuchten »Vaclavbude« um ein Hinterzimmer dieses Lokals gehandelt haben, das allerdings wie der gesamte Gebäudekomplex, in dem es gelegen war, schon zu Anfang des Jahrhunderts dem heute an dieser Stelle befindlichen Neubau weichen mußte.

Sie kamen in die Judenstadt.
Dieser weite, mit Häusern angestopfte Stadtteil machte den Eindruck des Trübseligen und Todgeweihten. Ein weites ödes Schuttfeld. Eine unerbittliche Gewalt, eine eiserne Faust schaffte hier den Schmutz und den Gestank von Jahrhunderten weg. Stehengebliebene Mauern zeichneten in ihrem Mörtelbewurf und ihrer Bemalung die Umrisse alter Zimmer ab. Daneben die Reste eines Abortschlauches voll greulichen Unrats in jähem Sturz zur Tiefe. Man sah in das Innere von Höfen, die bis zu den Dächern der umgebenden Häuser wie in Jauche getaucht schienen. Die Häuser ineinander geschachtelt, verschoben, aneinander gelehnt, mit Vorbauten, Erkern, Verbindungsgängen – ein zähes, verfilztes, durch Schmutz zusammengeklebtes Gewirr von Häusern, Balken und Mauern; Dächer und Höfe gleichmäßig mit jahrhundertaltem Unflat beschmiert. [...]
Dann kamen sie in die Gegend, wo Zimmermanns Wirtshaus lag. Hier waren die Straßen vom Umbau noch unberührt. Die Häuser stierten stumpf vor sich hin. Nachtcafé an Nachtcafé. Aus den Ecken, den Ritzen der Häuser, den Kellerfenstern, den Löchern des Pflasters quoll es hervor wie giftiger Brodem. Hierher wird die Spitzhacke erst in vielen Jahren kommen. Hier konnte man sich noch ruhig niederlassen.
In der Straße stand eine Synagoge. Die Fenster waren hoch oben in der Mauer; vergittert, wie gegen feindliche Überfälle. Dann kam eine Straßenenge, wo man sich dicht an die Mauer halten mußte. In der Mitte der Straße

war das Pflaster eingesunken, und in dem Loch stand ein dickflüssiger, brauner Schlamm.

»Geistgasse 126«, sagte Horak und blieb vor einem niedrigen Haus stehen.

Es war eigentlich kein Haus, sondern nur eine zwischen zwei andere Häuser eingezwängte Hofmauer. Über der wackligen, schief hängenden Tür stand auf einem schmutzigen Täfelchen die Nummer 126.

Sie traten ein.

Es war ein dreckiger, kleiner Hof. Hinten stießen die beiden Nachbarhäuser im spitzen Winkel zusammen. Dann kam ein niedriger, enger Gang. Der Ziegelboden und die Wände waren naß und schlüpfrig. Dieser Gang war lang und gewunden wie ein Gummischlauch und strömte eine ekelhafte, klebrige Feuchtigkeit aus. Endlich ein Lichtschimmer. Der Gang öffnete sich auf einen zweiten Hof. In der Mitte dieses unregelmäßigen Vierecks war ein Kanalloch, dem die Abfallwässer von allen Seiten zuströmten. Eierschalen, Zwiebelhäute, Fleischfetzen, Grünzeug, Asche, Papierschnitzel überall. Jeder Stein des Hofes stand einzeln für sich. Zwischen den Steinen blieben tiefe Rinnen und Kanäle, in denen das Schmutzwasser lief. Ein braun und weiß gesprenkeltes Wasser, auf dem Fettaugen schwammen.

Oben an den Wänden des Hofes zogen sich Holzgalerien herum. Morsche Bretter auf eisernen Trägern. Eine alte Frau in Unterrock und Hemd stand vor einer der Türen oben und goß in einem mächtigen Schwung aus einer Butte Schmutzwasser auf den Hof. Bis zu den Frankonen herüber spritzten die grünschillernden Tropfen.

Der ganze Hof und die Häuser ringsum wie nur für das Kanalloch in ihrem Mittelpunkt geschaffen. Alles daraufhin gerichtet und abgestimmt.

Nach links und ein paar Stufen aufwärts durch einen Verschlag mit Glaswänden, und sie sahen in eine finstere

Die Plattnergasse im ehemaligen Juden-Ghetto. In dieser Straße wohnte Angelus Kafka, der Taufpate des Autors

Höhle hinein, in der Tische und einige Sessel zu unterscheiden waren.

☞ ***Pařížská třída (Niklasstraße): Hotel »Intercontinental«***
Der Betonklotz erhebt sich anstelle von vier Gebäuden, die nach dem Zweiten Weltkrieg abgerissen wurden. Im obersten Stockwerk des letzten, unmittelbar der Moldau zugewandten Hauses (ehemals Niklasstraße Nr. 36/883) wohnte die Familie Kafka von Juni 1907 bis September 1913. Hier entstanden der Roman *Der Verschollene (Amerika)* sowie die Erzählungen *Die Verwandlung* und *Das Urteil*, in das topographische Besonderheiten der Kafka vor Augen liegenden Prager Uferlandschaft eingegangen sind: Dem Blick auf Fluß, Brücke und auf das Grün der am gegenüberliegenden Uferhang sich erstreckenden Anlagen der Letná oder des Belvedere (Letenské sady), den der Kaufmann Georg Bendemann von seiner Privatwohnung aus genießt, entspricht die Aussicht, die Kafka selbst von seinem im fünften Stockwerk gelegenen Zimmer aus hatte. Und wenn sich die Hauptfigur des *Urteils* am Ende der Erzählung über das Brückengeländer in den Fluß fallen läßt, dann wird man daran erinnert, daß Kafka Anfang 1908 angesichts der damals noch im Bau befindlichen Čech-Brücke (Čechův most) geschrieben hatte, er empfinde den Weg zu seiner Wohnung als »Anlaufstraße für Selbstmörder«.

☞ ***Maislova (Meiselgasse): Alt-Neu-Synagoge (Staronová synagóga)***
Aus dem letzten Drittel des dreizehnten Jahrhunderts stammend, gilt der Bau heute als die älteste erhaltene Synagoge Europas und als Wirkstätte des Hohen Rabbi Löw. Jehuda Löw ben Bezalel, im Jahr 1520 in Posen geboren, war 1574 zum erstenmal nach Prag gekommen, wo er eine Talmudschule leitete. Er verließ die Stadt 1583, kehrte aber im darauffolgenden Jahr dorthin zurück. 1592 wurde er von Kaiser

Rudolf II. auf dem Hradschin empfangen. Dieses Zusammentreffen ist vielfach nacherzählt worden, unter anderem von Leo Perutz in seinem Buch *Nachts unter der steinernen Brücke* (vgl. S. 124). Im gleichen Jahr wurde Löw Oberrabbiner in Posen, übersiedelte jedoch 1597 in dieser Funktion endgültig nach Prag, wo er 1609 starb. Der Überlieferung nach ist der mit Nr. 1 bezeichnete Betstuhl in der Alt-Neu-Synagoge, der in jüdischen Gottesdiensten aus Ehrfurcht für seine Gestalt leer bleibt, der von ihm benutzte gewesen. Er befindet sich rechts neben dem Thoraschrein, überragt seine Nachbarn und ist von einem Davidsstern bekrönt.

Über das Ende des von ihm geschaffenen Golem gibt es noch eine andere Version als die in den *Sippurim*-Sagen erzählte: Im Jahr 1590 soll es zu einer nächtlichen Begegnung zwischen Rudolf II. und dem Hohen Rabbi gekommen sein, in deren Verlauf letzterer die Zusage erlangte, von nun an würden die Beschuldigungen des Ritualmords nicht mehr gegen die Juden erhoben, Ausschreitungen im Prager Ghetto nicht mehr geduldet werden. Aufgrund dieser Vereinbarung wurde der Golem überflüssig, der nach dieser Lesart geschaffen worden war, um den Verbrechen nachzuspüren, die andauernd gegen die in der Stadt lebende jüdische Bevölkerung begangen wurden. Deswegen wurde dem Golem seine Lebenskraft in einer feierlichen Zeremonie im Dachstuhl der Alt-Neu-Synagoge genommen, der den Pragern von alters her als seine Gruft galt. Egon Erwin Kisch rückte diese Zusammenhänge ins allgemeine Bewußtsein, als er auf dem nur von außen über eine Feuerleiter zugänglichen Dachboden, der seit Jahrzehnten nicht mehr betreten worden war, nach den Überresten dieser Schöpfung Rabbi Löws fahndete und diese Aktion in seinem Essay »Den Golem wiederzuerwecken« festhielt.

Der Schriftsteller Friedrich Torberg hat die Sage unter zeitgeschichtlichem Aspekt in einer zuerst 1968 veröffentlichten Erzählung in dieser Weise fortgeführt:

Es wird berichtet:
Als die Deutschen unter der Herrschaft eines, der sich »der Führer« nannte und mit »Heil« begrüßt wurde, die Stadt Prag besetzt hielten, hätte nach einem vorgefaßten Plan die Altneuschul in Brand gesteckt werden sollen, damit die siebenhundertjährige Legende ihrer Unzerstörbarkeit den Juden nicht länger zum Trost gereiche und nicht zur Widerstandskraft. Da diesem Plan die ausdrückliche Billigung höherer Stellen vorenthalten blieb, wurde er heimlich ins Werk gesetzt. In einer warmen Sommernacht erhielt eine SA-Streife den Befehl, ihren Weg an der Synagoge vorbei zu nehmen und durch die ebenerdigen Dachluken, die vorher von innen geöffnet worden waren, Brandfackeln in den mit allerlei Stoff- und Holzgerümpel gefüllten Bodenraum zu werfen. Der Befehl wurde ausgeführt, doch es entstand kein Feuer. Infolge anderer und unvorhergesehener Ereignisse, die sich in derselben Nacht zutrugen, konnte man erst am nächsten Morgen Nachschau halten und fand die Brandfackeln ausgetreten. Die deutlich sichtbaren Fußspuren aber waren so ungewöhnlich groß, daß sich alsbald das Gerücht verbreitete: der Golem, der unter alten Gebetmänteln und zerschlissenen Büchern im Dachgestühl der Altneuschul liegt, sei aufgestanden und habe seine Füße auf die brennenden Fackeln gesetzt. Auch zu den Deutschen drang das Gerücht und bewirkte, daß sie einen der letzten Überlebenden des sogenannten »Judenpersonals«, auf den ihr Verdacht sich lenkte, einen ungeschlachten, schwachsinnigen Burschen namens Knöpfelmacher, verhafteten und zum Verhör in die Altneuschul brachten, und sie verhörten ihn lange und gründlich, und konnten ihm dennoch nichts entlocken als ein Grinsen, und das Grinsen glich, je länger sie in ihrem Verhör fortfuhren, desto mehr einem Lächeln, und sah aus, als wäre eine große Erleuchtung über ihn gekommen, und wurde

zu einem großen Gelächter, und selbst unter den Tritten ihrer Schaftstiefel, und selbst als sie auf ihm herumzutrampeln begannen, lachte er weiter, und einige erzählen, daß dieses Lachen, nachdem sie mit Trampeln schon aufgehört und von dem leblos Erstarrten abgelassen hatten, immer noch widerhallte von den Wänden der Altneuschul, welche nicht gesäubert werden dürfen, weil sie das Blut der Märtyrer tragen aus vielen Jahrhunderten.

Friedrich Torberg (eigentlich Friedrich Kantor-Berg) wurde am 16. September 1908 in Wien geboren und verbrachte einen Teil seiner Gymnasialzeit sowie seine Studienjahre in Prag. 1938 emigrierte er über Zürich, Paris, Spanien und Portugal nach Los Angeles, wo er sich mit Franz Werfel befreundete. 1951 kehrte er nach Wien zurück, wo er am 10. November 1979 starb. Torberg wurde zunächst mit seinem in Prag spielenden Roman *Der Schüler Gerber hat absolviert* (1930) bekannt, der eigene Schulerfahrungen zum Gegenstand hat. Wirklich populär wurde er jedoch erst durch seine Erinnerungsbände *Die Tante Jolesch* (1975) und *Die Erben der Tante Jolesch* (1978), in denen er in anekdotischer Form die versunkene Welt der Prager und Wiener Kaffeehauskultur behandelt, an der er selbst teilgehabt hatte.

Als die Berliner Lyrikerin Else Lasker-Schüler (1869–1945) Anfang April 1913 zu einer Lesung in die böhmische Metropole kam, war sie vom Anblick der Alt-Neu-Synagoge tief bewegt. Unter dem Eindruck der Geschehnisse des Ersten Weltkrieges entstand 1915 das folgende Gedicht, mit dem sie an das in Prag Gesehene anknüpft:

Der alte Tempel in Prag

Tausend Jahre zählt der Tempel schon in Prag;
Staubfällig und ergraut ist längst sein Ruhetag
Und die alten Väter schlossen seine Gitter.

Ihre Söhne ziehen nun in die Schlacht.
Der zerborstene Synagogenstern erwacht,
Und er segnet seine jungen Judenritter.

Wie ein Glücksstern über Böhmens Judenstadt,
Ganz aus Gold, wie nur der Himmel Sterne hat.
Hinter seinem Glanze beten wieder Mütter.

☞ *Maislova (Meiselgasse) Nr. 18/250: Jüdisches Rathaus (Židovská radnice)*

Das um 1580 erbaute Gebäude mit seiner roten Fassade wurde 1763 mit einem Turm versehen, in dessen Seitengiebel eine Uhr eingebaut wurde, deren Zifferblatt hebräische Buchstaben zeigt: Da man in dieser Sprache Zahlen mit Buchstaben bezeichnet und von rechts nach links liest, bewegen sich die Zeiger rückwärts, gegen den Uhrzeigersinn, eine Besonderheit, die Apollinaire (vgl. S. 241) in seinem Gedicht »Zone« erwähnt, das 1913 innerhalb seiner Gedichtsammlung *Alcools* gedruckt wurde.

Im Erdgeschoß befindet sich auf der rechten Seite der ehemalige Festsaal, in dem heute ein koscheres Restaurant untergebracht ist. Man erkennt noch die der Straßenseite zuliegende Empore und ihr gegenüber die erhöhte Bühne, auf der Franz Kafka zweimal gestanden hat: Zunächst am 18. Februar 1912, als er einen Vortragsabend des Schauspielers Jizchak Löwy einleitete, an dessen Vorbereitung er maßgeblich beteiligt war; dann am 11. Dezember 1913, als er auf einer Wohltätigkeitsveranstaltung (die Zuhörer erhielten bei freiem Eintritt Tee und Kuchen gratis) den Anfang von Kleists Erzählung »Michael Kohlhaas« vorlas. Im Spätsommer 1920 sah Kafka dort ostjüdische Auswanderer. Seine Bewunderung alles Ostjüdischen, in dem sich ihm volkhaftes Leben beispielhaft verkörperte, kommt in dem folgenden Bericht zum Ausdruck, den er Milena Jesenská über seine Beobachtungen lieferte:

Wenn man mir gestern abend (als ich um 8 Uhr von der Gasse aus in den Festsaal des Jüdischen Rathauses hineinsah, wo weit über 100 russisch-jüdische Auswanderer – sie warten hier auf das amerikanische Visum – untergebracht sind, der Saal ist gedrängt voll wie bei einer Volksversammlung und dann um ½ 1 in der Nacht sah ich sie alle dort schlafen, einen neben dem andern, auch auf Sesseln schliefen sie ausgestreckt, hie und da hustete jemand oder drehte sich auf die andere Seite um oder ging vorsichtig zwischen den Reihen durch, das elektrische Licht brennt die ganze Nacht) wenn man mir freigestellt hätte, ich könnte sein was ich will, dann hätte ich ein kleiner ostjüdischer Junge sein wollen, im Winkel des Saales, ohne eine Spur von Sorgen, der Vater diskutiert in der Mitte mit den Männern, die Mutter dick eingepackt wühlt in den Reisefetzen, die Schwester schwätzt mit den Mädchen und kratzt sich in ihrem schönen Haar – und in paar Wochen wird man in Amerika sein.

☞ ***Široká (Josefstädter Gasse) Nr. 3/2: Alter jüdischer Friedhof (Starý židovský hřbitov)***

Mit seinen annähernd 12 000 Grabsteinen ist dieser jüdische Friedhof der größte und bedeutendste, der sich erhalten hat. Er wurde im 15. Jahrhundert angelegt und war bis 1787 im Gebrauch. Da der jüdische Glaube die Auflösung der Gräber verbietet, so daß wegen der stets herrschenden Raumnot im Lauf der Jahrhunderte mehrere Schichten übereinander angelegt werden mußten, ergibt sich heute das verwirrende, aber ungemein beeindruckende Bild eines formenreichen Gewimmels meist schrägstehender, zum Teil in der Erde versunkener Grabmäler, die wegen des neuerdings herrschenden Massentourismus allerdings lediglich noch von einem an seinem Rand entlangführenden Fußweg aus betrachtet werden dürfen. Von den zahlreichen Autoren, die dem Friedhof und seinen Monumenten literarisch Reverenz erwiesen haben, sei zunächst Rudolf Pannwitz (1881–1969) mit seinem zuerst 1904 gedruckten Gedicht »Der Judenfriedhof« angeführt:

Schutthauf alter tafeln grau und kahl
Überblüht von üppigem holunder /
Abgebröckelt / kantig oder runder /
Schräg sich stützend / aufrecht / mal bei mal.

Plumpe schriften ausgewischt und fahl
Traube krug und hände – dumpfe wunder
Wulstger anmut – scherben lieber plunder –
Schierling wuchert durch den gartensaal.

Der von häusermassen eingeschlossen
All die drunten hütet ungeklagt
Und von duft und sonne übergossen

In den blauen himmel düster fragt
Wann der wilde saft sich müd geflossen
Der den tod zu überschäumen wagt.

Traube, Krug und Hände: Symbolzeichen auf den Grabsteinen: Die Weintraube verweist auf einen Angehörigen des israelitischen Stammes Juda. Der Krug ist den Nachkommen der Leviten vorbehalten, deren Aufgabe es war, den Priestern vor dem Gottesdienst die Hände zu waschen. Und die im Gestus des Segnens erhobenen Hände sind dem Priestergeschlecht der Kohanim zugehörig, von dem sich die Namen Cohen und Kohn herleiten. (Vgl. S. 197)

Das berühmteste Grab auf dem Friedhof ist natürlich das des Rabbi Löw, an dem der auf vorgeschriebenen Pfaden wandelnde Besucher zwangsläufig vorbeikommt. Es befindet sich an der zum Kunstgewerbemuseum (Umĕleckoprůmyslové muzeum) zeigenden Mauer, und zwar an der Stelle, an dem diese unvermittelt nach oben abknickt (an dieser Wand Hinweistäfelchen). An diesem Monument lokalisiert Wilhelm Raabe Teile seiner Erzählung »Holunderblüte« aus dem Jahr 1863.

Wilhelm Raabe (1831–1910) hatte von April bis Juli 1859 von Wolfenbüttel aus eine Reise unternommen, die ihn über Leipzig und Dresden nach Prag und dann weiter über Wien und München in die Rheinlande führte. Dieser Aufenthalt in der böhmischen Metropole inspirierte ihn zu einer Darstellung, die wehmütige Zartheit der Figurenzeichnung mit realistischen Einblicken in das Alltagsleben des Prager Ghettos verbindet: Anläßlich eines Todesfalls erinnert sich ein Berliner Arzt, der als Student nach Prag gekommen war, weil die dortige medizinische Fakultät hohes Ansehen genoß (vgl. S. 272), eines vierzig Jahre zurückliegenden Jugenderlebnisses, das er in dieser Stadt gehabt hatte. Der Student beginnt sein neues Leben mit einer Stadtbesichtigung.

Ich sah die unzähligen aneinandergeschichteten Steintafeln und die uralten Holunder, welche ihre knorrigen Äste drumschlingen und drüberbreiten. Ich wandelte in den engen Gängen und sah die Krüge von Levi, die Hände Aarons und die Trauben Israels. Zum Zeichen meiner Achtung legte ich, wie die andern, ein Steinchen auf das Grab des Hohen Rabbi Jehuda Löw ben Bezalel. Dann saß ich nieder auf einem schwarzen Steine aus dem vierzehnten Jahrhundert, und der Schauer des Ortes kam in vollstem Maße über mich.
Seit tausend Jahren hatten sie hier die Toten des Volkes Gottes zusammengedrängt, wie sie die Lebenden eingeschlossen hatten in die engen Mauern des Ghetto. Die Sonne schien wohl, und es war Frühling, und von Zeit zu Zeit bewegte ein frischer Windhauch die Holunderzweige und -blüten, daß sie leise über den Gräbern rauschten und die Luft mit süßem Duft füllten; aber das Atmen wurde mir doch immer schwerer, und sie nennen diesen Ort Beth-Chaim, das Haus des Lebens?!
Aus dem schwarzen, feuchten, modrigen Boden, der so viele arggeplagte, mißhandelte, verachtete, angstgeschla-

gene Generationen lebendiger Wesen verschlungen hatte, in welchem Leben auf Leben versunken war wie in einem grundlosen, gefräßigen Sumpf, – aus diesem Boden stieg ein Hauch der Verwesung auf, erstickender als von einer unbeerdigten Walstatt, gespenstisch genug, um allen Sonnenglanz und allen Frühlingshauch und allen Blütenduft zunichte zu machen.
Ich habe schon erzählt, daß ich in dieser Zeit meines Lebens ein toller, wilder Geselle war; aber das Gefühl, welches mich an dieser Stelle erfaßte, enthielt die Bürgschaft dafür, daß ich noch ernst genug werden könne. Immer tiefer sank mir die Stirn herab, als ich plötzlich dicht neben mir – über mir ein kindlich helles Lachen hörte, welches ich schon einmal vernommen hatte. Dieses Mal erschreckte es mich fast, und als ich schnell aufsah, erblickte ich ein liebliches Bild.
In dem Gezweig eines der niedern Holunderbüsche, die, wie schon gesagt, das ganze Totenfeld überziehen, – mitten in den Blüten, auf einem der wunderlichen, knorrigen Äste, welche die Pracht und Kraft des Frühlings so reich mit Grün und Blumen umwunden hatte, saß das neckische Kind, welches mir vorhin so schlecht den Weg hierher gewiesen hatte, und schelmisch lächelte es herab auf den deutschen Studenten.
Als ich aber die Hand nach dem Spuk ausstreckte, da war er blitzschnell verschwunden, und einen Augenblick später sah das lachende bräunliche Gesicht, umgeben von schwarzem Gelock, um das Grab des Hohen Rabbi, als wolle es mich von neuem verlocken, und zwar zu einer Jagd über den alten Totenort. Aber dieses Mal ließ ich mich nicht verleiten; denn ich wußte klar, daß es mir doch nichts nutzen würde, wenn ich dem Ding nachspränge. In die Erde, in den schwarzen Boden hätte es sich verloren, oder, noch wahrscheinlicher, in die Holunderblüten über den Gräbern wäre es verschwunden. Wie

angewurzelt stand ich auf meinen Füßen und traute dem hellen Tag, der glänzenden Mittagsstunde nicht im mindesten.

im Tal Josaphat: Die beim Propheten Joel erwähnte Bezeichnung wird seit Eusebius mit dem östlich von Jerusalem liegenden Kidrontal identifiziert, das seit dem 4. Jahrhundert als Friedhof diente.
»Zu den drei Klausen«: An der Stelle dieser Talmudschule, die 1689 einem Brand zum Opfer fiel, erhebt sich die heutige Klausen-Synagoge, die beim Verlassen des Friedhofs rechter Hand zu sehen ist.

Als die kranke Jemima, von Todesgedanken erfüllt, sich eines Tages im Schicksal der Tänzerin Mahalath wiederfindet, die

Das Grab Bass Scheva von Trauenbergs (1628) auf dem Alten jüdischen Friedhof

sterben mußte, »weil ihre Seele zu stolz war, um äußerlich zu zeigen, was sie duldete um ihr Volk«, flieht der von Schuldgefühlen gepeinigte Student nach Berlin. Als er im darauffolgenden Frühjahr ahnungsvoll zurückkehrt, erfährt er, daß das Mädchen, das durch seine Zuneigung die bisher verschlossene Welt des Lebendigen kennengelernt hat, vor wenigen Tagen verstorben ist.

☞ ***U starého hřbitova (Hahnpaßgasse)***

Wenn man den Friedhof verlassen hat, steht man in der Gasse U starého hřbitova. Vor der Sanierung des Ghettos hieß sie Hahnpaßgasse (Hampejská), eine Verballhornung des deutschen Wortes Hahnenbiß, das auf bildhafte Weise verdeutlicht, welchen Vergnügungen man hier nachzugehen pflegte, denn es erinnert an die Fassaden mittelalterlicher Freudenhäuser, auf denen häufig ein Hahn auf einer Henne zu sehen war. Am Ende des 19. Jahrhunderts waren freilich die Bordelle, Dirnenspelunken und Nachtcafés über den gesamten Bereich der Prager Altstadt verstreut.

In der Hahnpaßgasse findet sich Athanasius Pernath zu Beginn von Meyrinks *Golem* als Mieter, hier lernt er verschiedene andere Ghetto-Bewohner kennen, deren Schicksal merkwürdig mit dem seinigen verknüpft scheint, und hier beginnt seine schon angeführte unterirdische Tour, die ihn zum Haus des Golem in der Altschulgasse bringt. (Vgl. S. 183)

Eines Tages wird er aufgrund einer Verleumdung in einem Kaffeehaus verhaftet, vernommen und eingesperrt. Dieser Teil des Romans hat einen direkten autobiographischen Hintergrund: Während seines Prager Aufenthalts hatte Meyrink einen Offizier zum Duell gefordert, der ihn aber wegen seiner unehelichen Geburt (vgl. S. 95) für nicht satisfaktionsfähig erklärte. Da Meyrink jedoch seine Forderung aufrecht hielt und ein Ehrengerichtsverfahren anstrengte, wurde er in bestimmten Kreisen mißliebig und auf folgende Weise zu Fall gebracht: Eine Dame gab bei der Polizei zu Protokoll, ihr

Vermögen, das sie in Meyrinks Bankhaus angelegt hatte, sei verspekuliert worden. So wurde Meyrink im Januar 1902 verhaftet, von Wenzel Olič, dem Chef der Sicherheitsabteilung der Prager Polizei, verhört und in Untersuchungshaft genommen, wo sich aber nach einigen Wochen herausstellte, daß er unschuldig war. Meyrink hat seinen Peiniger in der Gestalt des Kommissars Alois Otschin in seinem Roman porträtiert: »Er war ein kleiner Mann mit grauem Spitzbart und hatte die sonderbare Manier, bevor er anfing zu reden, die Zähne zu fletschen wie jemand, der in grelles Sonnenlicht schaut. Dabei kniff er die Augen hinter den Brillengläsern zusammen, was ihm den Ausdruck furchterregender Niedertracht verlieh.«

Als Pernath aus dem Gefängnis freikommt, ist die gesamte Judenstadt eine Steinwüste, die Hahnpaßgasse inzwischen der Spitzhacke zum Opfer gefallen: »wie riesige Bienenzellen hingen die bloßgelegten Wohnräume nebeneinander in die Luft, halb vom Fackelschein, halb von dem trüben Mondlicht beschienen«. So mietet er sich in dem Haus ein, in dem ihm seinerzeit der Golem gegenübergetreten war. Dort sieht er sein Ebenbild auf der Türschwelle, ein Brand entsteht, er verfehlt das rettende Seil am Fenster, stürzt ab, erwacht aus dem Traum und entdeckt beim Durchwandern des Ghettos, daß die Hahnpaßgasse inzwischen ein völlig verändertes Aussehen erhalten hat, das ihrer heutigen Gestalt entspricht.

☞ *Mariánské náměstí (Marienplatz): Moldau-Brunnen (Vltava)*

An der Südseite des Platzes findet sich an einer schon zum Palais Clam-Gallas gehörenden Wand die Kopie einer 1812 von Václav Prachner (1784–1832) geschaffenen Statue, die als Allegorie der Moldau zu verstehen ist. Jaroslav Seifert (Näheres S. 15) hat ihr das folgende Gedicht gewidmet, das 1979 innerhalb seiner Sammlung *Der Regenschirm vom Piccadilly* gedruckt wurde:

Fingerabdrücke

Die Statue der Moldau von Wenzel Prachner
in der Wand des Clam-Gallas-Palais
leert ihren Krug,
der Wasserstrahl
ist mit vielen Sternen durchwirkt.
Von Anfang an bezauberte sie meine Augen
durch ihre anmutige Nacktheit.

Lange schweifte mein verwirrter Blick
über ihren Körper,
wußte nicht, wo zuerst innehalten.
Auf ihrem lieblichen Gesicht
oder auf der jungfräulichen Zartheit
ihrer Maiglöckchenbrüste.
Brüste sind oft Krone
all der Schönheiten des Frauenkörpers
auf allen Kontinenten.

Ich war vierzehn,
vielleicht ein Jahr älter,
als ich dort zu stehen pflegte, verlegen,
darauf wartend,
daß sie mir das Gesicht zuwenden
und lächeln würde.

In einem Augenblick, da ich dachte,
mir sehe niemand zu,
bekam ich vom oberen Brunnenrand
ihr Bein zu fassen.
Höher reichte ich nicht.
Das Bein war rauh, aus Sandstein,
es war kalt.
Schnee fiel.

Eine Welle Verlangen schoß
wie ein Elektroschock
in mein Blut.

Wenn die Liebe ein bißchen mehr ist
als bloße Berührung,
und das ist sie,
genügt ihr der Tautropfen,
der vom Blütenblatt
in die Handfläche rinnt.
Heftig dreht sich der Kopf,
als hätten die durstigen Lippen
dickflüssigen Wein genossen.

☞ *Mariánské náměstí (Marienplatz) Nr. 5/190: Klementinum*

Die Westseite des Platzes gegenüber dem Sezessionsbau des Neuen Rathauses (Nová radnice) wird vom Klementinum eingenommen, dem 1633–1722 erbauten ehemaligen Jesuiten-Kollegium, das drei Kirchen, eine Sternwarte, die Staats- und Universitätsbibliothek sowie Hörsäle in sich schließt. Die philosophische Fakultät der Prager deutschen Universität hielt in diesen Räumlichkeiten Vorlesungen und Seminarveranstaltungen ab. Kafka hat hier an kunstgeschichtlichen und philosophischen Veranstaltungen teilgenommen, im zweiten Semester, als er vorübergehend zur Literaturwissenschaft übergewechselt war, auch an germanistischen. Dasselbe gilt für Egon Erwin Kisch, Rilke und Werfel, die hier kurze Gastspiele als studentische Hörer gaben.

☞ *Husova (Husgasse) Nr. 20/158: Palais Clam-Gallas (palác Clam Gallasův)*

Am Südende des Marienplatzes öffnet sich eine schmale Gasse, die Husgasse, deren linke Seite von einem Adelspalast beherrscht wird. Das aus dem Anfang des 18. Jahrhunderts stammende Palais wurde von Johann Bernhard Fischer von Erlach (1656–1723) erbaut, die berühmten vollplastischen Giganten am Portal stammen von Matthias Braun (1684–1738). Hier (im ersten Stock) war früher das Staatswissenschaftliche Institut der Prager deutschen Universität untergebracht, in dem Kafka während seiner zweiten Studienhälfte Lehrveranstaltungen zu absolvieren hatte.

☞ ***Husova (Husgasse) Nr. 4/352: ehemalige Leihbibliothek »Cassinelli«***

Wenn man die Husova weiter verfolgt, passiert man das rechter Hand liegende Bierlokal »U zlatého tygra« (Zum goldenen Tiger) (Nr. 17/228), Stammkneipe des tschechischen Schriftstellers Bohumil Hrabal (vgl. S. 234). Auf der gleichen Seite erstreckt sich das Hauptgebäude der ehemaligen »Deutschen Technischen Hochschule« (Nr. 5/240), die eine Zeitlang Egon Erwin Kisch in ihren Mauern sah. In dem Gebäude ganz am Ende der Straße befand sich zu Kafkas Zeit unter anderem die Leihbibliothek »Cassinelli«. Hier waren regelmäßig literarische Novitäten ausgestellt, deren Titel Kafka, wie er einmal Max Brod gestand, »mit besonderem Heißhunger« in sich aufzunehmen pflegte. Unter einer Reihe von Betrachtungen, die 1920 entstanden sind und teils den Charakter von Aphorismen haben, teils erlebte Situationen gestalten, findet sich auch eine kleine Anekdote, die vor den Schaufenstern dieser Firma spielt:

> Vor der Auslage von Casinelli drückten sich zwei Kinder herum, ein etwa sechs Jahre alter Junge, ein sieben Jahre altes Mädchen, reich angezogen, sprachen von Gott und von Sünden. Ich blieb hinter ihnen stehen. Das Mädchen, vielleicht katholisch, hielt nur das Belügen Gottes für eine eigentliche Sünde. Kindlich hartnäckig fragte der Junge, vielleicht ein Protestant, was das Belügen der Menschen oder das Stehlen sei. »Auch eine sehr große

Sünde«, sagte das Mädchen, »aber nicht die größte, nur die Sünden an Gott sind die größten, für die Sünden an Menschen haben wir die Beichte. Wenn ich beichte, steht gleich wieder der Engel hinter mir, wenn ich nämlich eine Sünde begehe, kommt der Teufel hinter mich, nur sieht man ihn nicht.« Und des halben Ernstes müde, drehte sie sich zum Spaße auf den Hacken um und sagte: »Siehst du, niemand ist hinter mir.« Ebenso drehte sich der Junge um und sah dort mich. »Siehst du«, sagte er ohne Rücksicht darauf, daß ich es hören müßte, oder auch ohne daran zu denken, »hinter mir steht der Teufel.« »Den sehe ich auch«, sagte das Mädchen, »aber den meine ich nicht.«

☞ ***Skořepka (Schalengasse) Nr. 1/527: ehemalige Wohnung der Familie Brod***

Im obersten Stockwerk dieses Bürgerhauses lebte Max Brod bis zu seiner Heirat Anfang 1913. Hier begegnete Kafka, der gekommen war, um mit seinem Freund das Manuskript seines Erstlings *Betrachtung* druckfertig zu machen, am 13. August 1912 zum erstenmal seiner späteren Verlobten Felice Bauer. Die damit verbundene Erschütterung führte im September dieses Jahres zur Niederschrift der Erzählung *Das Urteil*, das einen literarischen Durchbruch bedeutete, an dem Kafka sein weiteres Schreiben zu messen pflegte. Im gleichen Monat eröffnete er mit Felice einen umfangreichen Briefwechsel, der mit unterschiedlicher Intensität bis Ende 1917 fortgeführt wurde, wo die Tuberkulose den endgültigen Abbruch der Beziehung erzwang. In einem der ersten Briefe, in dem er minutiös berichtet, was ihm von diesem ersten Zusammentreffen mit Felice in Erinnerung geblieben war, heißt es:

Nun fand ich einen Besuch vor und war darüber ein wenig ärgerlich. Im Gegensatz dazu stand allerdings wie-

der, daß ich durch diesen Besuch gar nicht überrascht war. Ich reichte Ihnen über den großen Tisch hin die Hand, ehe ich vorgestellt war und trotzdem Sie sich kaum erhoben und wahrscheinlich keine Lust hatten, mir Ihre Hand zu reichen. Ich sah Sie nur flüchtig an, setzte mich und alles schien mir in bester Ordnung, kaum daß ich von Ihnen die leichte Aufmunterung fühlte, die mir Fremde innerhalb einer bekannten Gesellschaft immer verursachen. Brachte ich in Abrechnung, daß ich mit Max das Manuscript nicht durchsehn konnte, so war das Hinreichen der Thaliaphotographien eine sehr hübsche Abwechslung. (Für dieses Wort, das sehr gut den damaligen Eindruck beschreibt, könnte ich mich heute, wo ich so weit von Ihnen bin, schlagen.) Sie nahmen das Anschauen der Bilder sehr ernst und sahen nur auf, wenn Otto eine Erklärung gab oder ich ein neues Bild reichte. Einem von uns, ich weiß nicht mehr wem, passierte bei der Auslegung eines Bildes irgendein komisches Mißverständnis. Um die Bilder anschauen zu können, ließen Sie das Essen und als Max irgendeine Bemerkung über das Essen machte, sagten Sie etwa, nichts sei Ihnen abscheulicher als Menschen, die immerfort essen. [...]
Sie fuhren mit der Hand Ihren Arm hinunter, der damals in jenen Zeiten voll blauer Flecke gewesen sein soll. Sie sahen aber gar nicht wehleidig aus und ich konnte, allerdings ohne mir genaue Rechenschaft darüber zu geben, nicht einsehn, wie es jemand hatte wagen können, Sie zu schlagen, wenn Sie auch damals nur ein kleines Mädchen waren. – Dann bemerkten Sie einmal nebenbei, während Sie irgendetwas ansahen oder lasen (Sie schauten damals viel zu wenig auf und es war doch ein so kurzer Abend), daß Sie Hebräisch gelernt haben. Auf der einen Seite staunte ich das an, auf der andern hätte ich (alles sind nur damalige Meinungen und sie sind lange Zeit durch ein feines Sieb gegangen) es nicht so übertrieben nebenbei

erwähnt sehen wollen und so freute ich mich auch im geheimen, als Sie später Tel awiw nicht übersetzen konnten. – Nun hatte sich also auch herausgestellt, daß Sie Zionistin wären, und das war mir sehr recht. – Noch in diesem Zimmer wurde auch über Ihren Beruf gesprochen und Frau Brod erwähnte ein schönes Batistkleid, das sie in Ihrem Hotelzimmer gesehen hatte, denn Sie fuhren vielleicht zu irgendeiner Hochzeit, die – ich errate es mehr, als daß ich mich erinnere – in Budapest stattfinden sollte. – Als Sie aufstanden, zeigte sich, daß Sie Pantoffeln der Frau Brod anhatten, denn Ihre Stiefel mußten austrocknen. Es war den Tag über ein schreckliches Wetter gewesen. Diese Pantoffeln beirrten Sie wohl ein wenig und Sie sagten mir am Ende des Weges durch das dunkle Mittelzimmer, daß Sie an Pantoffeln mit Absätzen gewöhnt seien. Solche Pantoffel waren mir eine Neuigkeit.

Thaliaphotographien: Photos von der Reise, die Kafka und Max Brod im Juli 1912 nach Weimar unternommen hatten.
Otto: Otto Brod, der ältere Bruder von Max Brod, der ebenfalls literarisch tätig war.

Wenn man die Skořepka zu Ende und von dort über den Uhelný trh weiter in die Rytířská (Rittergasse) geht, um von dort aus an den Ausgangspunkt des Spaziergangs am Wenzelsplatz zurückzukehren, passiert man rechter Hand ein Gebäude mit rosafarbener, reich ornamentierter Fassade, in dessen Erdgeschoß sich die »Pasáž u Divadla« (Passage zum Theater) befindet (Nr. 22/400). In diesem Haus erfüllt sich in Egon Erwin Kischs Roman *Der Mädchenhirt* das Schicksal seines Helden: Die Titelgestalt Jarda betritt das Haus, um seinen dort lebenden Vater umzubringen, tötet sich aber selbst, als sein Vorhaben entdeckt wird. (Vgl. S. 43)

Vierter Spaziergang:

Werfel und seine Welt
Durch das Stadtparkviertel

Das ehemalige Neue deutsche Theater in der Nähe des Hauptbahnhofs

Der Weg

Václavské náměstí (Wenzelsplatz) – Na příkopě (Am Graben) – Panská (Herrengasse) – Jindřišská (Heinrichsgasse) – Nekázanka (Nekazankagasse) – Na příkopě (Am Graben) – náměstí Republiky (Josefsplatz) – U Prašné brány (Petersgasse) – Králodvorská (Königinhofergasse) – náměstí Republiky (Josefsplatz) – Na poříčí (Am Porschitsch) – Havlíčkova (Havličekgasse) – Hybernská (Hibernergasse) – Opletalova (Mariengasse) – Vrchlického sady (Stadtpark) – Washingtonova (Stadtpark) – Václavské náměstí (Wenzelsplatz)

Werfel und seine Welt
Durch das Stadtparkviertel

Die Route führt durch denjenigen Teil der Prager Neustadt, der früher Mittelpunkt des jüdischen Geschäftslebens und das bevorzugte Wohnviertel des wohlsituierten deutschen Mittelstandes war. Hier ist Franz Werfel aufgewachsen und zur Schule gegangen, hier hat er sein lyrisches Frühwerk geschrieben und im »Café Arco« seinen Freunden vorgetragen. In diesem Teil der Stadt liegt schließlich auch der Stadtpark, dem er in verschiedenen Gedichten, besonders in seinem *Weltfreund*, ein Denkmal gesetzt hat. Texte von Christoph Braendle, Alfred Fuchs, Bohumil Hrabal, Franz Kafka, Oskar Kraus, Vítězslav Nezval, Rainer Maria Rilke, Josef Škvorecký und Karl Hans Strobl treten ergänzend hinzu.

☞ *Václavské náměstí (Wenzelsplatz)*

Der frühere Roßmarkt ist mit seinen knapp siebenhundert Metern Länge und sechzig Metern Breite einer der größten Plätze Europas. Sein heutiges Gepräge erhielt er erst mit dem 1891 vollendeten Bau des Nationalmuseums (Národní muzeum) an seinem oberen Ende und dem davor stehenden, von Josef Václav Myslbek geschaffenen Wenzelsmonument, das 1912 aufgestellt wurde.

Der Platz war wegen seiner zentralen Lage und Größe bis in die Gegenwart hinein Schauplatz von Massenaufmärschen und Demonstrationen – hier entschied sich im November 1989 auch das Schicksal der ČSSR. Die politischen Unruhen, die Ende November und Anfang Dezember 1897 die Stadt erschütterten, hatten hier ebenfalls einen Schwerpunkt. Der österreichische Ministerpräsident Kasimir Badeni

(1846–1909) hatte Sprachenverordnungen für Böhmen erlassen, die für alle Behörden Doppelsprachigkeit und damit für Staatsbeamte die Kenntnis beider Landessprachen vorschrieben. Ein Entrüstungssturm des deutschen Bevölkerungsteils, der das Tschechische viel weniger beherrschte als die Tschechen das Deutsche, war die Folge. Die deutschen Abgeordneten betrieben im Reichstag Obstruktion, so daß der Kaiser Badeni fallen lassen mußte. Aber während die Prager Deutschen diesen Vorgang als nationalen Sieg feierten, brach sich die Enttäuschung der tschechischen Bevölkerung in antideutschen Ausschreitungen Bahn, die zugleich den Charakter antisemitischer Exzesse hatten, weil sich die Prager Judenschaft seit jeher mehrheitlich dem deutschen Kulturkreis angeschlossen hatte: Fenster wurden eingeschlagen, Läden geplündert, Juden beraubt und mißhandelt. Das Geschäft Hermann Kafkas soll damals verschont geblieben sein, weil man seinen Inhaber für einen Tschechen hielt.

Ein besonderes Ziel des nationalen Zorns bildeten die far-

Der Wenzelsplatz – im Hintergrund das Tschechische Nationalmuseum

bentragenden deutschen Studenten, zu denen der Schriftsteller Karl Hans Strobl gehörte. Die im Gefolge der Badeni-Krise auftretenden Prager Ausschreitungen bilden den Hintergrund seines Romans *Die Vaclavbude* (vgl. S. 168). Wie der Vergleich mit zeitgenössischen Zeitungsberichten zeigt, hat Strobl hier mit gleichsam dokumentarischer Genauigkeit gearbeitet, dabei freilich aus der Sicht der Prager Deutschen erzählt. Noch stärker tragen die auf Prag bezüglichen Teile seiner Lebenserinnerungen den Charakter eines Zeitdokuments, das im folgenden auszugsweise angeführt sei.

Die Studenten des Korps »Austria«, aufgeschreckt von der Nachricht, es habe in der Stadt Menschenansammlungen und Übergriffe auf deutsche Studenten gegeben, verlassen als geschlossene Gruppe das »Deutsche Haus« (heute Slovanský dům) am Graben (Na příkopě), wo sie den Sturz Badenis gefeiert haben, und begeben sich zum Wenzelsplatz, um von dort aus in ihre Wohnungen zu gelangen.

Vierzehn Mann, zwei und zwei, in festem Tritt, bogen wir auf den Wenzelsplatz ein, der seit jeher der beliebteste Ort für alle Zusammenrottungen und Wutausbrüche war. Was uns antrieb, unseren Weg hierher zu nehmen und nicht irgendwie hinten herum durch stillere Gassen in den Stadtteil Königliche Weinberge zu marschieren, weiß ich nicht. Wir wohnten damals alle irgendwo in diesem von dem älteren Kern der Stadt abgerückten neuen Viertel – auch ich schon seit längerer Zeit in der Rubeschgasse, nahe dem Franz-Josephs-Bahnhof – aber es gab noch andere und sicherere Straßen dahin, nicht eben über den Tummelplatz der empörten Volksseele. Schlugen wir etwa deshalb unseren Weg hier ein, weil wir zeigen wollten, daß wir durch Gebrüll nicht einzuschüchtern waren? Zuerst ging es ganz gut, auch der untere Wenzelsplatz war leer, weiter oben qualmten große dunkle Menschenwolken aus den Straßenmündungen, schrei-

ende, tobende Wolken, die sich ausbreiteten und wieder zusammenballten, wie von einem in ihrem Innern hausenden Sturmwind bewegt.
Als wir etwa auf der Höhe der Wassergasse waren, bemerkte man uns. Pfiffe gellten aus den nächsten Schwärmen, wir sahen Gesichter herumfahren … und schon rannten sie hinter uns drein, da waren sie heran wie Wölfe, auf unseren Fersen, rannten voran, höhnisch bellendes Gelächter: Salamander! Aschanti! Bumm! –
»Nicht reagieren!«
Es war leicht zu sagen: nicht reagieren, wenn man vor Zorn kochte. Kopf hoch und im Gleichmaß weiter, ohne Beschleunigung, wie hatte Wessely Barbarossa auf dem Fechtboden gesagt: »Rotieren wirst du? Saufuchs rotieren? Wart, ich werde dir das Rotieren austreiben.« Jetzt bewährte sich die Mensurerziehung. Ziegelsteine flogen, ich und der Fuchs Siegl aus Gießhübl bildeten den Beschluß, knapp sauste es an unseren Köpfen vorbei. Oh, nur einmal die Zähne zeigen, hineinfahren in den Haufen. Kostenpunkt Nebensache! Da war es aus mit dem Weiterkommen, wir Vierzehn standen eingekeilt in einer Menge von Hunderten. Hände streckten sich nach meiner Kappe, die Ehre der Farben … Himmelherrgott … ein Steinwurf schlug mir die Mütze ab … da war sich jeder selbst der Nächste … ich hob den kurzen Ebenholzbummler den schweren, Krach in das Zähnefletschen hinein. Hände griffen nach meinem Hals, sie sprangen mir an die Brust, in meinem Schädel sang etwas wie klirrendes Glas, Kampfgetümmel, immer zuckte mein Bummler keulenmäßig auf Köpfe und Schultern. Neben mir sah ich den Fuchsen Siegl aus Deutsch-Gießhübl bei Iglau, bärenmäßig, bärtig, wild geworden, sah ihn wie durch die Fransen eines Vorhanges aus roten Glasperlen, wie er je zwei aus dem Haufen griff, schüttelte, zusammenstieß, hinschmiß. Die Andern? … Es war keine Zeit

zu taktischen Erwägungen, das Handgemenge wurde zu wütendem Ringen Brust an Brust.
Da ... ins Gebrüll und Gekreisch klapperte es hart ... Luft ward um mich, die Gegner ließen ab, erstaunt sah ich mich um. Reitende Polizei war eingedrungen, hatte den verbissenen Knäuel gesprengt, warf die Angreifer nach der einen Seite, uns nach der anderen. Eine Reihe von Reitern zog eine Schranke quer über die Straßenmündung, Mannschaften zu Fuß dazwischen. Ein Polizeiinspektor hatte mich am Arm gefaßt, zerrte mich unsanft hinter die Sperre. Dort sammelte sich unser zerzaustes Häuflein, kragenlos, mit ausgerissenen Ärmeln, zwischen ausklingendem furor teutonicus und einem schon wieder keimenden Lachen.

Rubeschgasse: Strobl wohnte seit dem Wintersemester 1897/98 in der Rubešova in der Nähe des Prager Hauptbahnhofs, der in der Zeit der Donaumonarchie den Namen des Kaisers trug.
Wassergasse: die Vodičkova, die auf der westlichen Seite des Wenzelsplatzes die Jindřišská (Heinrichsgasse) fortsetzt.
Aschanti: beleidigende Anspielung auf die schwarzen Kappen der »Austria«, die auf ein tschechisches Hetzlied der Zeit zurückgeht, das folgenden Wortlaut hatte:
Aschanti, jenes schwarze Volk aus Afrika
Fressen Deutsche anstatt Paprika.
Haut's die – haut's die –
Haut's die Deutschen fort.

☞ *Václavské náměstí Nr. 25/825: Hotel »Europa«*

Das Hotel »Europa« liegt, wenn man in Richtung Nationalmuseum schaut, linker Hand in der oberen Hälfte des Platzes. Das 1903 und 1904 von Alois Dryák und Bedřich Bendelmayer geschaffene Gebäude gehört zu den schönsten und am besten erhaltenen Jugendstilbauten der Stadt. Neben der Fassade und dem eigentlichen Kaffeehaus im Erdgeschoß ist besonders das Treppenhaus mit seinen Geländern, Wandlampen und den grünen Stuckelementen sehenswert, welche die Decken zieren. Im Mezzanin links hinter der schmiedeeisernen Gittertür liegt gegenüber der Hotel-Bar der sogenannte Spiegelsaal (Zrcadlový sál), der sich bis auf ein zwischenzeitlich zerstörtes Deckenfresko in seiner ursprünglichen Gestalt erhalten hat. (Wegen möglicher Besichtigung frage man an der Rezeption.)

In diesem Spiegelsaal hat Kafka zum ersten und einzigen Mal in Prag ein eigenes Werk (halb)öffentlich zu Gehör gebracht. Ende November 1912 erhielt er von Willy Haas, einem Schulfreund Franz Werfels, die Einladung, auf einem Prager Autorenabend vorzutragen, den die von Haas geleitete »Johann-Gottfried-Herder-Vereinigung« veranstaltete. Kafka nahm an und brachte seine Erzählung *Das Urteil* zu Gehör, die im September des Jahres entstanden war. An Felice Bauer, die spätere Verlobte, der er die Geschichte zueignete (vgl. S. 141), schrieb er noch in der gleichen Nacht und im Blick auf die Niederschrift des *Verschollenen*, die er seit Monaten mit Nachdruck betrieb:

> Jeder andere Abend ist wichtiger als der heutige, der doch nur meinem Vergnügen galt, während die andern Abende für meine Befreiung bestimmt sind. Liebste, ich lese nämlich höllisch gerne vor, in vorbereitete und aufmerksame Ohren der Zuhörer zu brüllen, tut dem armen Herzen so wohl. Ich habe sie aber auch tüchtig angebrüllt, und die Musik, die von den Nebensälen her mir die Mühe des Vorlesens abnehmen wollte, habe ich einfach fortgeblasen.

Der Schweizer Schriftsteller Christoph Braendle lokalisiert im Hotel »Europa« eine Szene seines Buches *Jede Menge Kafka* (1994), in dem er Motive aus Kafkas Werk auf originelle Weise mit Realitätsplittern aus dem heutigen Prag mischt. So wird im folgenden Textausschnitt auf den Einlaß verweigernden Türhüter in »Vor dem Gesetz«, auf die mißlungene Verabredung des *Prozeß*-Helden Josef K. mit einem italienischen Geschäftsfreund (vgl. S. 119) und auf den Lumpen Delamarche angespielt, der im *Verschollenen* als Gegenspieler der Hauptfigur Karl Roßmann in Erscheinung tritt.

Der Notar hatte darauf bestanden, Kafka im Café des Hotel Europa zu treffen. Er verfüge nämlich im Moment nicht über ein eigenes Büro, weil das Haus, in dem es untergebracht sei, von Grund auf renoviert werde. Er habe seine Tätigkeiten in diesen Jugendstiltraum aus gebeiztem Holz, Marmor und geschliffenem Glas verlegt, weil vom Nachmittag bis in die Nacht eine Zweimannkapelle aufspiele, die so herzergreifend schön und unbekümmert falsch bekannte Melodien interpretiere, daß es noch den hartgesottensten Geschäftspartnern das Herz erweiche.
Als Kafka allerdings zum »Europa« kam, drängte sich vor der Tür eine unglaubliche Menge, die vergeblich den Türhüter bestürmte. Auch die kleine Terrasse vor dem Café war bis auf den letzten Platz belegt. Fette Touristen in schamloser Freizeitkleidung saßen auf grünen Stühlen und verteidigten sie mit giftigen Blicken und bösen Beschimpfungen gegen alles. Natürlich wurde nie ein Stuhl frei, denn jene, die saßen, nippten aufreizend langsam am Eiskaffee und ließen sich von den Stehenden nicht im geringsten drängen.
Kafka wußte nicht recht, was zu tun sei. Er kannte den Notar nicht, aber der hatte gesagt, er solle sich nur rechtzeitig einfinden. Also ging er einige Male vor der Terrasse auf und ab und zwängte sich, als dies nichts fruchtete, schüchtern zu einem der großen Fenster, da der Weg zur Tür nach wie vor verstopft war. Er klebte sein Gesicht an die Scheibe und klopfte leise, dann kräftiger. Bei dem Spektakel, das drinnen herrschte, konnte er nicht erwarten, daß seine Zeichen gehört würden.
Er täuschte sich. Ein beleibter Herr in altmodischem Gehrock stand auf, winkte ihm zu und bedeutete, daß er

warten solle. Es dauerte eine Weile, bis er bezahlen konnte, weil der Kellner sich zu keiner Eile bemühte. Während Kafka wartete, stieß ihn plötzlich jemand in den Rücken. Es war Delamarche, der übers ganze Gesicht grinste. »Der Herr Kafka. Nun kriege ich ja wohl meinen Schlüssel. Endlich. Sie können sich ja gar nicht vorstellen, wie böse mein Cousin ist. Auf mich natürlich, weil ich für seine Wohnung verantwortlich bin.«
Kafka erklärte, daß er den Schlüssel leider verloren habe. Da er eine Kaution hinterlegt habe, seien sie ja wohl quitt.
»Quitt?«, schrie Delamarche, »Quitt? Ja was stellen Sie sich denn eigentlich vor, was hier los war. Ich habe die Wohnung in der besten Touristenzeit nicht vermieten können, der Schaden ist ungeheuer. Sie schulden mir ...«
Jetzt wurde Kafka böse. Er hieb Delamarche so kräftig auf die Nase, daß Blut spritzte. »Gehen Sie weg, Sie schlechter Mensch!«, brüllte er, »Mit Ihnen hat das ganze Unglück nur erst richtig begonnen. Sie sind ein übler Betrüger, und ich bin überzeugt, daß es unter den Menschen, die sich hier drängen, genug gibt, die von Ihnen schon betrogen worden sind.«
Tatsächlich hatte sich eine gewaltige Menge um sie geschart. Einige riefen: »Den Betrüger kennen wir! Mit dem Schuft haben wir eine Rechnung offen! Eine große Rechnung noch dazu!«
Es gab für Delamarche nur noch die schnelle Flucht. Man lachte, gratulierte und hatte den Vorfall schon vergessen.

Christoph Braendle ist am 1. Juli 1953 in Bern geboren worden und in Zug aufgewachsen. Nachdem er sich in Zürich sechs Semester der Juristerei gewidmet hatte, gab er sein Studium auf und wurde freier Schriftsteller. Braendle lebt seit 1987 in Wien und ist mit Kurzgeschichten, Reportagen und Theaterarbeiten hervorgetreten.

Das ehemalige Palais der Versicherungsanstalt »Assicurazioni Generali« auf dem Wenzelsplatz, in dem Kafka von Herbst 1907 bis zum Sommer 1908 arbeitete

☞ ***Václavské náměstí Nr. 19/832: ehemaliges Palais der »Assicurazioni Generali«***

Den Wenzelsplatz weiter abwärtsgehend, erreicht man an der unteren Ecke der Kreuzung zur Heinrichsgasse (Jindřišská) das ehemalige Palais der »Assicurazioni Generali«, einer heute noch bestehenden Triester Versicherungsgesellschaft, bei der Kafka vom Herbst 1907 bis zum Sommer 1908 angestellt war. Wenn man vor dem prächtigen Portal steht, dessen Säulen noch die Initialen der früher hier residierenden Institution zeigen, denkt man an einen Brief, den Kafka gleich nach Dienstantritt im Oktober 1907 an seine damalige Freundin Hedwig Weiler schrieb:

> Liebe, Liebe, mein Nachhauseweg aus dem Bureau ist erzählenswert, besonders, da er das einzige von mir Erzählenswerte ist. Ich komme im Sprunge um 6 ¼ Uhr aus dem großen Portal, bereue die verschwendete Viertelstunde, wende mich nach rechts und gehe den Wenzelsplatz hinunter […]
> Mein Leben ist jetzt ganz ungeordnet. Ich habe allerdings einen Posten mit winzigen 80 K[ronen] Gehalt und unermeßlichen 8–9 Arbeitsstunden, aber die Stunden außerhalb des Bureaus fresse ich wie ein wildes Tier. Da ich bisher gar nicht gewohnt war, mein Tagesleben auf 6 Stunden einzuschränken, und ich außerdem noch Italienisch lerne und die Abende dieser so schönen Tage im Freien verbringen will, komme ich aus dem Gedränge der freien Stunden wenig erholt heraus.

☞ ***Na příkopě (Am Graben) Nr. 17/1047: Palais Kolowrat (Kolowratský palác)***

Der Graben, seit 1988 zum größeren Teil Fußgängerzone, war früher die Flanierstraße der deutschen Minorität und zugleich die Hauptverkehrsader Prags, an der sich Banken, elegante Geschäfte, vornehme Hotels und große Kaffeehäuser angesiedelt hatten. Zu den letzteren gehört das »Café Continental«, das sich im ersten Stock des 1883 errichteten Palais Kolowrat befand und bis zum Ende des zweiten Weltkriegs existierte. Dieses Kaffeehaus diente der sonst kastenstrengen Prager deutschen Gesellschaft als demokratische Oase, als ein Ort, wo das Unterhaltungsbedürfnis dieser in der Stadt lebenden Minorität Befriedigung fand. Um die Jahrhundertwende gehörte es zu den Stammlokalen Gustav Meyrinks (vgl. S. 95), in der Zwischenkriegszeit verkehrten hier die in der Stadt lebenden deutschen Literaten, und nach der Machtergreifung Hitlers war es Anlaufstelle für die aus Berlin einströmenden Emigranten, die auf eine Änderung der politischen Verhältnisse warteten.

☞ ***Na příkopě (Am Graben) Nr. 16/856/ Panská (Herrengasse) Nr. 1/892: ehemaliges Piaristen-Kloster (piaristický konvent)***

Schräg gegenüber liegt das ehemalige »K. k. deutsche Staatsgymnasium in Prag-Neustadt, Graben«, in dem Gustav Meyrink (vgl. S. 95) ein Jahr zur Schule ging, Franz Werfel (vgl. S. 225) die ersten vier, Leo Perutz (vgl. S. 127) die ersten sechs Gymnasialjahre verbrachte und Rainer Maria Rilke (vgl. S. 126) sowie Johannes Urzidil (vgl. S. 84) ihr Abitur ablegten. Die Anstalt war in dem linker Hand der Heilig-Kreuz-Kirche (kostel svatého Kríže) sich erstreckenden Gebäudeteil untergebracht.

Im Jahr 1890 hatte Oskar Kraus (1872–1942), der gerade seine höhere Schulbildung abgeschlossen hatte und später als Philosoph an der Prager deutschen Universität zur Verbreitung der Philosophie Franz Brentanos beitragen sollte (vgl. S. 14), für die Maturakneipe seines Jahrgangs eine in homerischen Hexametern einhergehende *Ilias*-Travestie geschrieben, die ihren Reiz aus der Diskrepanz zwischen der in Voßscher Manier einhergehenden, pathetisch überhöhten Sprachgestalt und den verhandelten trivialen Gegenständen des Schulalltags zieht, den Streichen nämlich, die man einem der Lehrer, Josef Seidl mit Namen, wirklich gespielt hatte oder doch, bei Verlängerung der Vorstellung, hätte spielen können. Das Werkchen erregte Aufsehen und erschien ein Jahr später (weil man den Hauptbetroffenen schützen wollte) unter dem Titel *Meyriade* in einer preiswerten Reclam-Ausgabe, die weite Verbreitung fand. Hier der Beginn des »Ersten Gesangs«:

Singe o Muse den Zorn des edlen lehrenden Meyer
Ihn, der entbrannt den Sextanern unnennbaren Jubel erregte,
Lehre die Thaten mich auch des leidenerduldenden Lehrers,
Welcher so viel erlitt, durch der Schüler arge Gesinnung.
Wer von den Helden hat ihn erregt zu feindlichem Grimme?
Chlapetz der tapfere Held; denn jetzo erhub von der Bank sich
Er, der treffliche Rufer im Streit und schleudert die Kapsel
Künstlich verfertigt aus weichlichem Wachs der emsigen Bienen.
Jene in mächtigem Bogen erreichet die rötliche Nase,
Welche in feurigem Glanz dem strahlenden Himmelslicht ähnelt.
Schnell von den Höhn des Katheders enteilt jener zürnenden Herzens
Haltend die spitzige Feder und das berüchtigte Büchlein;
Laut erscholl das Gelächter zugleich mit des Zürnenden Rufen.
Jener stellte sich fern den Bänken und tauchte die Feder
Rasch in die bläuliche Tinte und rief die geflügelten Worte:
»In das Klassenbuch schreib' ich euch ein, und so werd' ich's machen!«
Also rief der Greis und ergriff die rötliche Dose
Bergend das schwärzliche feine, das niesenerregende Pulver,
Nahm eine duftende Prise und schneuzte gewaltig; es dröhnte
Rings im schattigen Saal der Schall einer kräftigen Nase.
Hinten die wackern Helden jedoch bereiteten hurtig
Alle zusammen mit Hast aus der großen Scheibe des Wachses
Klebrige Kugeln, kneteten sie mit nervigen Händen;
Und bald weichte das Wachs vom starken Drucke bezwungen.

Und sie erhoben die Hände und schleuderten alle auf einmal
In das Antlitz des Lehrers die Kugeln mit zischendem Sausen
Plötzlich; es zuckte zusammen das Herz in der zottigen Brust ihm,
Aber er redete nichts und blickte sich finster im Saal um:
»Jeiteles, Chlapetz steeren den Unterricht!« also begann er,
Packte sofort die Feder und trug sie beide ins Buch ein.
Löschpapier legte er drauf, mit runzliger Hand, es zu trocknen,
Schloß mit grimmiger Miene das Buch und setzte sich nieder.
Schrecken erfüllte die Helden, und sie überlegten im Zwerchfell,
Ob er's denn wirklich vollbracht und ins Klassenbuch jene verzeichnet,
Oder in heilsamen Schreck sie versetzen wollt, wie er's zu thun pflegt.
Und sie fürchteten sehr im Herzen ein nahendes Unheil:
Denn das Klassenbuch ist den Schülern allen ein Abscheu.
Wehe! dem sterblichen Mann, des Name darinnen verzeichnet!
Nimmer erfreut das Licht der Sonne ihn, nimmer die Freiheit,
Ach! und der schreckliche Carcer empfängt den jammernden Jüngling.

Weil die private Volksschule des Piaristen-Ordens, die in einem Rückgebäude dieses Kloster-Komplexes eingerichtet worden war, als beste Vorbereitung für das Gymnasium galt, schickten die in der Prager Neustadt lebenden wohlhabenden Geschäftsleute, auch wenn sie sich zum jüdischen Glauben bekannten, ihre Kinder vorzugsweise in diese Anstalt. Hier sind beispielsweise Max Brod (vgl. S. 97), Egon Erwin Kisch (vgl. S. 146), Leo Perutz (vgl. S. 127), Rainer Maria Rilke (vgl. S. 126) und Franz Werfel zur Schule gegangen. In seinem Gedicht »Erster Schultag«, das 1935 in seiner Sammlung *Schlaf und Erwachen* gedruckt wurde, hat Werfel die atmosphärische Besonderheit dieser Lehranstalt und psychische Befindlichkeiten seiner frühen Kindheit festgehalten:

In das Haus der Piaristen
Zogen wir als große Schar,
Im gewölbten Raum zu nisten
Manches lange Kinderjahr.
Ehrenvoll den Schultornister
Trug ich heut zum ersten Mal
Und zum Neide der Geschwister
Klappert drinnen ein Pennal.

Oben stand auf dem Katheder
Groß und grau der Kuttenmann,
Mit dem Finger droht er: jeder
Zeigt mir seinen Namen an.
Wenn auch rauh die Stimme knarrte,
Seine Hand war lieb und weich.
Hinter ihm auf bunter Karte
Dehnte stolz sich Österreich.

Doch im grünen Schulgebänke
Wurde plötzlich mir so schwer,
Als ob hilflos ich versänke,
Ausgesetzt im Knabenmeer.
Unter Härteren und Kältern
Weint' ich etwas, ohne Mut,
Bei den anderen Herrn Eltern
Stand Papa und winkte gut.

Als die Stunde ging zur Neige,
Merkt' ich gar nicht, daß er schied,
Denn zu Lehrers Winselgeige
Plärrten wir das Kaiserlied.
Mancher schien mir nichts zu taugen,
Grinst' mich tückisch an und schwieg
Und in wilden Bubenaugen
Wetterleuchtete schon Krieg.

Wenn ich mir die Kindheit hole
Wunderlich und unversehrt,
Glaub ich nicht, sie sei wie Kohle
Längst verglommen, längst verzehrt.
Wo die Kindgespenster nisten
Geh ich als mein Widerhall
Ewig zu den Piaristen
Irgendwo in Gottes All.

Franz Werfel wurde am 10. September 1890 in Prag (vgl. S. 242) als Sohn des jüdischen Handschuhfabrikanten Rudolf Werfel geboren. Nachdem er wegen schlechter Leistungen die dritte Klasse des »Graben-Gymnasiums« hatte wiederholen müssen, wechselte er im Herbst 1904 an das ebenfalls in der Neustadt gelegene »Stephans-Gymnasium« über, wo er 1909 Abitur machte (vgl. S. 280). Während der ersten in der neuen Anstalt verbrachten Jahre entstand um ihn ein Freundeskreis, der seit 1907 den Kern einer literarischen Tischgesellschaft bildete, die sich regelmäßig im »Café Arco« zu treffen pflegte (vgl. S. 243). 1911 erschien seine erste Gedichtsammlung *Der Weltfreund*, die ihn auf einen Schlag im ganzen deutschen Sprachgebiet bekannt und zu einer Führergestalt der eben erwachenden expressionistischen Bewegung machte. Im Herbst 1912 übersiedelte er nach Leipzig, wo er maßgeblich am Aufbau der im Kurt-Wolff-Verlag erscheinenden Buchreihe *Der jüngste Tag* beteiligt war, in der die jungen expressionistischen Autoren ihr wichtigstes Forum fanden.

Nachdem er im Frühjahr 1915 eingezogen und an die Front versetzt worden war, gelang im darauffolgenden Jahr die Überstellung an das Wiener Kriegspressequartier. In der Metropole an der Donau begegnete er im November 1917 Alma Mahler-Gropius, in der er die große Liebe seines Lebens fand (Heirat 1929). Unter ihrem Einfluß wandte er sich von der literarischen Avantgarde ab, deren Wortführer er vor dem Krieg gewesen war. Mit *Spiegelmensch* (1920), *Bocksgesang* (1921) und *Schweiger* (1922) setzte er seine literarischen Erfolge jetzt auf dem Gebiet des Theaters fort. Mit *Verdi* (1924) beginnt die Reihe seiner Romane, die ihm in breiteren Leserschichten literarisches Ansehen brachten.

Im Jahr 1938 emigrierte Werfel nach Südfrankreich, von wo aus ihm im Herbst 1940 über Spanien und Portugal die Flucht nach New York gelang. 1941 übersiedelte er nach Los Angeles, wo er am 26. August 1945 starb. In Kalifornien schrieb er den Roman *Das Lied von Bernadette* (1941), der auch als Film ein Welterfolg wurde. Im März 1944 wurde sein Stück *Jacobowsky und der Oberst* uraufgeführt, das auf humoristisch-sarkastische Weise Erlebnisse des französischen Exils verarbeitet. 1946 erschien postum der utopische Roman *Stern der Ungeborenen*, in dem zahlreiche Erinnerungen an die Prager Jahre verarbeitet sind.

☞ *Jindřišská (Heinrichsgasse) Nr. 17/889: Rilkes Geburtshaus*

Rainer Maria Rilke ist am 4. Dezember 1875 in dem Haus geboren worden, das dem heute an dieser Stelle befindlichen vorausging. Nachdem er die Grundschule bei den Piaristen durchlaufen hatte, trat er, weil er Offizier werden wollte, im September 1886 in die Militärunterrealschule in St. Pölten ein, im September 1890 in die Militäroberrealschule in Mährisch-Weißkirchen (Hranice), wo er es aber nur bis zum Sommer des darauffolgenden Jahres aushielt. Anschließend besuchte er die Handelsakademie in Linz, kehrte jedoch, auch davon unbefriedigt, schon im Mai 1892 nach Prag zurück, wo er sich mithilfe eines intensiven Privatstudiums und durch den Besuch der letzten beiden Klassen des »Graben-Gymnasiums« auf die Reifeprüfung vorbereitete, die er im Juli 1895 mit Auszeichnung bestand. 1894 erschien unter dem Titel *Leben und Lieder* sein erster Lyrikband, der Valerie von David-Rhonfeld gewidmet ist, einer Nichte des tschechischen

Schriftstellers Julius Zeyer (vgl. S. 296), die er im Jahr zuvor kennen- und liebengelernt hatte. Im Herbst 1895 begann Rilke an der Prager deutschen Universität mit einem Studium der Literaturwissenschaft und Kunstgeschichte. Ende des Jahres erschien die lyrische Sammlung *Larenopfer*, die vor allem Prager Baulichkeiten, bedeutenden Persönlichkeiten und geschichtlichen Ereignissen gewidmet ist. Im Sommersemester 1896 wechselte er zur Juristerei über, ohne sich jedoch nachhaltig für dieses Fach erwärmen zu können.

Ende September 1896 verließ Rilke Prag und übersiedelte nach München, wo er bis zum Oktober 1897 lebte. In der Folgezeit begann mit Reisen nach Italien, Rußland und Paris ein unruhiges Wanderleben. Unter der dichterischen Produktion sind die *Zwei Prager Geschichten* (1899) (vgl. S. 109) sowie *Die Weise von Liebe und Tod des Cornets Christoph Rilke* hervorzuheben, die aber erst in der Fassung von 1912 ihren bis heute anhaltenden Siegeszug durch die Welt antrat. 1911 und 1912 schrieb Rilke auf Schloß Duino bei Triest die ersten *Duineser Elegien*, die er 1922 auf Schloß Muzot (Wallis) abschloß. Zusammen mit den 1923 erschienenen *Sonetten an Orpheus* haben sie der deutschen Lyrik neue Bereiche des Sagbaren erschlossen. Rilke starb am 29. Dezember 1926 in Val Mont bei Montreux an Leukämie.

In dem folgenden, den *Larenopfern* entstammenden Gedicht hat er seiner Kindheit ein Denkmal gesetzt. Bei dem erwähnten Grafenhaus handelt es sich um das dem Geburtshaus gegenüber liegende Harrachsche Palais (palác Harrachovský) (Nr. 20/939).

Mein Geburtshaus

Der Erinnerung ist das traute
Heim der Kindheit nicht entflohn,
wo ich Bilderbogen schaute
im blauseidenen Salon.

Wo ein Puppenkleid, mit Strähnen
dicken Silbers reich betreßt,
Glück mir war; wo heiße Tränen
mir das ›Rechnen‹ ausgepreßt.

Wo ich, einem dunklen Rufe
folgend, nach Gedichten griff,
und auf einer Fensterstufe
Tramway spielte oder Schiff.

Wo ein Mädchen stets mir winkte
drüben in dem Grafenhaus …
Der Palast, der damals blinkte,
sieht heut so verschlafen aus.

Und das blonde Kind, das lachte,
wenn der Knab ihm Küsse warf,
ist nun fort; fern ruht es sachte,
wo es nie mehr lächeln darf.

☞ ***Náměstí Republiky (Josefsplatz)***

Die Vorgänge, die sich nach der Machtübernahme der Kommunisten im Februar 1948 auf diesem Platz abspielten, bezeugt der tschechische Schriftsteller Josef Škvorecký auf eindrucksvolle Weise in seiner Erzählung »Als Zuschauer in der Februarnacht«, die im folgenden auszugsweise vorgestellt werden soll. Sie entstand im März 1948 aus unmittelbarer Anschauung und wurde kurz darauf von Organen der Staatssicherheit bei einer Hausdurchsuchung in der Wohnung einer Freundin des Schriftstellers beschlagnahmt, die bei dieser Gelegenheit verhaftet und wegen angeblicher Spionage für Frankreich verurteilt wurde. Während eines nächtlichen Verhörs konnte das Mädchen den Untersuchungsrichter jedoch davon überzeugen, daß der konfiszierte Text Škvoreckýs nicht reaktionär, sondern fortschrittlich im Sinne des

Sozialismus sei. Als sie nach vier Jahren aus der Haft entlassen wurde, gab man ihr deswegen die Erzählung zurück, die erstmals 1989 gedruckt werden konnte und 1991 in deutscher Übersetzung erschienen ist.

Zum Verständnis des politischen Hintergrundes: Nach dem Zweiten Weltkrieg hatte sich in der Tschechoslowakei eine Koalitionsregierung unter der Führung des früheren Staatspräsidenten Edvard Beneš etabliert, welcher der bereits in der Zwischenkriegszeit bestehenden »Tschechoslowakischen Nationalsozialistischen Partei« angehörte. Wegen der Namensähnlichkeit dieser politischen Vereinigung mit den deutschen Nationalsozialisten benannte man sich nach dem Zweiten Weltkrieg in »Tschechoslowakische Nationalsoziale Partei« um, die in der deutschen Übersetzung von Škvoreckýs Erzählung irrtümlicherweise als Volkssozialistische Partei erscheint, also mit dem Namen einer anderen, gleichfalls demokratisch orientierten Gruppierung belegt wird.

Beneš und seine Anhänger waren die Hauptgegner der Kommunisten, die jedoch ebenfalls an der Regierung beteiligt waren und unter anderem den Innenminister stellten. Dieser übte Anfang 1948 einen immer größeren Druck auf seine bürgerlichen Koalitionspartner aus, indem er die Polizeikräfte verstärkte und kommunistisch gesonnene Volksmassen aus ganz Böhmen in Prag zusammenzog, die den Umsturz forderten. So kam es zu Demonstrationen, in deren Gefolge Clement Gottwald am 25. Februar dieses Jahres die Sozialistische Tschechoslowakische Republik ausrief (vgl. S. 155). Die bürgerlichen Minister des Kabinetts traten daraufhin zurück und wurden, da Beneš die Demissionen annahm, durch kommunistische ersetzt. Die Unruhen, die unmittelbar danach in Prag ausbrachen, schildert Škvorecký aus der Sicht der kritisch eingestellten, westlich orientierten Studenten-Generation der Nachkriegsjahre. Die jungen Leute haben sich im Gewühl der Menschenmassen vom Wenzelsplatz über den Graben bis zum Platz der Republik vorgearbeitet:

»Los. Wir müssen irgendwie zum Sekretariat der Volkssozialisten kommen«, sagte Freddy und begann sich vorzudrängeln. Ich drängelte hinter ihm her. Vor dem Sekretariat der Kommunisten stand die Masse schweigend, weiter entfernt von der Mitte des Platzes her war jedoch Geschrei zu hören. Als wir uns näherten, konnten wir allmählich einzelne Rufe unterscheiden, von Zeit zu Zeit skandierten einige Stimmen: »Weg mit dem Totalitarismus« und »Es lebe Beneš« und »Es lebe Zenkl«. Doch war das alles recht chaotisch. Wir drängten uns bis zur Haltestelle der Linie fünf vor. Zunächst sah ich von Sankt Josef nur die graue Fassade, da ich nicht in der Lage war, mich umzudrehen. Durch die Tür in der Mauer hindurch fiel mein Blick dann genau auf den heiligen Judas Thaddäus mit dem Neonheiligenschein rund um den Kopf und auf das Gedränge der Menschen, die vor ihm beteten. Mir schoß in den Sinn, das ist doch der Heilige für die hoffnungslosen Anliegen, und das hier *ist* eine verdammt hoffnungslose Sache. Die Masse begann von neuem zu skandieren: »Weg mit dem Totalitarismus.« Blödsinn, sagte ich mir, nur nicht mystisch werden. Allein, ich wußte, das *ist* eine hoffnungslose Sache. Aus den runden Fenstern von Sankt Josef leuchtete ebenfalls gelbes Licht. Vermutlich knieten auch dort Menschenreihen, die sich dunkel gegen den erleuchteten Altar abhoben und ihr endloses, monotones Bittefüruns wiederholten, und ein Priester betete ihnen vor. Einige dieser Vorbetformeln gefielen mir. Vater im Himmel, o Gott, Sohn Erlöser der Welt, o Gott, heilige Dreifaltigkeit, ein Gott. Das war richtig hinreißend. Eine wirklich gute Beschwörungsformel. Und für einen Augenblick erfüllte einen Sicherheit und so, doch verlor sich das bald wieder, und hier draußen war es völlig klar, was tatsächlich los war. Endlich gelang es mir, mich umzudrehen. Und ich konnte die Fassade des Sekretariats der Volkssozialisten

sehen. An ihr hingen schlapp vier Fahnen herab, und weiter unten, unterhalb des Balkons, waren Lautsprecher angebracht. Der Balkon war leer, und die Lautsprecher schwiegen. Die Masse stand da, die Augen auf das Sekretariat gerichtet. Und dort, unterhalb des Balkons, über den Hüten und Mützen, stand ein schweres Maschinengewehr, schön, gefährlich, matt glänzend, der Wagen unter ihm war nicht zu sehen, nur das Maschinengewehr stand über den Köpfen der Menge und zielte in sie hinein, und hinter ihm waren zwei Männer vom SNB, regungslos, in den buntscheckigen Mänteln deutscher Fallschirmspringer mit Schaffell auf der Innenseite. Es war ein verblüffender Anblick. Ich spürte ein absolutes Wonnegefühl. Genau das war es. Maschinengewehre und eine aufgebrachte Menge und Erregung und alles unnormal. Ich war selig. In die Uni ging man nicht, den ganzen Tag war man auf den Straßen, alles war unnormal. Alles war out of order. Alles befand sich im Ausnahmezustand. Eine gespannte Situation. Und eine erregte Situation. Und es roch nach Krieg. Das gefiel mir. Ich fühlte mich wohl. »Pfui!« brüllte da ein dicker Mann neben mir. »Schande! Pfui! Schande! Pfui!«
»Pfui!« schrie Freddy. Aber sein schwaches Stimmchen

Der Josefsplatz in der Neustadt

klang lächerlich neben dem Baß dieses Dickwanstes.
»Pfui!« brüllte der Dickwanst. »Gestaposchweine! Mörder! Weg mit dem Totalitarismus!«
»Es lebe Beneš!« schrie Freddy.
»Es lebe Beneš! Es lebe Zenkl! Weg mit dem Totalitarismus!« brüllte der Dicke. Die SNB-Männer am Maschinengewehr saßen schweigend und reglos da. Der Himmel über dem Sekretariat wurde schwarz. Es begann allmählich zu dämmern. Die Menschenmenge begann in der Dämmerung ein drohendes Aussehen anzunehmen. In der Ferne vor uns tauchte über den Köpfen ein Mann auf. Man hatte ihn wohl auf die Schultern gehoben. Die Menge wurde still. »Brüder«, war eine schwache Stimme zu hören, eine seltsam schwache Stimme, denn so weit war das von uns nun auch wieder nicht entfernt. »Brüder, ermannt euch. Wir lassen uns nicht terrorisieren. Es lebe Präsident Beneš! Es lebe die Freiheit!« – »Auf sie! Auf sie!« brüllte der Dickwanst neben mir. Das interessierte mich brennend. Ich ahnte, daß jetzt irgendwas geschehen würde. Ich freute mich darauf. Nun waren wir mitten drin, und das war gut so. Ich spürte, wie sich die Menge bewegte. Das Gebrüll zerfloß zu einer zusammenhanglosen Schallwoge. Ich konnte nicht mehr unterscheiden, wer was rief. Ich spürte nur, wie sich die Menge bewegte. Schon sah ich mich im Inneren des Sekretariats. Und wie eine völlig neue Situation entstehen würde. Und wie der New York Herald morgen darüber schreiben wird. Mister Seymor Friedin vom New York Herald schaut bestimmt von irgendwoher zu. Vielleicht gerade vom Sekretariat aus. Kämpfe in Prag. Shooting in Prague. National Socialists Attack Police. Policemen Go over to Mobs. Ich sah das schon vor mir. Ich versetzte mich ganz dahinein. Reds Grab for Power in Prague. Ich sah die Sonnyboys an dem Maschinengewehr, nach wie vor eiskalt und regungslos, und da blieb die Menge vorne plötzlich ste-

hen. Doch von hinten dauerte der Druck weiter an. Aufschreie und Gebrüll waren zu hören. Dann erstarb das Gebrüll. Und wieder wurden Schreie laut. Danach bewegte sich die Menge auf einmal zurück. Und wieder vorwärts. Und schließlich teilte sie sich in mehrere Ströme auf. Alles floß auseinander. Die Menge verwandelte sich in ein wildes Gedränge. Irgend jemand trat mir auf den Fuß. Vor mir wurde etwas Platz frei. Ich sah einen Mann, der mit vorgestreckten Armen seinen Körper zu schützen versuchte und sich wie von Sinnen gegen die anderen preßte. Frauengekreische war zu hören. Jemand fiel hin und versuchte sich wieder aufzurichten, aber dann füllte sich der freie Raum wieder mit Menschen, und ich konnte nicht mehr sehen, ob es ihm gelang. Ich wußte, was das bedeutete. Aus irgendeiner Richtung hatte die Polizei angegriffen.

Sekretariat der Volkssozialisten: Das Sekretariat der Nationalsozialen Partei befindet sich noch heute an dieser Stelle des náměstí Republiky im Gebäude Nr. 8/1081 (»Investiční banka«).

Sekretariat der Kommunisten: heute die »Komerční banka« am Pulverturm (Nr. 33/969).

Zenkl: Petr Zenkl (1884–1975), 1945–1948 Vorsitzender der nationalsozialen Partei, 1946–1948 stellvertretender Ministerpräsident und einer der Hauptgegner der Kommunisten.

Sankt Josef: Die 1633–1653 erbaute Josefskirche (kostel svatého Josefa) an der Ostseite des náměstí Republiky (Nr. 2/1077). Ihr Giebel weist ein einziges Rundfenster auf, ihr ummauerter Vorplatz öffnet sich mit einem Durchgang zum Josefsplatz. Auf der linken Seite dieses Hofes ist eine überdachte Sandsteinskulptur des Apostels Judas Thaddäus von 1741 zu sehen, dessen Gedenktag (der 28. Oktober) mit dem Staatsfeiertag der Tschechoslowakischen und der Tschechischen Republik zusammenfällt. Dieser Märtyrer wird in schweren Nöten und verzweifelten Situationen angerufen. Die Prager Bevölkerung bringt entsprechende Bitten um Hilfe bis heute in Gebeten und in Briefen vor, die an das die Heiligenstatue umgebende Eisengitter gehängt werden.

zwei Männer vom SNB: Korps der Staatssicherheit, eine spezielle Einheit der Bereitschaftspolizei, deren Vertreter vom Erzähler spöttisch auch Sonnyboys genannt werden.

Mister Seymor Friedin: Seymour Freidin, der 1991 im Alter von 73 Jahren starb, war seit 1936 Mitarbeiter der *New York Herald Tribune* und seit 1945 Europakorrespondent dieses Blattes, der insbesondere über die Veränderungen berichtete, die sich hinter dem Eisernen Vorhang vollzogen.

Josef Škvorecký wurde am 27. September 1924 in Nachod (Náchod) geboren, studierte in Prag Anglistik und war anschließend als Redakteur und freier Schriftsteller tätig. Er emigrierte 1969 nach Kanada und lehrte in Toronto, wo er bis heute lebt, amerikanische Literatur. 1971 gründete er den Exil-Verlag Sixty-Eight Publishers, der sich um die in der Tschechoslowakei verbotene Literatur verdient machte und bis 1991 bestand.

☞ ***U Obecního domu (Gemeindehofgasse) Nr. 1/1080: Hotel »Paris« (Hotel »Paříž«)***

In diesem unversehrt erhaltenen Jugendstil-Hotel, dessen Portal besondere Beachtung verdient, spielt teilweise Bohumil Hrabals Roman *Ich habe den englischen König bedient.*

Bohumil Hrabal wurde am 28. März 1914 in Brno (Brünn) geboren, machte in Nimburg (Nymburk) an der Elbe Abitur und studierte in Prag Jura. Während der Hitlerzeit war er Fahrdienstleiter bei der Eisenbahn, ab 1949 Zwangsarbeiter in einem Verhüttungsbetrieb in Kladno. Nach einem Betriebsunfall, den er 1954 erlitt, arbeitete er als Packer in einer Altpapierhandlung, später als Bühnenarbeiter und Statist an einer Vorstadtbühne. Hrabal schrieb seit 1938 Erzählungen, konnte aber erst während des Prager Frühlings (1963–1968) publizieren. Sein Roman *Ich habe den englischen König bedient* spielt in den Jahren 1925 bis 1955 und entstand 1971. Erzählt wird die Lebensgeschichte eines tschechischen Kollaborateurs in der Zeit der Nazi-Okkupation, eines kleinen Piccolos, der es zwar bis zum Hotelier bringt, aber als Zwangsarbeiter beim Holzfällen endet. Im dritten Kapitel ist der Ich-Erzähler, zu dessen literarischen Ahnen Thomas Manns *Felix Krull*, aber vor allem Jaroslav Hašeks *Schwejk*-Roman gehört (vgl. dazu S. 274), als Platzkellner im Hotel »Paris« angestellt. Er wird zum Vertrauten der Damen, die im Café des Hauses warten, bis sich die Börsianer mit ihnen ins Chambre séparée begeben, wo man sich auf die folgende Art und Weise vergnügt:

In der internen Abteilung oder im sogenannten Visitationspavillon ging es immer nur fröhlich zu. Die Mädchen, denen die Aufgabe zufiel, die Gäste zu animieren, waren stets darauf bedacht, dies gut zu tun; wie ich sah, machten sie am meisten Gewinn, und die alten Börsenjobber lachten und scherzten immerfort, sie betrachteten das Ausziehen der Damen als kollektives Pfänderspiel. Ohne aufzuhören, an den geschliffenen Champagnerkelchen zu nippen und zu schnuppern, zogen sie das Fräulein nach und nach auf dem Tisch aus, auf den es sich selbst hingelegt hatte, und rings um ihren Leib stellten die Börsianer die Gläser und Schüsseln mit Kaviar und Salat und ungarischen Salamischeiben ab, setzten sich die Brillen auf und betrachteten jede Falte dieses schönen Frauenleibes und baten das Mädchen, wie auf einer Modenschau oder wie im Atelier einer Malerakademie, sich hinzustellen, aufzurichten, sich hinzuknien, die Beine vom Tisch hängen zu lassen und mit den bloßen Füßchen zu baumeln, als bade sie die Füße in einem Bach, und nie gerieten die Börsenleute in Streit, weil ihnen dieses oder jenes Glied hingestreckt wurde oder welcher Körperteil auch immer. Mit heller Begeisterung waren sie bei der Sache, mit der Begeisterung eines Landschaftsmalers, eines Zeichners, der auf die Leinwand überträgt, was ihn an der Landschaft erregt. Mit unverminderter Begeisterung beschauten sich die Greise aus der Nähe und durch die Brille hindurch hier einen angewinkelten Ellenbogen, dort von unten her die gelöste Haarfülle, da einen Spann und einen Knöchel, dann wieder den Bauch, ein anderer wieder schob sanft die schönen Gesäßbacken auseinander und betrachtete voll kindlicher Bewunderung, was sich seinen Augen darbot, ein anderer wieder schrie vor Begeisterung auf und blickte zur Zimmerdecke hinauf, als wolle er Gott selber dafür danken, daß er zwischen die gespreizten Beine des Fräuleins sehen und mit Fingern

oder Lippen berühren durfte, was ihm ganz besonders gefiel ...
So erstrahlte das Chambre séparée nicht allein im scharfen Licht, das durch den Trichter des pergamentenen Lüsters an der Decke herabschoß, sondern auch vom Hin und Her der Gläser und vor allem vom Glitzern der vier Paar Brillengläser, die sich gleich Schleierschwänzen in einem erleuchteten Aquarium bewegten. Und hatten sich die Börsenleute satt gesehen, beendeten sie die Leibesvisitation, schenkten dem Fräulein, das auf dem Tisch saß, Champagner ein, stießen mit ihr an und nannten sie beim Vornamen, während sie sich vom Tisch nahm, worauf sie Lust hatte, und die Börsenleute scherzten und waren galant, während aus den anderen Chambres séparées fröhliches Gelächter herüberklang, das immer wieder abgelöst wurde von Totenstille, so daß ich oft glaubte hineinstürzen zu müssen, weil ich schon eine Leiche daliegen sah oder einen sterbenden Börsenmann ... Dann zogen meine alten Herren das Fräulein wieder an, das Ganze verlief wie in einem zunächst vorwärts, dann rückwärts laufenden Film, und bei alledem war keine Spur von Gleichgültigkeit, die für gewöhnlich danach einzusetzen pflegt, nein, bis zum Schluß vollzog sich alles mit der gleichen Höflichkeit wie zu Beginn ... Hatten sie dann bezahlt – immer zahlte nur einer der Börsenmänner, der Kellner bekam ein Trinkgeld und ich jedesmal einen Hunderter –, entfernten sie sich, strahlend, versöhnt, voll schöner Bilder, von denen sie stets eine Woche lang zehrten.

☞ ***Na poříčí (Am Porschitsch) Nr. 7/1075: ehemalige »Arbeiter-Unfall-Versicherungs-Anstalt«***

In diesem 1896 errichteten Gebäude arbeitete Kafka von Herbst 1908 bis zum Sommer 1922 als Versicherungsangestellter. Sein Büro befand sich in den Anfangsjahren im obersten, am Ende seiner Dienstzeit im ersten, durch einen schmiedeeisernen Balkon ausgezeichneten Stock, hinter dem das Zimmer des Präsidenten der Anstalt, Dr. Otto Přibram, gelegen war. Nachdem er im April 1910 zum Konzipisten befördert worden war, hatte er sich hier einzufinden, um sich für den neuen Titel zu bedanken, der zugleich mit einer Gehaltsaufbesserung verbunden war. Die Beschreibung dieses Besuchs, die er im Januar 1913 in einem an Felice Bauer gerichteten Brief gegeben hat, gehört zu den aufschlußreichsten lebensgeschichtlichen Zeugnissen, die sich erhalten haben, und offenbart eine Seite seines Wesens, die angesichts seiner vielfach bedrückenden Tagebucheintragungen und düster gefärbten Werke oft übersehen wird. Zum besseren Verständnis sei erwähnt, daß Otto Přibram der Vater des mit Kafka befreundeten Ewald Felix Přibram war, dessen Protektion überhaupt erst dazu geführt hatte, daß der Jude Kafka eine Anstellung im österreichischen Staatsdienst erhielt:

> Wir – zwei Kollegen und ich – waren damals gerade zu einem höhern Rang erhoben worden und hatten uns in feierlichem schwarzen Anzug beim Präsidenten zu bedanken, wobei ich nicht zu sagen vergessen darf, daß ich aus besonderem Grunde dem Präsidenten von vornherein zu besonderem Dank verpflichtet bin. Der würdigste von uns dreien – ich war der jüngste – hielt die Dankrede, kurz, vernünftig, schneidig, wie das seinem Wesen entsprach. Der Präsident hörte in seiner gewöhnlichen, bei feierlicher Gelegenheit gewählten, ein wenig an die Audienzhaltung unseres Kaisers erinnernden, tatsächlich (wenn man will und nicht anders kann) urkomischen Stellung zu. Die Beine leicht gekreuzt, die linke Hand zur Faust geballt auf die äußerste Tischecke gelegt, den Kopf gesenkt, so daß sich der weiße Vollbart auf der Brust einbiegt und zu alledem den nicht allzu großen aber immerhin vortretenden Bauch ein wenig schau-

kelnd. Ich muß damals in einer sehr unbeherrschbaren Laune gewesen sein, denn diese Stellung kannte ich schon zur Genüge und es war gar nicht nötig, daß ich, allerdings mit Unterbrechungen, kleine Lachanfälle bekam, die sich aber noch leicht als Hustenreiz erklären ließen, zumal der Präsident nicht aufsah. Auch hielt mich die klare Stimme meines Kollegen, der nur vorwärts blickte und meinen Zustand wohl bemerkte, ohne sich aber von ihm beeinflussen zu lassen, noch genug im Zaum. Da hob aber der Präsident nach Beendigung der Rede meines Kollegen das Gesicht und nun packte mich für einen Augenblick ein Schrecken ohne Lachen, denn nun konnte er ja auch meine Mienen sehn und leicht feststellen, daß das Lachen, das mir zu meinem Leidwesen aus dem Munde kam, durchaus kein Husten war. Als er aber seine Rede anfing, wieder diese übliche, längst vorher bekannte, kaiserlich schematische, von schweren Brusttönen begleitete, ganz und gar sinnlose und unbegründete Rede, als mein Kollege durch Seitenblicke mich, der ich mich ja gerade zu beherrschen suchte, warnen wollte und mich gerade dadurch lebhaft an den Genuß des frühern Lachens erinnerte, konnte ich mich nicht mehr halten und alle Hoffnung schwand mir, daß ich mich jemals würde halten können. Zuerst lachte ich nur zu den kleinen hie und da eingestreuten zarten Späßchen des Präsidenten; während es aber Gesetz ist, daß man zu solchen Späßchen nur gerade in Respekt das Gesicht verzieht, lachte ich schon aus vollem Halse, ich sah, wie meine Kollegen aus Furcht vor Ansteckung erschraken, ich hatte mit ihnen mehr Mitleid als mit mir, aber ich konnte mir nicht helfen, dabei suchte ich mich nicht etwa abzuwenden oder die Hand vorzuhalten, sondern starrte immerzu dem Präsidenten in meiner Hilflosigkeit ins Gesicht, unfähig das Gesicht wegzuwenden, wahrscheinlich in einer gefühlsmäßigen Annahme, daß nichts besser, alles nur schlechter werden könne und daß es daher am besten sei, jede Veränderung zu vermeiden. Natürlich lachte ich dann, da ich nun schon einmal im Gange war, nicht mehr bloß über die gegenwärtigen Späßchen, sondern auch über die vergangenen und die zukünftigen und über alle zusammen, und kein Mensch wußte mehr, worüber ich eigentlich lache; eine allgemeine Verlegenheit fing an, nur der Präsident war noch verhältnismäßig unbeteiligt, als großer Mann, der an vielerlei in der Welt gewöhnt ist, und dem übrigens die Möglichkeit der Respektlosigkeit vor seiner Person gar nicht eingehn kann. Wenn wir in diesem Zeitpunkt herausgeschlüpft wären, der Präsident kürzte auch vielleicht seine Rede ein wenig ab, wäre noch alles ziemlich gut abgelaufen, mein Benehmen wäre zwar zweifellos unanständig gewesen, diese Unanständigkeit wäre aber nicht offen zur Sprache gekommen und die Angelegenheit wäre, wie dies mit solchen scheinbar unmöglichen Dingen öfters geschieht, durch stillschweigendes Übereinkommen unserer vier, die wir beteiligt waren, erledigt gewesen. Nun fing aber zum Unglück der bisher nicht erwähnte Kollege (ein fast 40jähriger Mann mit rundem kindischen aber bärtigen Gesicht, dabei ein fester Biertrinker) eine kleine, ganz unerwartete Rede an. Im Augenblick war es mir vollständig unbegreiflich, er war ja schon durch mein Lachen ganz aus der Fassung gebracht gewesen, hatte mit vor verhaltenem Lachen aufgeblähten Wangen dagestanden und – jetzt fing er eine ernste Rede an. Nun war das aber bei ihm gut verständlich. Er hat ein so leeres, hitziges Temperament, ist imstande, von allen anerkannte Behauptungen leidenschaftlich endlos zu vertreten, und die Langeweile dieser Reden wäre ohne das Lächerliche und Sympathische ihrer Leidenschaft unerträglich. Nun hatte der Präsident in aller Harmlosigkeit irgendetwas gesagt, was diesem Kollegen nicht ganz paßte, außerdem hatte er, vielleicht durch den Anblick meines schon ununterbrochenen Lachens beeinflußt, ein wenig daran vergessen, wo er sich befand, kurz er glaubte, es sei der richtige Augenblick gekommen, mit seinen besondern Ansichten hervorzutreten und den (gegen alles, was andere reden, natürlich zum Tode gleichgültigen) Präsidenten zu überzeugen. Als er also jetzt mit schwingenden Handbewegungen etwas (schon im allgemeinen und hier insbesondere) Läppisches daherredete, wurde es mir zu viel, die Welt, die ich bisher immerhin im Schein vor den Augen gehabt hatte, verging mir völlig und ich stimmte ein so lautes, rücksichtsloses Lachen an, wie es vielleicht in dieser Herzlichkeit nur Volksschülern in ihren Schulbänken gegeben ist. Alles verstummte und nun war ich endlich mit meinem Lachen anerkannter Mittelpunkt. Dabei schlotterten mir natürlich vor Angst die Knie während ich lachte, und meine Kollegen konnten nun ihrerseits nach Belieben mitlachen, die Gräßlichkeit meines so lange vorbereiteten und geübten Lachens erreichten sie ja doch nicht und blieben vergleichsweise unbemerkt. Mit der rechten Hand meine Brust schlagend, zum Teil im Bewußtsein meiner Sünde (in Erinnerung an den Versöhnungstag), zum Teil, um das viele verhaltene Lachen aus der Brust herauszutreiben, brachte ich vielerlei Entschuldigungen für mein Lachen vor, die vielleicht alle sehr überzeugend waren, aber infolge neuen, immer dazwischenfahrenden Lachens gänzlich unverstanden blieben. Nun war natürlich selbst der Präsident beirrt, und nur in dem solchen Leuten schon mit allen seinen Hilfsmitteln eingeborenen Gefühl alles möglichst abzurunden, fand er irgendeine Phrase, die meinem Heulen irgendeine menschliche Erklärung gab, ich glaube eine Beziehung zu einem Spaß, den er vor langer Zeit gemacht hatte. Dann entließ er uns eilig. Unbesiegt, mit großem Lachen, aber todunglücklich stolperte ich als erster aus dem Saal.

☞ ***Na poříčí (Am Porschitsch) Nr. 26/1047: Restaurant »U Rozvařilů«***

Wenn man den Porschitsch weiter entlanggeht, noch über die rechts einmündende Havličekgasse (Havlíčkova) hinaus, sieht man auf dieser Straßenseite in einem häßlichen Neubau den Schnellimbiß »U Rozvařilů« vor sich. Weil in Guillaume Apollinaires Erzählung »Der Passant von Prag« davon die Rede ist, der Ich-Erzähler habe sich in einem Hotel am Porschitsch eingemietet, in dem ein Kabarett untergebracht war, läßt sich vermuten, daß der Franzose während seines zweitägigen Prag-Aufenthalts Anfang März 1902 hier Quartier genommen hat.

Der »Passant von Prag« gibt wahrscheinlich ein verhältnismäßig genaues Abbild einer von Apollinaire unternommenen Besichtigungstour, in deren Verlauf er die bekanntesten Sehenswürdigkeiten der Stadt berührte. Allerdings geschieht dieser Gang in Gesellschaft eines Begleiters, der sich dem Erzähler unterwegs anträgt und als Verkörperung des Ewigen Juden anzusehen ist.

In dem Gedicht »Zone« hat Apollinaire dann noch einmal einzelne Elemente seines Prag-Aufenthalts aufgegriffen. (Vgl. S. 194)

Die besondere Wertschätzung, die Apollinaire zu Beginn dieses Jahrhunderts bei der tschechischen Avantgarde genoß, führte schnell zu einer Art Mystifizierung und Glorifizierung seiner Person und damit seines Besuchs im Jahr 1902, die in vielen Werken dieser Schriftsteller-Generation zu spüren ist. So ist auch das folgende, dem russischen Linguisten Roman Jacobson gewidmete Gedicht des tschechischen Schriftstellers Vítězslav Nezval (1900–1958) (vgl. S. 16) eine einzige Huldigung an den französischen Autor. Es ist im Jahr 1936 entstanden, also zu einer Zeit, als Nezaval unter dem Einfluß Bretons und der Psychoanalyse stand und sich dem Surrealismus zuwandte.

Der Porschitsch

Heute gleicht Prag einer gepreßten Blume
Und allen Städten
Allen Städten die du besucht hast allen Städten die du besuchen willst
Du kommst dir hier vor wie ein Fremder der gerade angekommen ist und ein Hotel sucht
Er sucht ein Hotel auf dem Porschitsch wo es Reste von Tingeltangeln gibt
Entgeistert sitzest du in einer Bierhalle als ob du tschechisch nicht verstündest
Worüber reden wohl diese zwei Trunkenbolde ohne Alter
Sie reden von dir
Aus welchem Land du gekommen bist
Sie reden
Als lerntest du eben ein interessantes ziemlich eigenartiges Volk kennen
Wie ein Blinder lernst du seine Sitten kennen
Ein wunderlicher Reisender der sich nach einer ausländischen Frau sehnt
Nach dieser einigermaßen ohne Geschmack gekleideten Frau oder Arbeiterin
Nostalgisch berührt vom Duft des unbekannten Rauchfleischs
Ein wunderlicher Reisender der die Reise unterbricht ohne zu wissen wo und warum
Ein wunderlicher Reisender der niemals Überfluß hat
Und vor dem sich anscheinend die Zeit gar nicht entsetzt
Der weiß Gott woher gekommen ist und plötzlich mit dem Regen davonfährt

☞ *Havlíčkova (Havlíčekgasse) Nr. 11/1043: Franz Werfels Geburtshaus*

An dem Gebäude wurde am 3. September 1990 eine bronzene Gedenktafel in tschechischer Sprache angebracht, auf der unter Werfels vollplastisch ausgeführtem Kopf zu lesen ist: »In diesem Haus hat der Dichter und Schriftsteller Franz Werfel am 10. September 1890 das Licht der Welt erblickt.«

☞ ***Hybernská (Hibernergasse) Nr. 16/1004: »Café Arco«***

An der Stelle, wo die Havlíčkova von der Hybernská gekreuzt wird, liegt an der gegenüberliegenden Straßenecke das im Herbst 1907 eröffnete »Café Arco«, das bis zum Ende des Ersten Weltkriegs Treffpunkt der progressiven deutschen Literaten war und unlängst unter seinem alten Namen wiedereröffnet wurde. Zunächst hatten Franz Werfel und seine Freunde hier einen Stammtisch aufgemacht. Zu diesem gehörten unter anderem Werfels Klassenkameraden Willy Haas (später Journalist und Herausgeber der Berliner Zeitschrift *Die literarische Welt*) und Paul Kornfeld, der als expressionistischer Dramatiker von sich reden machen sollte. Außerdem der Schauspieler Ernst Deutsch und der Bankbeamte Ernst Polak, der 1918 Milena Jesenská heiratete. Durch Willy Haas wurde eine Verbindung zu Max Brod (vgl. S. 97) hergestellt, der schon einige Bücher veröffentlicht hatte und sofort die lyrische Begabung des sechs Jahre jüngeren Werfel erkannte. Auf diese Weise gliederten sich auch Brod sowie seine Freunde Franz Kafka und der blinde Schriftsteller Oskar Baum dem Zirkel an, die ihrerseits wieder andere Autoren wie Otto Pick, Egon Erwin Kisch oder Rudolf Fuchs heranführten.

Mit dem Weggang Werfels (1912) und Kischs (1913) und durch den Beginn des Ersten Weltkriegs, der die Tauglichen zu den Waffen rief, schrumpfte der Kreis. Zurück blieben von den älteren Kafka, der von seinem Dienstvorgesetzten als unabkömmlich reklamiert worden war, sowie Brod, Baum und Polak, die wegen körperlicher Gebrechen nicht eingezogen wurden. Dazu kamen die nachwachsenden Autoren wie etwa Johannes Urzidil (vgl. S. 84), der seine Erzählung »Eine Schreckensnacht« im »Café Arco« ansiedelte.

Der tschechische Schriftsteller Alfred Fuchs (1892–1941), der während des Ersten Weltkriegs ebenfalls im »Café Arco« verkehrte, hat den dortigen Literatenkreis in einem autobiographischen Roman Gestalt werden lassen. Im folgenden Textauszug erlebt die Hauptfigur einen Auftritt Franz Werfels:

> Ein berühmter deutscher Lyriker, ein wirklich großer, mit einem riesigen Namen, war zu Besuch. Weil er berühmt war, diente er nicht beim Train und auch nicht beim Vorratskorps, auch nicht bei der Protektionsschwadron, dem 73. Infanterieregiment, sondern er gelangte ins Wiener Kriegspressequartier, und nach Prag kam er nur im Urlaub. Als er das Kaffeehaus betrat, eilte ihm der Oberkellner wie ein Ansager voraus, um zu melden, daß der berühmte Herr Lyriker hereinkomme. Darin lag nichts Ironisches. Herr Lyriker war ein Fachausdruck im Munde des Herrn Ober, vergleichbar der Tatsache, daß er niemals Herrn Arnold mit den Worten willkommen zu heißen vergaß: »Habe die Ehre, Herr Mystiker, Verbeugung.«
>
> Im literarischen Kaffee war es gewöhnlich, jeden mit einer literarischen Etikette zu bezeichnen. Oft war zu hören, wie der Ober bedauerte, daß ein Tisch besetzt sei, weil hier immer die Herren Pragmatisten säßen, oder daß der Herr Konstruktivist sich heute zu den Herren Urchristen gesetzt habe. Das alles war den Stammgästen ganz geläufig und überhaupt nicht lächerlich.
>
> Nachdem der berühmte Lyriker den Tisch erreicht hatte, machte er sich mit allen bekannt, die er noch nicht kannte, und man unterhielt sich über zwei Themen: Einerseits über abstrakte Probleme, andererseits über die Praktiken, die es erlaubten, sich vom Kriegsdienst zu drücken. Alle Teilnehmer des geselligen Zirkels erlebten eigentlich den gleichen Prozeß: Sie waren gestört in ihren rein papierenen Vorstellungen, in denen sie bisher

gelebt hatten, waren konfrontiert mit einem wirklichen Leben, das während des Krieges in der blutigen Form des Soldatendaseins Gestalt gewann, und reagierten auf diesen Gegensatz mit Zynismen und Paradoxa.

☞ ***Opletalova (Mariengasse) Nr. 41/1683: ehemalige Wohnung der Familie Werfel***

An der gelbgestrichenen Fassade dieses Gebäudes ist eine zweisprachige Gedenktafel angebracht, die folgenden Wortlaut hat: »Hier wohnte der Prager Dichter Franz Werfel von 1903 bis 1912.« In der im ersten Stock gelegenen elterlichen Wohnung hatte Werfel ein Hofzimmer inne, in dem die meisten seiner erinnerungstrunken auf die Welt der Kindheit fixierten Gedichte entstanden sind, die in den lyrischen Sammlungen *Der Weltfreund* (1911) und *Wir sind* (1913) gedruckt wurden. Dazu gehört auch der folgende, Werfels Erstling entstammende Text:

Erster Frühling

Geht man heut' durch den Stadtpark, ist das Stroh von den Beeten weg,
Und schon schwillt stellenweise aus dem Braun des Rasens ein grüner Fleck.

Auf dem noch unüberkieselten Weg liegt Laub,Spreu und anderes Zeug verstreut.
Ihr starken Luftgeräusche! Woran erinnere ich mich heut'?

An mein Kinderzimmer, wenn jemand an der Nähmaschine saß.
Vergessenes Duett: Nähmaschine und fistelndes Gas!

Lagen da nicht auch, wie heute, Laub, Spreu und anderes mehr, –
Bunte Streifen, Flicken, Bänder, Volants und Seidenreste umher?

☞ ***Stadtpark (Vrchlického sady)***
Entlang der Ostseite der Opletalova erstreckt sich der 1880 auf den alten Wallanlagen der Prager Neustadt errichtete Stadtpark, der im Norden durch die Bolzanova begrenzt wird und gegen Süden mit seinem spitz zulaufenden Ende bis fast zum Nationalmuseum am oberen Ende des Wenzelsplatzes vorstößt. Hermann Grab (1903–1949), der gleichen sozialen Prager Schicht wie Werfel entstammend, hat in seinem Roman *Der Stadtpark* (1934) das Milieu des in diesem Viertel der Prager Neustadt sich konzentrierenden jüdischen Mittelstands psychologisch überzeugend nachgestaltet.

Wenn man in der eingeschlagenen Richtung auf der Opletalova weitergeht und dann linker Hand in die Anlagen einbiegt, steht man vor dem Eingang zum Prager Hauptbahnhof (Hlavní nádraží). Es handelt sich um ein in den siebziger Jahren entstandenes modernes Empfangsgebäude, das auf dem Gelände des Stadtparks errichtet und mit dem dahinterliegenden, 1901–1909 erbauten ehemaligen Franz-Josefs-Bahnhof mit seinen beiden Jugendstil-Türmen verbunden ist.

Die mit Baumgruppen, Grasflächen und Blumenbeeten ausgestattete Parkanlage war ursprünglich in ihrer Längsrichtung von drei Alleen durchzogen. Die mittlere, die gerade geführt und bekiest war, hat sich in dem heutigen, von Sitzbänken flankierten Spazierweg erhalten. An der Stelle, an der man jetzt den Hauptbahnhof betritt, lag ehemals ein Teich mit einer Insel, in den sich über mächtige Felsbrocken ein Wasserfall ergoß. Schon als Kleinkind wurde Werfel im Kinderwagen in den Stadtpark gefahren, später ging seine Kinderfrau Barbara Šimůnková dort mit ihm spazieren. In seinem Roman *Barbara oder Die Frömmigkeit* (1929) hat er dieser Gestalt ein Denkmal gesetzt, aber auch Erinnerungen an diese frühen Ausfahrten Gestalt werden lassen.

> Ferdinand trägt nun wahrhaftig Bilder in sich, die noch aus seinem frühesten Leben stammen. Und diese Bilder

sind von wunderbar sanften Gefühlen begleitet, gleich den Lebensresten einer jenseitigen Vorwelt, auf denen noch der Tau engelhafter Sphären schimmert. Er spürt sich zum Beispiel ganz deutlich in einem weißen Kinderwagen wohlgebettet liegen und durch die Hauptallee eines öffentlichen Gartens gefahren werden. Eine eigenartige, höchst beglückende Lage ist dies, ein welteinverstandenes Ruhen, wie es sich im künftigen Leben niemals mehr wiederholen wird, denn kein Glied lehnt sich gegen die wohlige Lähmung auf, die den ganzen Körper mit willenloser Süßigkeit erfüllt. Ebensowenig macht eine Pflanze die ehrgeizige Anstrengung, sich von der Wurzel loszureißen. Leise-schwebend vollzieht sich die Bewegung der Fahrt und das Gesicht bleibt regungslos dem Himmel zugewendet. Dieser Himmel aber ist ein ungeduldiger, ein überstürzter Wolkenzug, ein Strom im Eisgang, der von den schwankenden Platanenwipfeln der Allee wie von einem buschigen Ufer eingefaßt wird. Manchmal verschwindet der Himmel, denn Barbaras großes Gesicht schiebt sich vor und beugt sich über Ferdinand. Und nicht nur ihr Gesicht, auch der feine Geruch von Weichselholz, der von ihrem Scheitel ausgeht, kommt ihm nahe. Den Kragen ihrer Bluse verschließt eine große dunkle Brosche, in deren Mitte eine winzige Elfenbeinschnitzerei glänzt. Der kleine Ferdinand möchte darnach greifen …

☞ *Wilsonova (Parkstraße) Nr. 4/101: Staatsoper (Státní opera)*

Das ehemalige Neue deutsche Theater (mit Skulpturenschmuck auf dem Dach) hat eine entscheidende Rolle in Werfels Persönlichkeitsentwicklung gespielt. Hier sah er im Mai 1904 innerhalb der von Angelo Neumann, dem berühmten Prager Theaterdirektor, veranstalteten Maifestspiele Verdis *Rigoletto* mit Enrico Caruso in der Rolle des Herzogs, eine

Aufführung, die den Halbwüchsigen beeindruckte wie kein anderes Theaterereignis. Damals entflammte seine schon bestehende Neigung für die Bühne zu einer monomanischen Leidenschaft, die ihn während der folgenden Jahre ganz erfüllte. So nannten ihn die Mädchen im »Salon Goldschmied« (vgl. S. 147) Caruso, weil er Arien aus italienischen Opern herunterschmetterte, wenn der Klavierspieler des Hauses entsprechend intonierte. Die Liebe zur Oper bestimmte die Musikalität seiner Verse und führte später zur Konzeption seines *Verdi*-Romans.

Daß der junge Werfel, der nach dem Ersten Weltkrieg auch mit Theaterstücken große Erfolge hatte, nicht allein durch die im Neuen deutschen Theater aufgeführten Musikwerke beeindruckt wurde, zeigt sein 1943 gedrucktes Gedicht »Sechs Setterime zu Ehren des Frühlings von Neunzehnhundertfünf«, dessen beiden ersten Strophen wir folgt lauten:

Maria Immisch war der Lenz.
Mit Rührung und mit Reverenz
Entreiß der Schattenwelt ich ihren lieben Namen.
Im Jahre Fünf, als ich schon fünfzehn war.
– Man feierte das große Schillerjahr –
Da sah ich sie als Heldin der berühmten Dramen.
Noch heute ist mein Herz voll Dank.

Der Stadtpark war schon dicht belaubt.
Der Flieder rief. Mir ward erlaubt,
Das klassische Theater zu betreten.
Ich saß auf überfüllter Galerie.
Im Rausch des Bühnen-Zauberbildes stand sie,
Daß Stürme des Gefühls mein frisches Herz durchwehten,
Gleich Schillers jambischem Gesang.

Fünfter Spaziergang:

Beim braven Soldaten Schwejk
Über die Sofieninsel durch die Obere Neustadt

Der Riegerquai nach Süden. In dem linker Hand gelegenen Palais befindet sich heute das Goethe-Institut

Der Weg:

Václavské náměstí (Wenzelsplatz) – Jungmannova náměstí (Jungmannplatz) – Jungmannova (Jungmanngasse) – Charvátova (Charwatgasse) – Purkyňova (Purkyněgasse) – Ostrovní (Smetanagasse) – Opatovická (Opatowitzergasse) – Pštrossova (Pštrossischegasse) – Na struze (Rinnengasse) – Slovanský ostrov (Sofieninsel) – Masarykovo nábřeží (Riegerquai) – Myslíkova (Myslikgasse) – Odborů (Zborenetz) – Karlovo náměstí (Karlsplatz) – Vyšehradská (Wischehraderstraße) – Na slupi (Slupergasse) – Apolinářská (Apollinargasse) – Studničkova (Presslgasse) – Albertov (Albertsgasse) – Karlov (Karlshof) – Ke Karlovu (Karlshofer Gasse) – Na bojišti (Wahlstatt) – Sokolská (Sokolstraße) – Ječná (Gerstengasse) – Štěpánská (Stephansgasse) – Václavské náměstí (Wenzelsplatz)

Beim braven Soldaten Schwejk
Über die Sofieninsel durch die Obere Neustadt

Der Spaziergang führt durch Wohngebiete der Prager Neustadt, die weniger reich an hervorragenden Baulichkeiten sind als die geschichtsträchtigen Teile Prags, die bisher durchwandert wurden. Dabei wird das Vorstellungsvermögen des Betrachters besonders gefordert, weil mehrere auf dieser Route liegende literarische Schauplätze in Monumenten angesiedelt sind, die inzwischen dem Zahn der Zeit zum Opfer gefallen sind, so daß man sich in diesen Fällen mit der Besichtigung des Geländes zu begnügen hat, auf dem sich die betreffenden Gebäude einst erhoben, oder sich wenig ansprechenden Nachfolgebauten gegenüber sieht.

Zu Wort kommen auf dieser Route Detlev von Liliencron, Manfred Bieler, Gustav Meyrink, Franz Kafka, Paul Wiegler, Eduard Bass, Jaroslav Hašek, Franz Werfel und ein Prager Studentenlied.

☞ ***Jungmannova náměstí (Jungmannplatz) Nr. 4/773: Maria-Schnee-Kirche (chrám Panny Marie Sněžné)***

Als Detlev von Liliencron, der schon 1898 in Prag eigene Werke vorgetragen hatte (Näheres S. 86), im April 1904 neuerlich zu einem Rezitationsabend in die Stadt kam, führte ihn der Schriftsteller Oskar Wiener, der darüber in seinem *Alt-Prager Guckkasten* berichtet, zu der von Kaiser Karl IV. in Auftrag gegebenen und unter seinem Nachfolger Wenzel IV. (1378–1419) fortgesetzten Maria-Schnee-Kirche, die als Wahrzeichen der Prager Neustadt in den Ausmaßen den St. Veitsdom hätte übertreffen sollen, aber bis heute Fragment geblieben ist. Die Bautätigkeit kam während der Hussitenkriege zum Erliegen, in deren Verlauf Turm und vorderer Teil des ursprünglichen Kirchenschiffs durch Kampfhandlungen zerstört wurden. Während dieser Religionswirren, so erzählte Wiener seinem Gast, zog einmal eine Prozession böhmischer Protestanten mit Kreuz und Fahne an der Kirche vorbei. In diesem Augenblick löste sich ein Stein vom Dachgebälk und fiel in die Menge, die sich darüber so sehr erregte, daß Fanatiker in das Kloster eindrangen, die Mönche totschlugen und damit gleichsam ein Vorspiel zum Dreißigjährigen Krieg lieferten. Das blutige Geschehen ereignete sich knapp vor dem Prager Fenstersturz des Jahres 1618. (Vgl. S. 142) Liliencron hat sich von der Erzählung seines Freundes anregen lassen und für die letzte Fassung seines *Poggfred* (1908) (vgl. S. 87) die folgende Passage geschrieben:

In Prag bin ich entschieden mal geboren,
Vielleicht vor tausend Jahren, wer kanns wissen,
So ist mein Herz der alten Stadt verschworen;
Dort möcht ich immer meine Fahnen hissen.
Palerm und Ripen gehn mir nicht verloren,
Die waren auch von je mir Leckerbissen.
  In Prag aß ich auch mal im Blauen Stern
  Mit Oskar Wiener, einem Dichterherrn.

Du mußt es sehn, wenn sich der volle Mond
In seinen Gassen, Gäßchen eingefangen,
Wenn im Barock er auf den Kirchen thront,
Wenn seine Lichter den Hradschin umprangen,
Den silbernen Sarg Sankt Nepomuks umfangen,
Wenn er in Waldsteins großer Halle wohnt,
  Viel hundert Sagen singen und Geschichten,
  Ganz Praha ist ein Goldnetz von Gedichten.

Vorm Rathaus fand ich eine See von Blut:
Dreihunderteinundfünfzig Edelleute
Mit jedem ersten Sohn von ihrer Brut

Verstummten hier, dem Rachebeil zur Beute.
Versickert längst, versunken ist die Flut,
Doch sah mein geistig Auge sie noch heute.
  Der Winterkönig floh, futsch, futsch, futsch, floh,
  Bis er im Haag beim Brettspiel saß heilfroh.

Ich sah ein Kirchlein auch: »Marie im Schnee«
(Die Heilige Jungfrau, nordisch, tiefverschneit):
In einem Prozessionszug fällt, o weh,
Ein Stein. Tumult, Ade Besonnenheit.
Bautz: Martinez und Slavata. Herrje!
Der dreißigjährige Krieg steht schlachtbereit.
  Ein Steinwurf nur, ein einziger Steinwurf nur.
  Praha, na zdar! Dir gilt mein Liebesschwur.

Ripen: deutscher Name der Stadt Ribe in Dänemark.
im Blauen Stern: Liliencron wollte unbedingt im vornehmsten Prager Restaurant speisen, das sich im Hotel »Blauer Stern« am Graben befand, an dessen Stelle sich heute die »Česka národní banka« erhebt (Nr. 28/864).
Das Verspaar, das die erste Strophe beschloß, hatte ursprünglich gelautet:
  Auch saß ich sehr vergnügt im »blauen Löwen«,
  Die Wolken flitzten drüber hin wie Möwen.
Aber Oskar Wiener riet von dieser Version ab, da sie das Einbekenntnis eines Seitensprungs sei: Bei dem nicht mehr existierenden Haus »Zum blauen Löwen«, das ungefähr an der Stelle lag, an der sich heute Platnéřská und Zatecká kreuzen, handelte es sich um ein bekanntes Bordell in der Prager Altstadt.
See von Blut: die 1621 erfolgte Hinrichtung der gegen den Kaiser rebellierenden böhmischen Adligen auf dem Altstädter Ringplatz, vgl. S. 155.
in Waldsteins großer Halle: der Festsaal mit Spiegelgewölbe und reicher Stukkatur oder die »sala terrena« im Waldstein-Palais auf der Kleinseite, vgl. S. 85.
Winterkönig: der Kurfürst Friedrich V. von der Pfalz (1596–1632), der 1619 von den protestantischen Ständen Böhmens zum König gewählt worden war.
Praha, na zdar!: (tschechisch) Prag, Heil!

☞ *Charvátova (Charwatgasse)*

Die Charvatgasse ist der verschwiegene Ort einer Ehebruchsgeschichte, von der Manfred Bieler in seinem 1975 erschienenen Roman *Der Mädchenkrieg* nicht ohne Witz erzählt: Dr. Anton Sellmann, ein deutscher Bankier, ist mit seinem blinden Sohn und drei Töchtern im Frühjahr 1933 aus Deutschland nach Prag übersiedelt. Die älteste, die blonde Christine, heiratet den Juniorchef eines tschechischen Industrieunternehmens und wird von der Präsidialkanzlei für den Staatsfeiertag am 28. Oktober zu einem Empfang im Spanischen Saal auf der Prager Burg eingeladen (vgl. auch S. 115). Da Christine krank ist, begleitet ihn ihre Schwester Sophie. Als im Verlauf der Veranstaltung Jan seiner Schwägerin unter seltsamen Umständen seine Liebe erklärt, fährt Sophie mit ihm in ein Zimmer in der Prager Neustadt, das sie insgeheim gemietet hat. Da es an der Ecke der Charwatgasse liegt und vom Fenster die Hinterhöfe der Purkyňova (Purkyněgasse) und Spálená (Brenntegasse) zu sehen sind, muß es in dem nicht mehr existierenden Gebäude gelegen haben, das früher an der Nordostecke des mit einem Brunnen geschmückten freien Platzes stand, auf der sich heute die Metro-Station »Národní třída« befindet. Was dort geschieht, nachdem die beiden das im vierten Stockwerk liegende Domizil betreten haben, beschreibt Bieler mit folgenden Worten:

> Sophie hatte einen Hausschlüssel, stieg Amery voraus in die vierte Etage und sperrte dort zwischen zwei Eingängen eine Tür auf, an der eine Visitenkarte mit dem Namen ›Olga Siebenschein‹ und dem Titel ›stud. phil.‹ klebte.
> Es gab weder einen Flur noch eine Diele. Das Zimmer war kaum breiter als ein Korridor und reichte bis an eine Glastür heran, von der man auf einen Pawlatsch und in die Hinterhöfe der Purkyně- und der Brenntegasse blickte. Das aufgeschlagene Bett, die verschossenen Gardinen, der löchrige Linoleumläufer und der eiserne Ausguß erinnerten Amery an die Smichover Absteige, in die ihn im letzten Kriegsjahr eine Korrespondentin mitgenommen hatte, die für seinen Vater die ungarische Geschäftspost erledigte und deren Mann bei der italienischen Legion gewesen war.

»Wo ist denn dieses Fräulein Siebenschein?« fragte Amery und hängte den Zylinder an den Handtuchhalter.
»Hier«, sagte Sophie und sank in einen halben Hofknicks. Mit der gleichen Geste wie vorhin an der Garderobe griff sie sich wieder ins Haar, zog aber diesmal das Netz herunter und legte es auf den Tisch. Sie schüttelte das Haar, trat aus den Schuhen und fragte, ohne Amery dabei anzusehen: »Machst du das Licht aus?« Amery hörte im Dunkeln einen Reißverschluß sirren, dann klickte ein Haken, und ein Gummiband schnalzte gegen einen Stuhl. Sophie entkleidete sich mit einer solchen Selbstverständlichkeit, als kletterte sie aus einem verschwitzten Tennisdreß, um unter die Dusche zu gehen. Nur atmete sie anders als zuvor. Beim Einatmen schnappte sie, als hätte sie einen Schnupfen, und beim Ausatmen reichte die Luft für zwei.
»Es ist kalt hier«, flüsterte sie und hängte sich plötzlich an Amerys Hals.
In der Nachbarwohnung klatschte jemand in die Hände, als hätte er diesen Sprung gesehen. Es konnten aber genausogut Ohrfeigen sein.
»Ich liebe dich auch«, flüsterte Sophie wie eine verspätete Antwort auf das, was Amery im Spanischen Saal gesagt hatte, umklammerte seinen Nacken und schlug ihre Beine um seine Hüften.
Nebenan begann ein fistelnder Tenor die hussitische Schlachthymne zu singen: »Wer ihr, Gottesstreiter, für seine Gebote seid ...«, hörte aber nach der ersten Zeile wieder auf.
Amery suchte nach Sophies Mund, griff unter ihre Schenkel und trat mit ihr, ohne sie loszulassen, ans Fenster. Sie klemmte seine Lippen zwischen die Zähne, wand sich an seiner Brust und fing an zu stöhnen.
In einer etwas tieferen Lage setzte der Tenor wiederum ein, doch so als hätte er, während es still gewesen war, einige Strophen ausgelassen oder nur gesummt:

»Gedenket der Losung, die euch gegeben,
gehorchet den Hauptleuten,
jeder soll zu jedem stehn,
jeder halte zu seinem Regiment!«

»Komm!« bat Sophie und drückte ihre nasse Stirn gegen Amerys Kinn. »Oder ich springe aus dem Fenster.« Sie lehnte sich zurück, zerriß, um nicht absteigen zu müssen, ihre Hose, hob sich einen Augenblick an und rutschte dann sehr langsam an ihm herunter, bis sie so ausgefüllt war von einem reißenden und juckenden Schmerz, daß sie erstarrte. Der Tenor sang:

»Und so schreiet heiter: Herr, nieder mit dem Feind!
Nehmt eure Waffen in die Hand
und stürmt mit dem Ruf: Gott ist unser Herr!«

Nach der letzten Zeile schimpfte er wieder und schien einen Stuhl zerschlagen zu wollen. Dann ließ ein kurzes, aber vielstimmiges Quäken glauben, er habe an einer Harmonika gezogen oder sie beiseitegeworfen. Sophie begann, sich zu bewegen, indem sie sich von ihm wegschob und nach einer zitternden Pause wieder heranrutschte.
»Ich halte es nicht aus«, sagte sie, und Amery küßte sie.
»Ist es richtig so?« fragte sie in seinen Mund.
Er nickte.
»Ist es auch schön für dich?«
»Ja«, sagte er und drückte sie neben den Türrahmen.
»Oder möchtest du lieber …?« Sie konnte nicht weitersprechen, weil er sie gegen die Wand stieß, hinter der der Tenor ein für allemal entschlossen schien, seine Wohnung zu demolieren. Plötzlich richtete sie sich so hoch, als wollte sie wegfliegen. Amery hatte Mühe, sie zu halten. Dann seufzte sie, hing wie tot an ihm, bewegte aber

noch immer ihren Leib, ohne es zu wissen. Nebenan krachte Holz, splitterte Glas. Dazwischen ertönten Rufe wie: »Wenn ich dich erwische, erdrossele ich dich mit meinen Hosenträgern, du Schlange! – Aber wenn es einen Gott im Himmel gibt, kommst du eines Tages gekrochen und frißt mir aus der Hand!«

Amery fühlte Sophies stummes Lachen unter seinen Händen.

»Und weißt du auch, was ich dir dann sage ...?« schrie der Tenor, gab sich aber keine Antwort, denn ein rötlicher Glanz glitt auf einmal über die Wand, gleich danach ein blauer und ein weißer. Sophie hob den Kopf und schmiegte sich an Amery. Er trug sie ins Bett und legte sich neben sie. Sie hörten, wie der Nachbar auf den Holzbalkon trat und an den Himmel brüllte: »Dafür schmeißen diese Halunken das Geld weg!« Doch kaum hatte er diesen Satz heraus, war die letzte Rakete schon verraucht. Er trampelte eine Weile auf dem scheppernden Belag herum, als warte er auf eine Zugabe, und rief dann: »Nicht einmal ein richtiges Feuerwerk bringen diese Scheißer zustande!«

Pawlatsch: Vgl. S. 82.

Manfred Bieler wurde am 3. Juli 1934 in Zerbst (Sachsen-Anhalt) geboren. Nachdem er an der Berliner Humboldt-Universität Germanistik studiert hatte, ließ er sich 1957 als freier Schriftsteller nieder. 1964 übersiedelte er in die böhmische Metropole und heiratete eine Pragerin, welche später die Recherchen für den *Mädchenkrieg* durchführte. Bieler wurde tschechoslowakischer Staatsbürger und Mitglied des tschechoslowakischen Schriftstellerverbandes, emigrierte jedoch 1968 nach dem Einmarsch der Warschauer-Pakt-Staaten in Prag in die Bundesrepublik Deutschland, wo er 1971 die deutsche Staatsbürgerschaft annahm. Bieler, der in München lebt, wurde zuerst durch seinen Parodienband *Der Schuß auf die Kanzel* (1958) bekannt und ist seitdem mit Romanen hervorgetreten.

☞ ***Opatovická (Opatowitzergasse) Nr. 20/1587: »Dr. Haselmayers Behausung«***

Gustav Meyrink (vgl. S. 95) wurde durch das steinerne Wappen, das sich über dem Portal des Hauses befindet, zu seiner erstmals 1929 gedruckten Erzählung »Dr. Haselmayers weißer Kakadu« angeregt. Das Wappen zeigt unter einer Papstkrone einen Eberkopf und den vorderen Teil eines Einhorns, deren Profil einander spiegelbildlich zugeordnet ist. Der Text beginnt auf diese Weise:

> Jeder Gebildete weiß, daß Doktor Sacrobosco Haselmayer, der vor einigen Jahren am Morgen seines achtzigsten Geburtstages angeblich tot in seiner Bibliothek zu Prag aufgefunden wurde, die uralte Theorie versunkener Zeitläufte zu neuem Leben erweckte, der Mensch sei im symbolischen Sinne nur ein Ei, das, richtig bebrütet, auf geheimnisvolle Weise, einem – sagen wir kurz: »himmlischen« Vogel das Leben gäbe.
>
> Allgemein bekannt ist: Doktor Haselmayer war einer der merkwürdigsten Sonderlinge des jetzigen und vorigen Jahrhunderts. Eine Straße ist nach ihm benannt. Er hielt sich ein Menschenleben lang einsiedlergleich in seinem Barockpalais in der Opatowitzer Gasse verschlossen, das, einst um 1780 Stammsitz eines Grafen Sporck gewesen, in einer Flucht von Zimmern und Sälen die heute so berühmte Haselmayersche Bibliothek birgt.
>
> Ich schätze mich glücklich, einer der wenigen Lebenden zu sein, die den seltsamen Gelehrten jemals zu Gesicht bekommen haben: vielleicht können sich dessen außer mir nur noch zwei Personen rühmen: der greise Maler Sedlacek und eine bucklige böhmische Gemüsefrau, bei

der Doktor Sacrobosco Haselmayer täglich bei Morgengrauen eine Tüte Sonnenblumenkerne kaufte – wie sie mir sagte, hat er nur von solchen Früchten – wie ein Papagei – gelebt.
Das steinerne Wappenschild, das über dem Portal in der Mauer eingelassen ist, zeigt in zahlreichen Feldern die Symbole und Pantakel eines alten asiatischen Ordens, die »Sat Bhais«, von dem berichtet steht, er sei vor Jahrhunderten erloschen: ein Eber, sieben krummschnablige Vögel und vieles mehr. Eine später zu oberst des Schildes angebrachte Papstkrone verhüllt das eigentliche Geheimnis der Herkunft.
Sieben Vögel! Sat Bhais! – so heißt eine asiatische Papageienart, die die Gewohnheit hat, zu siebent zu fliegen. – Der Sage nach wurde einst Prag von sieben arabischen Wanderern gegründet! Ob sie Sat Bhais waren? Ob Doktor Haselmayer ein Sat Bhai war? Sind es die Überlieferungen jenes Ordens gewesen, aus denen er sein oft so phantastisch anmutendes Wissen schöpfte? In seinem schriftlichen Nachlaß wurde nichts gefunden, was darauf hingewiesen hätte!

☞ ***Slovanský ostrov (Sofieninsel)***

Nachdem man die zur Insel führende Steinbrücke überquert hat, wendet man sich nach links und geht an dem an dieser Stelle sich erhebenden großen Restaurant entlang. Dabei hat man einen schönen Blick auf die linker Hand sichtbare Häuserfassade der Uferstraße Masarykovo nábřeží. In dem dritten Gebäude von links, von der Einmündung der Na struze aus gerechnet, bemerkt man ein 1904/1905 errichtetes prächtiges Jugendstilhaus, dessen mit Rankenwerk überzogener Giebel links und rechts von Putten flankiert ist (Konskriptionsnummer 235). Hier wohnte der Schriftsteller Paul Wiegler, von dem gleich die Rede sein muß, vom Spätjahr 1909 bis Ende 1912.

Nachdem man den Biergarten (Zahradní restaurace) und den zum Lokal gehörenden Musikpavillon passiert hat, wendet man sich nach rechts zum Ufer. Rechter Hand, also dem Hauptgebäude vorgelagert, war zu Kafkas Zeiten eine sogenannte Schwimmschule installiert. Bei diesen Flußbadeanstalten handelte es sich um Holzkonstruktionen, die jedes Frühjahr in die Moldau gebracht und im Herbst wieder daraus entfernt wurden, weil sie sonst in der schlechten Jahreszeit in dem damals noch unregulierten Fluß durch Hochwasser und Treibeis zerstört worden wären. Die Schwimmschulen wurden von der Prager Mittelschicht aus hygienischen Gründen gemieden. Das Moldauwasser, so pflegte man im Blick auf die regelmäßig in den Zeitungen veröffentlichten alarmierenden Sanitätsberichte zu sagen, wirke sofort und zuverlässig, nämlich absolut tödlich.

Kafka, der ein gewandter Schwimmer und Ruderer war, hat jedoch seit frühester Jugend diese Badeanstalten gleichwohl häufig besucht. Im Sommer 1920 hatte er auf der Sofieninsel ein Erlebnis, das er wenig später in einem Brief an die tschechische Journalistin Milena Jesenská erzählt. Zum besseren Verständnis seines der Komik nicht entbehrenden Berichts sei noch erwähnt, daß Kafka sehr mager war und ein ausgesprochen ephebenhaftes Aussehen hatte.

> Nicht immer war mir in der letzten Zeit so schlecht, es war auch schon zeitweilig sehr gut, mein Hauptehrentag war aber etwa vor einer Woche. Ich mache in meiner ganzen Ohnmacht den endlosen Bassin-Rundspaziergang auf der Schwimmschule, es war schon gegen Abend, viele Leute waren nicht mehr dort, aber immerhin noch genug, da kommt der zweite Schwimmeister, der mich nicht kennt, mir entgegen, sieht sich um als ob er jemanden sucht, bemerkt dann mich, *wählt* mich offenbar und fragt: Chtěl byste si zajezdit? Es war da nämlich ein Herr, der von der Sophieninsel heruntergekommen war und

sich auf die Judeninsel hinüberfahren lassen wollte, irgendein *großer* Bauunternehmer glaube ich; auf der Judeninsel werden große Bauten gemacht. Nun muß man ja die ganze Sache nicht übertreiben, der Schwimmeister sah mich armen Jungen und wollte mir die Freude einer geschenkten Bootsfahrt machen, aber immerhin mußte er doch mit Rücksicht auf den *großen* Bauunternehmer einen Jungen aussuchen, der genügend zuverlässig war sowohl hinsichtlich seiner Kraft, als auch seiner Geschicklichkeit, als auch hinsichtlich dessen, daß er nach Erledigung des Auftrages das Boot nicht zu unerlaubten Spazierfahrten benützt, sondern gleich zurückkommt. Das alles also glaubte er in mir zu finden. Der große Trnka (der Besitzer der Schwimmschule, von dem ich Dir noch erzählen muß) kam hinzu und fragte ob der Junge schwimmen könne. Der Schwimmeister, der mir wahrscheinlich alles ansah, beruhigte ihn. Ich hatte überhaupt kaum ein Wort gesprochen. Nun kam der Passagier und wir fuhren ab. Als artiger Junge sprach ich kaum. Er sagte, daß es ein schöner Abend sei, ich antwortete: ano, dann sagte er, daß es aber schon kühl sei, ich sagte: ano, schließlich sagte er, daß ich sehr rasch fahre, da konnte ich vor Dankbarkeit nichts mehr sagen. Natürlich fuhr ich im besten Stil bei der Judeninsel vor, er stieg aus, dankte schön, aber zu meiner Enttäuschung hatte er das Trinkgeld vergessen (ja, wenn man kein Mädchen ist). Ich fuhr schnurgerade zurück. Der große Trnka war erstaunt, daß ich so bald zurück war. – Nun, so aufgebläht vor Stolz war ich schon lange nicht wie an diesem Abend, ich kam mir Deiner um ein ganz winziges Stückchen, aber doch um ein Stückchen mehr wert vor als sonst. Seitdem warte ich jeden Abend auf der Schwimmschule ob nicht wieder ein Passagier kommt, aber es kommt keiner mehr.

Chtěl byste si zajezdit?: Möchten Sie fahren?
ano: ja.
Judeninsel: der der Sofieninsel am jenseitigen Moldauufer direkt gegenüberliegende Dětský ostrov, der heute allerdings an seinem südlichen Ende fest mit dem Ufer verbunden ist.

☞ *Masarykovo nábřeží (Riegerquai) Nr. 8/2017: »Das Haus an der Moldau«*

In diesem Haus wohnte der französische Schriftsteller Paul Claudel (1868–1955) während der Zeit, in der er als Konsul in Prag tätig war (Ende 1909 bis zum Sommer 1911), und zwar in einer Wohnung, die zuvor Paul Wiegler innegehabt hatte.

Paul Wiegler (1878–1949) hat das Gebäude, das als einziges der Straßenfront ein neugotisches Gepräge zeigt, im Titel und Text seines Romans *Das Haus an der Moldau* (1933) verewigt. Wiegler war von 1908 bis 1912 als Literaturkritiker bei der deutschen Tageszeitung *Bohemia* in Prag angestellt und anschließend im Berliner Ullstein-Verlag als Lektor und Journalist tätig. In seinem Roman, an dessen Ende sich der Protagonist Schandara aus seiner im obersten Stockwerk des Hauses liegenden Wohnung stürzt, wird ein detailreiches Bild von der vor dem Ersten Weltkrieg in der Stadt herrschenden Atmosphäre und ihren topographischen Eigenarten entwickelt. Das Panorama, das die Hauptfigur beim Blick aus dem Fenster genießt, wird auf folgende Weise beschrieben:

> Die neue Wohnung war am Riegerkai, in einem Haus an der Myslikgasse. Sechs Männer in blauem Schurz schleppten ihre Lasten durch das eiserne und gläserne Tor, das mit den Rippen eines schmalen Bogens der Gotik des Wladislaw-Saales nachgebildet war, bis ins oberste, das fünfte Stockwerk, das vierte über dem Mezzanin. Die weiten Moldauufer sah man dort. Ganz zur Linken, im Rauch die Westbahnbrücke zwischen Smichow und Wyschehrad und die Hügel über Koschiř, zur Rechten die

Karlsbrücke und jenseits des Stroms die Hradschinstadt, geradeaus den Kinskypark und den Petřín mit dem Eiffelturm. Dicht am Kai die Zwiebelkuppe des braunen Schitkauer Turms, die Mühleninsel, die in das vereiste Strombett vorsprang, bis zu den Planken und Stämmen des Wehrs. Zuweilen kamen Arbeiter, die sich unter den knorrigen Baum der Inselbastion stellten und über den Fluß hinüberschauten; oder Mehlsäcke wurden verladen. Drunten, den Kai säumend, harrten Eistransporte in dichten Kolonnen. Die zertrümmerten weißen Flächen schwammen, mit Haken gestoßen, heran. Immer schoben sich Wagen die schräge Uferstraße hinauf, denen entgegen, die leer zurückfuhren. Schwindelnd maß der Blick die Tiefe. Frost drang in die großen, hohen Zimmer von dem Balkon, der dem mittleren der Räume vorgebaut war. Wasserspeier leiteten die Nässe von ihm ab. Rohre mit Figuren von grauem Stuck, gespenstische Fratzen, ähnlich den Teufeln und Basilisken der Notre Dame.

Wladislaw-Saales: Die Linienführung der runden Portaleinfassung aus Stein erinnert an den 1493–1502 für Wladislaw II. (1471–1516) errichteten Saal im ehemaligen Königspalast auf dem Hradschin. Die Türflügel haben im oberen Teil eine Glasfüllung, die durch ein davorliegendes, schmiedeeisernes Gitter im Stil der Renaissance geschützt ist.
Kinskypark: die Kinského zahrada ist jenseits des Flusses links von der Hungermauer (vgl. S. 56) zu sehen, deren oberes Ende zwischen den Baumkronen erkennbar ist.
den Petřín mit dem Eiffelturm: vgl. S. 18 und 55.
schräge Uferstraße: die vom Restaurant »Mánes« schräg abwärts führende Straße mit Kopfsteinpflaster, auf der man früher das zur Kühlung des Biers benötigte Eis auf Pferdewagen in die Lokale der Stadt führte.

☞ *Karlovo náměstí (Karlsplatz)*

Über Myslíkova und Odborů erreicht man die Nordseite des Karlsplatzes, auf dem Kafka im Sommer 1920 seiner zweiten Verlobten Julie Wohryzek auf einem Spaziergang seine Liebe zu Milena Jesenská gestand. Diese Beziehung hatte sich aufgrund eines Briefwechsels ergeben, den Kafka in den vorausliegenden Monaten von Meran aus mit der tschechischen Journalistin geführt hatte. Wie Julie sein Geständnis aufnahm, berichtet er in einem Schreiben an Milena vom 5. Juli dieses Jahres:

> [...] als wieder die Hauptsache zur Sprache kam – lange Minuten zitterte das Mädchen neben mir auf dem Karlsplatz am ganzen Körper – konnte ich doch nur sagen, daß neben Dir alles andere, mag es auch an sich unverändert bleiben, verschwindet und nichts wird. Sie stellte ihre letzte Frage, gegen die ich immer wehrlos gewesen bin, nämlich: »ich kann nicht weggehn, schickst Du mich aber fort, dann gehe ich. Schickst Du mich fort?« (Irgendetwas, vom Hochmut abgesehen, tief abscheuliches steckt darin, daß ich das erzähle, aber ich erzähle es aus Angst um Dich. Was täte ich nicht aus Angst um Dich. Sieh doch was für eine merkwürdige neue Angst.) Ich antwortete: »Ja.« Darauf sie: »Ich kann doch nicht gehn.«

☞ ***Karlovo náměstí Nr. 14/292: »Schwarzes Bräuhaus« (»Černý Pivovar«)***

Das in der Zeit der Donaumonarchie weithin bekannte Lokal hat sich nur dem Namen nach, nicht aber als Bauwerk und in seiner ursprünglichen Zweckbestimmung erhalten. Es präsentiert sich heute als Schnellbüfett in einem häßlichen Neubau.

In Prag gab es im 19. Jahrhundert zahlreiche in Familienbesitz befindliche Brauereien, die nach alten Firmenschildern oder längst verstorbenen Eigentümern benannt und allgemein bekannt waren. Sie hatten Schankstuben, in denen auch Besucher aus der Provinz einzukehren pflegten, wenn sie in Prag zu tun hatten. Anwohner holten das Bier in offenen Krügen zum Hausgebrauch, eine Sitte, die sich teilweise bis in die Gegenwart erhalten hat. Das »Schwarze Bräuhaus« ist Gegenstand einer Humoreske geworden, die den Satiriker Eduard Bass zum Urheber hat:

Mařena kam nach Prag in Stellung. Am Morgen führte sie der Dienstherr aus dem Hause in der Hopfenstockgasse, zeigte ihr, wo der Kaufmann ist, wo der Metzger, wo der Bäcker, führte sie auf den Karlsplatz, ging mit ihr durch den Park und zeigte ihr das Schwarze Bräuhaus, wo sie immer das Bier holen soll.
Mařena nickte, sie werde sich alles merken, kaufte glücklich am Morgen ein und fand auch glücklich mittags ins Schwarze Bräuhaus. Aber kaum nahm sie den Krug mit dem Bier auf, schmetterte draußen auf dem Platz Musik los. Mařena durchzuckte es. Sie rannte aufs Trottoir hinaus und war wie vom Donner gerührt.
Von oben wälzten sich Ströme von Menschen, die Musik spielte, daß es ihr in die Beine fuhr. Und all die Massen marschierten schön im Takt, das schwang nur so und wiegte sich. Mařena war wie betäubt. Ihr Leben lang hatte sie so etwas Schönes nicht gehört. Aber schon war dieser ganze Schwall von Soldaten und Zivilisten bis vors Schwarze Bräuhaus gelangt. Und auf einmal nahm

Der Karlsplatz in der Neustadt

jemand Mařena untern Arm. »Mařenka, kommen Sie mit!« rief der Unbekannte, und weil die Musik spielte und weil Mařenas Füße schon tanzten und weil sie der junge Mann kannte, obwohl sie sich um nichts in der Welt erinnern konnte, woher, gab sie sich dem mitreißenden Strom hin, drückte fest den Krug an sich und ging mit.

Und die Trompeten lachten, die Tschinellen klirrten, und die Trommel schien jeden Schritt zu loben; und der ganze freudige Rhythmus trug Mařena wie auf Traumesflügeln. Erst als das dritte Stück zu Ende gespielt war, flog es ihr durch den Sinn: Die Herrschaften warten auf das Bier! Sie erschauerte, entriß sich ihrem Begleiter, quetschte sich aus dem Gedränge heraus und wartete, bis der ganze Zug vorbei war. Langsam schaute sie sich um, aber da wurde ihr bange. Vor ihr ragte ein hoher Turm auf, ringsum waren lauter riesige Paläste, angestaute Reihen von Straßenbahnen fuhren in alle Richtungen los, sie donnerten über die Geleise und bimmelten, Automobile hupten, pfiffen, kreischten, Droschkenkutscher schrien, die Leute drängten sich hierhin und dorthin, alles eilte und fuhr und hastete, nur Mařena stand hier allein mit ihrem Krug, verlassen, namenlos fremd unter Fremden. Plötzlich fiel von all der Hast und von den großen Gebäuden eine furchtbare Beklemmung auf sie. Sie wandte sich nach rechts, sie wandte sich nach links, aber wo sie hergekommen war, wußte sie nicht. Sie fühlte nur immer mehr, daß sie gleich in Tränen ausbrechen würde, in ein fürchterliches Geheul, damit sich die Leute ihrer erbarmten und sie zu ihrer Herrschaft führten. Und als sie schon das Gesicht zum Weinen verzog, da sprach jemand sie von hinten an:

»Was sucht Sie denn hier, Jungfer, was denn?«

Sie schaute sich um, hinter ihr stand ein Polizist. Groß, stark, mit roten Backen.

»Ich … ich kann nicht nach Hause finden«, stammelte Mařena, »bin nur ein Stückchen mitgegangen, ein ganz kleines Stückchen mit der Musik, und jetzt kenn ich mich hier nicht aus.«
»Und wo wohnt Sie?«
»Ich … ich weiß nicht, wie das heißt.«
»Wie lang ist Sie in Prag?«
»Den ersten Tag.«
»Und wie heißt Ihr Herr?«
»Ich weiß nicht.«
»Und wo hat Sie das Bier geholt?«
»Ich weiß nicht.«
Mařena kullerten schon die Tränen über die Wangen. Der Polizist betrachtete sie nachdenklich. Das war ein schwerer Fall.
Plötzlich kam ihm ein Einfall.
»Reich Sie mir das Bier!«
Er nahm den Krug, blies den Schaum weg, schaute hinein, schnupperte bedächtig, setzte den Krug an den Mund und nahm einen tiefen Schluck. Dann rieb er sich mit der Zunge den Gaumen, um fachmännisch den Geschmack zu prüfen, und plötzlich wandte er sich an Mařena:
»Bei Primas?«
Mařena schüttelte den Kopf. Nein, so hatte das Bräuhaus nicht geheißen. Der Wachmann nahm einen neuen Schluck, kostete wieder das Bier.
»Bei Schönflocks, was?«
»Nein, anders.«
»Sapperlot, das ist komisch«, bemerkte der Wachmann und trank wieder. »Es wird doch nicht von Fleck sein?«
»Nein, das hieß anders.«
Jetzt war auch der Wachmann mit seinem genialen Einfall am Ende. Er hob zum vierten Mal den Krug, aber da schnauzte jemand empört:

»Schämen Sie sich nicht?! Am hellichten Tag Bier auf der Straße zu trinken! Sie sind doch im Dienst, oder? Können Sie nicht in ein Haus gehen?«
Der Polizist erschrak, knallte die Hacken zusammen, legte die Linke mit dem Krug an die Hosennaht und salutierte mit der Rechten. Der Herr Revierinspektor!
»Melde gehorsamst, Herr Revierinspektor, das ist nicht wegen dem Durst. Das Mädel hat sich verirrt, und wir wissen nicht, woher sie ist. Vielleicht kann man nach dem Bier ...«
Der Revierinspektor durchbohrte zuerst den Wachmann mit Blicken, dann Mařena, dann den Krug. Sie erklärten ihm beide, was passiert war. Er brummte und knurrte, blitzte mit den Augen nach den Leuten, die sich bereits ringsum scharten, aber da half alles nichts – etwas mußte geschehen!
»Geben Sie den Krug her!« herrschte er schließlich den Wachmann an.
Dieser reichte ihm respektvoll den Krug, und der Herr Revierinspektor hob ihn, die Neugierigen nicht achtend, an den Mund und tat einen tüchtigen Zug. Dann ließ er den Krug sinken, schaute eine Weile hinter den Pulverturm in die Ferne, leckte sich die Lippen, strich sich den Schnurrbart und sagte bieder:
»Machen Sie kein langes Gerede, Mann, und zeigen Sie dem Mädel den Weg. Das ist Schwarzes Bräuhaus.«

Eduard Bass (1888–1946) war ein Freund Jaroslav Hašeks und zunächst Liedertexter, Rezitator und Sänger an Prager Kabaretts. Nach dem Ende des Ersten Weltkriegs arbeitete er als Journalist an Prager tschechischen Zeitungen. Die 1936 veröffentlichte Erzählung nimmt ihren Ausgangspunkt in der nahe gelegenen Navrátilova (Hopfenstockgasse) und führt die Heldin zum Prašné brány (Pulverturm) am náměstí Republiky.

☞ ***Na slupi (Slupergasse) Nr. 19/1445: ehemalige Gärtnerei Dvorský***

Nichts an dem heute unbebauten, durch eine hohe Mauer den Blicken des Betrachters entzogenen Gelände gegenüber Kirche, Kloster und Spital der Elisabethinerinnen (1724–1731 von Kilian Ignaz Dientzenhofer erbaut) erinnert mehr daran, daß hier ehemals eine Gärtnerei lag, in der Kafka aus- und einging. Um sich von seiner, wie man damals sagte, Neurasthenie zu heilen, wollte er in seiner Freizeit Gartenarbeit verrichten und sprach deswegen bei der Gärtnerei Dvorský vor, die ihn im Frühjahr 1913 auf einem ihrer Felder beschäftigte. In einem Brief an Felice Bauer (vgl. S. 205) berichtet er von seinen diesbezüglichen Erfahrungen:

> Merkst Du an meiner Schrift, daß ich heute schon schwere Arbeit geleistet habe und der Federhalter für mich schon eine zu leichte Sache ist? Ja, ich habe heute zum erstenmal beim Gärtner draußen in Nusle, einer Vorstadt, gearbeitet, im kühlen Regen nur in Hemd und Hosen. Es hat mir gut getan. Und es war nicht ganz leicht, eine Stelle zu finden. Dort in der Gegend gibt es zwar viele Gemüsegärten, aber sie stehn ganz frei, ohne Umzäunung, zwischen Häusern, und gerade abend nach Arbeitsschluß, also gerade wenn ich arbeiten will, ist dort ringsherum viel Verkehr, amerikanische Schaukeln, Karussells, Musik; wie hübsch das auch sonst ist, als Arbeitsplatz hat mir das nicht sehr gefallen, besonders auch, da in diesen Gemüsegärten, die meist ganz klein sind und armen Leuten gehören, der Anbau sehr einförmig ist und man deshalb nicht viel erlernen kann. Nun wollte ich ja eigentlich nichts erlernen. Mein Hauptzweck war, mich für ein paar Stunden von der Selbstquälerei zu befreien, im Gegensatz zu der gespensterhaften Arbeit im Bureau, die mir förmlich davonfliegt, wenn ich sie fassen will – dort im Bureau ist die

wahre Hölle, eine andere fürchte ich nicht mehr –, eine stumpfsinnige, ehrliche, nützliche, schweigsame, einsame, gesunde, anstrengende Arbeit zu leisten. Ganz ehrlich ist ja schon diese Begründung nicht, denn ich halte die Selbstquälerei, die ich immerfort ausführe, durchaus nicht für überflüssig, sondern sogar für höchst notwendig und im Verhältnis zu Dir, Liebste, sollte mich diese Quälerei eigentlich durchbohren zu Deinem Glück. Aber für 2 Stunden wollte ich die Qual los sein und ruhig und glücklich an Dich denken dürfen und schließlich vielleicht mir für die Nacht einen ein wenig besseren Schlaf verdienen. Aber mit solchen Erklärungen hätte ich die Leute stutzig gemacht und es hätte mich vielleicht niemand aufgenommen, deshalb sagte ich, ich werde in absehbarer Zeit einen eigenen Garten haben und wolle deshalb ein wenig Gärtnerei erlernen.

☞ *Apolinářská (Apollinargasse) Nr. 6/445: ehemaliges Lokal »Gifthütte«*

Im Vorgängerbau dieses Gebäudes befand sich früher ein Medizinerbeisel, das den Namen »Gifthütte« führte und bis zur Teilung der Prager Universität im Jahr 1882 von Studenten beider Nationalitäten besucht wurde. Die zum Lokal gehörige Kegelbahn lag unmittelbar neben dem Chor der aus dem 14. Jahrhundert stammenden St.-Apollinaris-Kirche (kostel svatého Apolináře na Větrově). Vom Wirtshaus-Garten konnte man in südlicher Richtung ins Tal der Botič und zu den dahinter liegenden Felsenhöhen des Wischehrad (Vyšehrad) sehen, die vom Doppelturm der Kollegiatskirche St. Peter und Paul beherrscht werden. Weiter links erhebt sich heute der nach dem Zweiten Weltkrieg errichtete Monumentalbau des Kulturpalastes (Palác kultury).

Wie Erwin Kisch in seinem Buch *Aus Prager Gassen und Nächten* berichtet, gab es in der »Gifthütte« Wurstfeste, Kegelabende und medizinische Dauersitzungen, die erst beendet wurden, wenn die Wirtin nichts mehr anschreiben wollte; außerdem einen Beduinenknaben, der von einem Afrikareisenden seinem im Haus wohnenden Bruder zur Pflege übergeben worden war und bald als Liebling der Anwohner galt. Berühmt waren die sogenannten Jodoform-Kränzchen, in denen sich die Ärzte des benachbarten Garnisonshospitals, des Allgemeinen Krankenhauses und der Landesirrenanstalt mit den dienstfreien Wärterinnen der medizinischen Institute, den Dienstmädchen des Lehrpersonals und den Hörerinnen der Hebammenkurse zusammenfanden, die im nahen Gebärhaus abgehalten wurden. Hier entstand 1853, zu der Glanzzeit der Prager medizinischen Schule, die viele auswärtige Studenten anzog, ein dem genius loci huldigendes Studentenlied, das solchen Anklang fand, daß es in die Kommersbücher einging. Es sei hier in einer Fassung von 1885 wiedergegeben, wobei zu erwähnen wäre, daß in der betreffenden Ausgabe die dritte Strophe in griechischen Buchstaben gedruckt worden ist:

Das ehemalige Studentenbeisel »Gifthütte« in der Apollinargasse

Das Prager Lied

Hin nach Pragien, hin nach Pragien,
sollst du Musengaul mich tragien,
wo die Gulden flöten gehn,
wo mit Deutschlands blonden Söhnen
sich des Slavenstammes Schönen
nur in einem Punkt verstehn!

Zum Spital, dem allgemeinigen,
soll ich meinen Fuß beschleunigen,
wo der Jüngling arzten lernt,
wo auch ohne venae sectio
die entzündliche affectio
aus der pleura sich entfernt.

Auf den Windberg, auf den steiligen,
möcht' ich zu den Jungfraun eiligen,
mit geräumigem Utero,
drin am Nabelstrang, dem keuschen,
nach den Plazentargeräuschen
lächelnd hüpft der Embryo.

Zu Appoligen, zu Appoligen,
will ich auch im Geist mich trolligen,
wo der Tischgast attrophiert,
wo zum Tanz die Heska Holka
nach dem Klang der muntern Polka
den Primär' am Bändchen führt.

Zur Bastei möcht' ich hinanigen,
wo der Herbstwind mit Kastanigen
nach dem Haupt des Wandrers zielt,
dort wo unter Samtmantillen
für den Lustwandlör im Stillen
menschlich die Chlorose fühlt.

Endlich auch zum edlen Bindiger
möcht' ich sein ein Pfadfindiger,
wo der Hase gülden hüpft,
wo des fröhlichen Tokayer
kühlend heißes Freudenfeuer
durch den Pharynx willig schlüpft.

Hierher wird mit Wehmutsthränigen
stets das Herz retour sich sehnigen,
klopft es wiederum daheim,
hier wo jetzt bei Weines Blitzen
abortiert in schlechten Witzen
Doctor medicinae Keim.

Arzt, Chirurgus und für Kinder
auch vereidigter Entbinder
aus der preuß'schen Monarchei
Prag im Mai am letzten Datum,
in dem Jahr post Christum natum
achtzehnhundert, fünfzig, drei.

ohne venae sectio: die Kunst, eine Lungenentzündung ohne Aderlaß zu behandeln.
Windberg: Der nächste Weg vom Eingang des Allgemeinen Krankenhauses, das den südlichen Teil der Ostseite des Karlsplatzes einnimmt, zur »Gifthütte« führte über die Windberggasse (Pod větrovem), die an der Ostseite des Krankenhauses nach Süden verläuft.
Appoligen: die »Gifthütte« (wegen ihrer Nachbarschaft zur St.-Apollinaris-Kirche).
Heska Holka: tschechisch: schönes Mädchen.
Primär': Primarius, Oberarzt.
Bastei: Festungsbauten auf dem Wischehrad, vgl. S. 289.
Chlorose: Bleichsucht.
Bindiger: Das heute noch bestehende Lokal »U Bindrů« (»Zum Binder«, vulgo: »Erpet pizzerie«) am Altstädter Ring (Staroměstské náměstí) Nr. 25/479.

☞ *Karlshof (Karlov)*

Das bis 1787 bestehende Augustiner-Kloster wurde von Karl IV. gegründet, der hier Karl dem Großen ein Andenken stiften wollte. Die 1377 geweihte Kirche, ein Werk Peter Parlers, gehört mit ihrer architektonisch kühnen Sterngewölbekuppel zu den bemerkenswertesten spätgotischen Baudenkmälern. Rilke erwähnt das Monument in einem Gedicht aus den *Larenopfern* (1895), dessen Perspektive allerdings in dem südlich davon gelegenen Tal der Botič liegt, in dem sich der Stadtteil Nusle ausbreitet. Bei dem im Text erwähnten Maler handelt es sich um den Engländer Thomas Millie Dow (1848–1919), dessen träumerisch-weich gestimmte Landschaftsdarstellungen Rilke in München kennengelernt hatte.

Unser Abendgang

Gedenkst du noch, wie guter Dinge
wir wallten durch das Nusler Tal;
zwei kleine, blaue Schmetterlinge
verflatterten im Abendstrahl.

Am Häuschen lehnte die Melone
dort – wie auf einem Bilde Dows,
und herrlich mit der Kuppelkrone
hob sich das Haupt des Karlshofs.

Im West war noch der Weizen golden
blaugrün verdämmerte der Kohl;
die ersten weißen Sternendolden
umzitterten den Himmelspol.

☞ Na bojišti (Walstatt) Nr. 14/1732: Gasthaus »Zum Kelch« (hostinec »U kalicha«)

Dieses Lokal war eine der Kneipen, die Jaroslav Hašek zu besuchen pflegte. Sie ist durch seinen Roman *Die Abenteuer des braven Soldaten Schwejk* berühmt geworden, vor allem durch eine Passage im zweiten Teil, am Ende des vierten Kapitels, wo Schwejk und sein Kumpan Woditschka (vulgo: »Wässerchen«) voneinander Abschied nehmen, weil jeder zu seinem Truppenteil zurückkehren muß. Bei dieser Gelegenheit sagt Schwejk: »Bis der Krieg vorbei sein wird, so komm mich besuchen. Du findest mich jeden Abend ab sechs Uhr beim ›Kelch‹, Na Bojischti.« Woditschka verspricht es, und nachdem sie auseinandergehend sich darüber verständigt haben, was von diesem Lokal zu erwarten sei, kommen sie noch einmal auf ihre Verabredung zurück:

»Also nachm Krieg, um sechs Uhr abends!« schrie Woditschka von unten.
»Komm lieber um halb sieben, wenn ich mich irgendwo verspäten möcht«, antwortete Schwejk.
Dann ließ sich noch aus weiter Ferne Woditschka vernehmen: »Um sechs Uhr kannst du nicht kommen?«
»Also komm ich um sechs«, erreichte Woditschka die Antwort des sich entfernenden Kameraden.

Wie man weiß, hat Schwejk Wort gehalten. Aber nicht vom Ende des Romans soll hier die Rede sein, sondern von seinem Anfang, der ebenfalls im Gasthaus »Zum Kelch« spielt, wo sich Schwejk und ein österreichischer Geheimpolizist als einzige Gäste gegenübersitzen.

Der Zivilpolizist Bretschneider verstummte endgültig, und sein betrübter Ausdruck heiterte sich erst bei der Ankunft Schwejks auf, der bei seinem Eintritt in das Wirtshaus ein schwarzes Bier mit folgender Bemerkung bestellte:
»In Wien ham sie heut auch Trauer.«
Bretschneiders Augen leuchteten voller Hoffnung auf. Er sagte kurz:
»Auf Konopischt hängen zehn Fahnen.«
»Es sollten zwölf dort sein«, sagte Schwejk nach einem Schluck.
»Warum meinen Sie zwölf?« fragte Bretschneider.
»Damits eine runde Zahl gibt. Aufs Dutzend rechnet

sichs besser, und im Dutzend kommt auch alles billiger«, antwortete Schwejk. Es trat Stille ein, die Schwejk selbst durch folgenden Stoßseufzer unterbrach:

»Also er ruht schon in Gottes Schoß. Gott geb ihm ewigen Frieden. Es hats nicht mal erlebt, daß er Kaiser worden is. Wie ich beim Militär gedient hab, is einmal ein General vom Pferd gefalln und hat sich in aller Seelenruh erschlagen. Man wollte ihm wieder aufs Pferd helfen, ihn hinaufheben, da sieht man, daß er mausetot is. Und er hat auch zum Feldmarschall avancieren solln. Das is bei einer Parade geschehn. Diese Paraden führen nie zu was Gutem. In Sarajewo war auch so eine Parade. Ich erinner mich, daß mir bei so einer Parade einmal zwanzig Knöpfe bei der Montur gefehlt ham und daß ich dafür vierzehn Tage Einzel gefaßt hab. Zwei Tage bin ich krummgeschlossen gelegen wie Lazarus. Aber Disziplin muß beim Militär sein. Sonst möcht sich niemand aus jemanden was machen. Unser Oberlajtnant Makovec hat uns immer gesagt: ›Disziplin, ihr Heuochsen, muß sein, sonst möchtet ihr wie die Affen auf den Bäumen klettern. Aber das Militär wird aus euch Menschen machen, ihr Trotteln.‹ Und is das nicht wahr? Stellen Sie sich einen Park vor, sag mr aufn Karlsplatz, und auf jedem Baum einen Soldaten ohne Disziplin. Davor hab ich immer die größte Angst gehabt.« »Das in Sarajewo«, knüpfte Bretschneider an, »haben die Serben gemacht.«

»Da irren Sie sich aber sehr«, antwortete Schwejk. »Das ham die Türken gemacht, wegen Bosnien und Herzegowina.«

Und Schwejk legte seine Ansichten über die internationale Politik Österreichs auf dem Balkan dar. Die Türken hätten im Jahre 1912 den Krieg mit Serbien, Bulgarien und Griechenland verloren. Sie hatten damals wollen, Österreich solle ihnen helfen, und als dies nicht geschah, schossen sie Ferdinand nieder.

»Hast du die Türken gern?« wandte sich Schwejk an Palivec. »Hast du diese heidnischen Hunde gern? Nicht wahr, das nicht.«
»Ein Gast wie der andere«, sagte Palivec, »und wenns auch ein Türke is. Für uns Gewerbetreibende gibts keine Politik. Bezahl dein Bier und setz dich und quatsch, was du willst. Das ist mein Grundsatz. Ob unsern Ferdinand ein Türke oder ein Serbe, ein Katholik oder Mohammedaner, ein Anarchist oder Jungtscheche umgebracht hat, ist mir ganz powidel.«
»Gut, Herr Wirt«, ließ sich Bretschneider vernehmen, der wiederum die Hoffnung aufgab, einen von den beiden in die Enge treiben zu können. »Aber Sie werden zugeben, daß das ein großer Verlust für Österreich ist.«
Statt des Wirtes antwortete Schwejk:
»Ein Verlust ist es, das läßt sich nicht leugnen. Ein furchtbarer Verlust. Der Ferdinand läßt sich nicht durch jeden beliebigen Trottel ersetzen. Nur noch dicker hätt er sein solln.«
»Wie meinen Sie das?« warf Bretschneider ein.
»Wie ich das mein?« antwortete Schwejk heiter, »no, nur so: wenn er dicker gewesen wär, dann hätt ihn sicher schon früher der Schlag getroffen, wie er die alten Weiber in Konopischt gejagt hat, wenn sie in seinem Revier Reisig und Schwämme gesammelt ham, und er hätt nicht eines so schmählichen Todes sterben müssen. Wenn ich mir das so überleg, ein Onkel Seiner Majestät des Kaisers, und sie erschießen ihn! Das ist ja ein Schkandal, die ganzen Zeitungen sind voll damit. Bei uns in Budweis hat man vor Jahren auf dem Markt bei irgendeinem kleinen Streit einen Viehhändler erstochen, einen gewissen Bratislav Ludwig, der hatte einen Sohn namens Bohuslav, und wenn der seine Schweine verkaufen kam, wollte niemand was von ihm kaufen, und jeder hat gesagt: ›Das ist der Sohn von diesem Erstochenen. Das wird gewiß auch ein

feiner Lump sein.‹ Er hat in Krummau von der Brücke in die Moldau springen müssen, und man hat ihn wieder zu Bewußtsein bringen müssen, und man hat aus ihm das Wasser herauspumpen müssen, und er hat in den Armen des Arztes seinen Geist aufgeben müssen, wie der ihm irgendeine Injektion gemacht hat.«

Konopischt: Schloß Konopiště (Kreis Benešov) war der Lieblingssitz des ermordeten österreichischen Thronfolgers Franz Ferdinand d'Este.
ist mir ganz powidel: ist mir egal (von österreichisch ›Powidl‹, Pflaumenmus).

Jaroslav Hašek: Die unbürgerliche Haltung dieses tschechischen Autors, der am 30. April 1883 ganz in der Nähe des Gasthauses »Zum Kelch« geboren wurde (Školská Nr. 16/1325), zeigte sich schon früh: Während der Badeni-Unruhen Ende 1897 (vgl. S. 211) entfernte er Wandzettel, in denen verkündet wurde, daß die Stadt unter Standrecht gestellt war, und flog deswegen vom Gymnasium. Von 1899 bis 1902 besuchte er die Tschechische Handelsakademie, die in der vom Karlsplatz zur Moldau führenden Resslova lag, und wurde anschließend Bankbeamter. Er konnte sich aber mit dieser geregelten Tätigkeit so wenig befreunden, daß er diesen Posten schon im darauffolgenden Jahr wieder aufgab. Hašek wurde zum Kaffeehaussitzer, ein autoritätsfeindlicher Bohèmien, der sich zu den Erniedrigten und Verachteten hingezogen fühlte und vom Ertrag kleiner Geschichten lebte, die er für Zeitungen schrieb (vgl. S. 75). Um die Einwilligung der Brauteltern zur Heirat zu erlangen, wurde er 1909 Redakteur einer Zeitschrift für Hundeliebhaber und Kleintierzüchter, kündigte aber Anfang 1911, nachdem der Zweck des Unternehmens erreicht war.

Kurz darauf gründete er die »Partei des gemäßigten Fortschritts in den Grenzen der Gesetze«, die vor allem die Aufgabe hatte, den Umsatz eines bestimmten, von Hašek favorisierten Gasthauses zu erhöhen. 1912 erschien die

Erzählsammlung *Der brave Soldat Schwejk und andere sonderbare Geschichten*, gleichsam die Urgestalt des späteren Romans. Der Titelheld ist hier als formalistischer, phrasenhöriger Tischlergeselle gezeichnet, der durch übereifrige Pflichterfüllung und bornierte Loyalität Wirrwar und Schaden verursacht.

Anfang 1915 mußte Hašek einrücken (vgl. S. 77), lief aber noch im gleichen Jahr zu den Russen über und meldete sich zur Tschechischen Legion, die gegen Österreich kämpfte. Damals entstand das kleine Buch *Der brave Soldat Schwejk in der Gefangenschaft*, das 1917 in Kiew veröffentlicht wurde. Schwejk ist jetzt ein urwüchsiger Schulmeister aus dem Prager Stadtteil Königliche Weinberge (Vinohrady), der mit seinem Lehrling tiefsinnige Gespräche führt und die politische Lage aus der Sicht der tschechischen Exilpolitiker kommentiert.

Als 1917 die russische Revolution ausbrach, wandelte sich Hašek zum Bolschewiken. Im März 1918 trat er in die Kommunistische Partei ein und wurde noch im gleichen Jahr Leiter einer tschechischen Agitations- und Organisationsgruppe der Roten Armee. Nachdem er im Dezember 1920 nach Prag zurückgekehrt war, nahm er sein unruhiges Bohème-Leben wieder auf und verbrachte die Tage als Spaßmacher trinkend in den Lokalen, in denen er schon vor dem Krieg verkehrt hatte. Infolge übermäßigen Alkoholgenusses gesundheitlich zerrüttet, zog er sich im Sommer 1921 nach Lipnitz (Lipnice) in Südböhmen zurück, wo er am 3. Januar 1923 starb.

Ab März 1921 war in einzelnen Heften eine neue Version der sich um die Gestalt des Schwejk rankenden Geschichten erschienen, die sofort großes Aufsehen erregte und über die 1925/26 erschienene deutsche Fassung Eingang in die Weltliteratur fand. Die Titelgestalt ist jetzt ein Prager Hundehändler, ein Gewerbe, das Hašek vor dem Ersten Weltkrieg selbst eine Zeitlang auf fragwürdige Weise ausgeübt hatte. Ausgehend von der Einsicht, daß der Mensch unter den in der Donaumonarchie herrschenden Verhältnissen nur als Trottel seine innere Freiheit bewahren könne, zeigt er in seinem Roman, wie der destruktive Pfiffikus Josef Schwejk seine Aufträge erwartungsgemäß erfüllt und gerade dadurch die sinnlose Stupidität des bürokratischen Apparates enthüllt.

☞ ***Štěpánská (Stephansgasse) Nr. 22/614: ehemaliges »Stephansgymnasium« (Gymnazium)***

Dieses Gebäude beherbergte seit der Jahrhundertwende das »K. k. Staatsgymnasium mit deutscher Unterrichtssprache in Prag-Neustadt, Stephansgasse«, in dem Camill Hoffmann einige Jahre verbrachte (vgl. S. 308) und Max Brod (vgl. S. 97), Paul Leppin (vgl. S. 31) sowie Franz Werfel (vgl. S. 225) Abitur machten. Im Nebenhaus, das zuvor als Schulgebäude gedient hatte, heute vinárna »Ve Štěpánské« (Nr. 22/615), befand sich früher eine Delikatessenhandlung, die im *Abituriententag* erwähnt wird. Im Gastzimmer dieses Geschäftes pflegten sich Werfel und seine Freunde (während des Unterrichts oder nach Schulschluß) in den beiden letzten Gymnasialjahren zu versammeln, um die Bummeltouren zu besprechen, die sie durch die Kaffeehäuser und Nachtlokale der Stadt führten.

In seinem *Abituriententag (1928)* hat Werfel die in dieser Anstalt verbrachte Zeit literarisch Gestalt werden lassen. Der Untersuchungsrichter Ernst Sebastian, hinter dem sich der Autor selbst verbirgt, glaubt bei der Vernehmung eines Mordverdächtigen seinen Klassenkameraden Franz Adler vor sich zu haben, den er seinerzeit, um seiner eigenen Verweisung von der Schule zu entgehen, dazu überredet hatte, aus Prag zu fliehen. Im Schlußkapitel enthüllt sich dieser Verdacht als falsche, durch Sebastians Schuldgefühle erzeugte Annahme. Diese Rahmenhandlung umschließt eine Binnenerzählung, die mit der Beschreibung eines Klassentreffens einsetzt. Im Verlauf des Abends, während Sebastian und seine Mitschüler das fünfundzwanzigjährige Bestehen ihres Abiturs feiern, erhebt sich Schulhof, den Werfel nach der Gestalt eines Freundes, des Schauspielers Ernst Deutsch, gezeichnet hat, um den Klassenlehrer Kyovski zu imitieren, der unter seinem Spitznamen Kio in das Werk eingegangen ist:

»Übersetzen Sie, Fischer Robert, so treu wie möglich, so frei wie nötig, ein Beispiel aus dem täglichen Leben: – Der Feldherr erobert die Stadt! –«
Und Fischer erhob sich, um dieses Beispiel gehorsam in Latein zu setzen. Es war schwer zu entscheiden, ob er damit nur auf den Scherz des Schauspielers einging oder sich wie das alte Zirkuspferd benahm, wenn es Blechmusik hört. Daraufhin aber wurden die gesetzten Herren von einem leuchtenden Entzücken befallen, und alle vereinte der vielbedeutende Name: ›Kio.‹ Und er, der alte Klassenvorstand, dessen Tugend, Strenge, Milde, Komik nur die Eingeweihten hier verstanden, er, der Dämon, für dessen Beschwörungskult einzig die Schüler von Sankt Nikolaus zuständig waren, er, der böse und liebe Schatten, der mit ihnen über die Kindheit hinausgewachsen war, er schwebte nun über die Versammlung. Nein! Er ging in Schulhofs, in des Selbstverwandlers Gestalt ein. Und Schulhof trug keinen schwarzglänzenden Scheitel mehr, sondern ein paar graue Härchen schienen sich auf seinem Kopf vor einem geheimnisvollen Luftzug zu sträuben. Nicht mehr sein glänzendes Gebiß zeigte sich, sondern ein gramvoll vorgebauter Oberkiefer. Den blaurasierten Wangen entflammte rechts und links ein meliertes Backenbärtchen. Kaum daß Schulhof noch einen Smoking trug, da seine Hüften sich unter dem Gefühl eines scharfgeschnittenen Gehrocks strafften und die Hand mit einer unsichtbaren Uhrkette spielte, an der – ewig unvergeßlich – eine Amethystberloque hing.
Und Kio ging düster von einem zum andern.
Er schritt, umwölkt, durch die unsichtbaren Bankreihen des Schulzimmers, das nun im Adriakeller hauste. Sein

Körper, der den Feldzug in Bosnien reichdekoriert überstanden hatte, reckte sich hoch, und seine Stimme war ganz sie selbst:

»Vokabeln sind die Ziegelsteine einer Sprache. Wer keine Vokabeln lernt, ist ein schlechter Maurer. Die Grammatik aber ist der Mörtel einer Sprache. Und der Anfang aller Grammatik ist die Konjugation des Verbums, des Zeitworts.«

Heftig aufstampfend blieb er stehn:

»Faltin! Schwätzen Sie nicht! Sie wissen natürlich wieder alles besser …«

Neuer Rundgang:

»Nehmen Sie das Verbum ›mori‹ zur Hand und konjugieren Sie kurz und schlagfertig!« Faltin: »Ich wäre gestorben!« – Fischer Robert: »Lasset uns doch gemeinsam sterben!« – Ressl: »Oh würde ich doch gestorben sein!« – »Natürlich, Seine Hochwohlgeboren, der Herr von Ressl, haben wieder einmal keine Ahnung, wie man utinam mit dem Conjunctivus Plusquamperfecti konstruiert. Erlaucht, der Herr Graf, haben sich gestern auf dem glänzenden Parkett einer höheren Geselligkeit bewegen müssen, anstatt sich vorzubereiten. Sagen Sie nichts, Ressl! Ich kenne Ihre glatten Ausflüchte, mit denen Sie mich nur verhöhnen wollen. Als alter Soldat wende ich mich von Ihnen ab …«

Sein Blick fiel plötzlich auf einen Unglücklichen:

»Komarek!«

Pause.

»Stehn Sie auf, Komarek, wenn ich Sie anrufe! – Schlag auf Schlag, Komarek: ›Heil dir, Cäsar, die zu sterben im Begriffe sich Befindenden grüßen dich!‹«

Nichts.

»Ich warte, Komarek … Ich warte noch immer, Komarek, aber ich bebe schon … Sie kennen also nicht einmal diesen allergewöhnlichsten Ausspruch der allgemeinen

Bildung, den, ganz zu schweigen von den Unterklassen, jeder Briefträger im Munde führt! ... Komarek, ich warne Sie zum letztenmal! Der ›dies ater‹ zieht sich über Ihrem Haupte zusammen, das Kataklysma naht, zwei Sternkörper stoßen im Raume zusammen, aber der Weltuntergang wird für Sie unangenehmer sein als für mich!«
Empörter Rundgang neuerdings.
»Gestern schon haben Sie in den einfachsten Realien versagt und die Haruspices nicht von den Auguren unterscheiden können ... Sie sind blaß, Komarek ... Ich weiß nicht, welchen Leidenschaften Sie frönen. Huldigen Sie, anstatt zu studieren, dem Billardspiel oder besuchen Sie etwa die Offenbachiaden der Vorstadttheater?! Wie dem auch immer sei, ich werde in bezug auf Sie einen invertierten Nebensatz anwenden: Komarek, wenn er es so weiter treiben sollte, wird demnächst wie Jugurtha den Staub Roms von seinen Füßen schütteln müssen!«

Amethystberloque: Ziergegenstand an Uhr- oder Halskette.
Adriakeller: Das heute noch bestehende Hotel »Adria« liegt am Wenzelsplatz (Konskriptionsnummer 784).
Feldzug in Bosnien: Die Besetzung der türkischen Provinz Bosnien durch die Donaumonarchie im Jahr 1878.
dies ater: (lat.) schwarzer Tag.
Kataklysma: erdgeschichtliche Katastrophe.
Haruspices: wie die Auguren Wahrsager bei den Römern.
Jugurtha: König von Numidien, der im 2. Jh. vor Chr. in Rom hingerichtet wurde.

Sechster Spaziergang:

Ort des Gedenkens und der Entsagung Auf dem Wischehrad

Der Wischehrader Tunnel mit den Ruinen der Libussa-Bäder

Der Weg:

Václavské náměstí (Wenzelsplatz): Metro-Station »Můstek« oder »Muzeum« – Metro-Station »Vyšehrad« – Táborská brána (Tabor-Tor) – V pevnosti (In der Festung) – Leopoldova brána (Leopold-Tor) – Rotunda svatého Martina (St.-Martins-Rotunde) – Vyšehradská brána (Wischehrader Tor) – Nové proboštství (Neue Probstei) – Staré proboštství (Alte Probstei) – vinarná »Na Vyšehradě« (Weinstube »Zum Wischehrad«) – Vyšehradský hřbitov (Wischehrader Friedhof) – Vyšehradské sady (Wischehrader Anlagen) – Bašta (Bastei) – Soběslavova (Sobieslawgasse) – Leopoldova brána (Leopold-Tor) – V pevnosti (In der Festung) – Táborská brána (Tabor-Tor) – Metro-Station »Vyšehrad« – Václavské náměstí (Wenzelsplatz)

Ort des Gedenkens und der Entsagung
Auf dem Wischehrad

Der Besuch des sagenumwobenen und stimmungsvollen Vyšehrad (Wischehrad), der vom Wenzelsplatz aus bequem mit der Metrolinie C zu erreichen ist, empfiehlt sich aufgrund seiner geschichtlichen Bedeutung, seiner Wirkung auf die Künste (Clemens Brentano, Camill Hoffmann, Pavel Kohout, Ferdinand von Saar, Adalbert Stifter und Bedřich Smetana), wegen des dort befindlichen tschechischen Ehrenfriedhofs und nicht zuletzt wegen der schönen Aussicht auf Prag und die Uferregionen der Moldau.

Das Gelände auf dem Steilfelsen über dem Fluß gehört zu den denkwürdigsten Stätten der böhmischen Geschichte und ist heute ein nationales Kulturdenkmal. In der lateinischen Chronik des Domdechanten Cosmas von Prag (um 1125), dem ältesten Quellenwerk zur Geschichte Böhmens, werden Volksüberlieferungen dazu benutzt, die Herkunft des damals in Böhmen herrschenden Přemysliden-Geschlechtes und die Gründung Prags auf göttliche Vorsehung zurückzuführen. Libussa (tschechisch Libuše), die jüngste Tochter des auf dem Vyšehrad residierenden Fürsten Krok, wird vom Volk zur Regentin auserwählt und heiratet den Bauern Přemysl, der ihr schicksalhaft durch ihr weißes Roß zugeführt wird. Auf ihren Rat gründet Přemysl die Stadt Prag, deren große Zukunft sie prophetisch vorausschaut.

Durch ein Versgedicht von Hans Sachs 1537 in die Literatur eingeführt, wurde die Libussa-Sage immer wieder Gegenstand literarischer Bearbeitungen. Durch Herder angeregt, nahm Musäus den Stoff in seine *Volksmärchen der Deutschen* auf (1782–1786). Clemens Brentano (1778–1842), der sich vom August 1811 bis zum Juli 1813 in Böhmen aufhielt, hat in seinem 1815 erschienenen Drama *Die Gründung Prags* das Thema ebenfalls verarbeitet. Er stützte sich bei der Abfassung unter anderem auf die *Böhmische Chronik* des Václav Hájek z Libočan (1541), der den Vyšehrad im Jahr 682 von Libussas Vater erbaut sein läßt. (Vgl. S. 105) Im fünften Akt dieses historisch-romantischen Dramas findet sich auch die schon angesprochene Prophezeiung über die Zukunft Prags, wobei mehrfach auf die philologisch nicht bewiesene Gleichsetzung von Praha mit tschechisch ›práh‹ (Schwelle) Bezug genommen wird. Unter dem Eindruck dieses Stücks hat Franz Grillparzer (1791–1872) 1819 mit eigenen Entwürfen zu seinem Trauerspiel *Libussa* begonnen, das freilich erst postum 1872 gedruckt worden ist.

Die Veröffentlichung der *Königinhofer Handschrift* (1817) und der *Grünberger Handschrift* (1818), die zunächst als Sammlungen altböhmischer Gedichte aus dem neunten und zehnten Jahrhundert galten und den Vyšehrad als Keimzelle der tschechischen Geschichte beschwören, belebten das Interesse an dem Berg und seinen Baulichkeiten, das sich bald zu romantischer Verehrung und Verklärung steigerte. Unter solchen Voraussetzungen ist die musikalische Bearbeitung des Themas in Bedřich Smetanas sinfonischer Dichtung *Vyšehrad* (1874) zu sehen, dem ersten Stück seines Zyklus *Má vlast (Mein Vaterland)*.

Erst um die Jahrhundertwende setzte sich, nicht zuletzt aufgrund von Untersuchungen des späteren tschechoslowakischen Staatspräsidenten Tomaš Garrigue Masaryk, die Einsicht durch, daß die beiden Handschriften Fälschungen waren, die angesichts der als beschämend empfundenen Überlegenheit der deutschen Kultur das Vorhandensein alttschechischer Heldenepik beweisen sollten.

Auch die Libussa-Überlieferung hielt der modernen Wissenschaft nicht stand. Nach den Erkenntnissen der Quellenforschung und Archäologie bestand zwar um die Jahrtausendwende auf dem Vyšehrad eine befestigte Anlage. Doch wird angenommen, daß die von Herzog Bořiwoj (ca. 850–895) als Fürstensitz gegründete Burg auf dem Hradschin älter war als die Burgstätte am Südende des heutigen Prag. Bořiwoj, mit Ludmilla verheiratet, ließ sich 873 taufen. Nach dem Tod seines Sohnes, des Herzogs Wratislaw I. (ca. 915–920/21), übernahm dessen Gemahlin Drahomíra die Herrschaft für ihren minderjährigen Sohn Wenzel und ließ ihre einflußreiche, der neuen christlichen Lehre treu ergebene Schwiegermutter Ludmilla 921 ermorden. Wenzel I. (921/22–929) wurde seinerseits von seinem jüngeren Bruder Boleslaw I. (929–967) beseitigt, der später in der Schlacht auf dem Lechfeld zum Sieg über die Magyaren beitragen sollte. Erst Herzog Wratislaw II. (1061–1092) übersiedelte nach 1067 in einen Steinpalast auf den Vyšehrad und erwarb als Parteigänger der deutschen Herrscher 1085 die Königswürde. Nach dem Tod Soběslaws I. (1140) verlegte sein Nachfolger Herzog Wladislaw II. (1140–1174) die Residenz auf den Hradschin zurück. Dadurch büßte die Anlage auf dem Vyšehrad ihre Bedeutung ein, und nachdem die Přemysliden 1306 ausgestorben waren, verfiel sie allmählich.

Während der Hussitenkriege wurden fast alle Bauten des Vyšehrad zerstört. Erhalten blieben nur die St.-Martins-Rotunde, die vielleicht noch aus dem 10. Jahrhundert stammt, sowie die Basilika St. Peter und Paul. Diese Kirche wurde allerdings 1885 durch einen neugotischen Bau mit Doppeltürmen ersetzt, der heute das Wahrzeichen des Vyšehrad bildet. Karl IV. machte aus dem Vyšehrad eine Zitadelle mit Wällen und Wachtürmen. Die jetzigen Verteidigungsanlagen, aus Backsteinen errichtete Mauerwerke, Schanzen und Bastionen, entstammen dem 17. Jahrhundert. Die Festung wurde erst nach dem preußisch-österreichischen Krieg von 1866 aufgehoben.

☞ ***Wischehrader Tor (Vyšehradská brána)***

An dem 1841–1842 erbauten Wischehrader Tor, einer mächtigen Wach-Halle aus roten Backsteinen, nimmt Ferdinand von Saars Erzählung »Innocens« (1865) ihren Anfang. Die topographischen Angaben im Text ermöglichen es dem heutigen Besucher, die Wege des Ich-Erzählers nachzugehen, auch wenn sich die erwähnten militärischen Anlagen nur teilweise erhalten haben.

Erst vor kurzem mit meinem Regimente in Prag eingerückt und mit der Örtlichkeit nicht vertraut, betrat ich, neugierig und befangen zugleich, an der Spitze meiner Abteilung die weite schattige Torhalle, wo die Mannschaft der alten Wache bereits unter Gewehr stand. Ihr Kommandant, ein mir unbekannter Offizier von junkerhaftem Aussehen, kam, als die Förmlichkeiten der dienstlichen Begrüßung abgetan waren, nachlässig auf mich zugeschritten: »Oberleutnant Baron Hohenblum«, sagte er, den Schirm seines Tschakos flüchtig berührend. Er schien meinen Namen, den ich nun auch nannte, zu überhören und fuhr mit leichtem Gähnen fort: »Die vierundzwanzig Stunden werden einem rein zur Ewigkeit in dieser alten, unnützen Kanonenbewahranstalt. Es kann keine langweiligere Wache mehr geben.«
Ich warf hin, daß man eben auf keiner besondere Unterhaltung fände.
»Je nun, nach Umständen«, erwiderte er, indem er den feinen blonden Schnurrbart emporstrich. »Zum Beispiel die Hauptwache am Ring ist ganz amüsant. Man setzt sich mit seiner Zigarre vor die Tür und mustert die Vorübergehenden. Es gibt ganz nette Gesichter unter den hiesigen Mädchen. Auch fehlt es nicht an Besuch von Kameraden, und nach der Retraite wird gewöhnlich ein kleines Spiel arrangiert. Hier oben aber ist man von aller Welt abgeschnitten, wie auf einer wüsten Insel. Du hast es übrigens«, setzte er nach kurzem Besinnen hinzu, »doch etwas besser getroffen als ich. Denn morgen ist Sonntag, und da kommen wenigstens Leute in die Messe herauf.«

»In die Messe? Ist denn hier eine Kirche?« fragte ich überrascht.
»Allerdings. Etwa tausend Schritte von hier, gegen die Moldau zu«, sagte er, während ich unwillkürlich nach dem Innern des Forts blickte. Aber die Aussicht war durch eine nahe, ziemlich hohe Schanze benommen, hinter welcher nur die Wetterstangen und spitzen Bedachungen der Pulvermagazine hervorragten. »Um sie zu sehen«, fuhr der Baron fort, »müßtest du dort auf die Schanze hinauf. Dazu hast du später Muße genug. Ein kleiner Friedhof ist auch dabei, wo ich mich gleich würde begraben lassen, wenn ich beständig hier oben leben sollte, wie der Pfaff', der ganz allein in einer Art Kloster neben der Kirche wohnt. Ein seltsamer Kauz! Man muß lachen, wenn man ihn mit seinen langen Beinen und der schlenkernden Kutte, beständig ein Buch unter dem Arm, einhersteigen sieht. Dabei schaut er immer ins Blaue und tut, als bemerke er einen gar nicht, wenn man an ihm vorüberkommt.«
»Ein so abgeschiedenes, stilles Leben mag auch seinen eigenen Reiz haben«, sagte ich nachdenklich, während wir in das düstere Offizierswachtzimmer traten, wo mich mein Vorgänger mit den üblichen Dienstvorschriften bekannt machte. Dann zog er sich den etwas zerknitterten Uniformrock an den Hüften glatt, schnallte die Feldbinde fester und reichte mir mit kühler Freundlichkeit die Hand zum Abschied. Ich verließ mit ihm das Zimmer und trat, während er flüchtig seine Leute musterte und unter lustigem Trommelschall abmarschierte, in die sonnige Stille hinaus, die über dem Fort lagerte. Als ich die Schanze erstiegen hatte, tat sich hinter den Pulvermagazinen ein freier Wiesengrund meinen Blicken auf. Dort erhob sich, ziemlich zurückgezogen, die Kirche, das blinkende Messingkreuz auf dem Giebel von weißen Tauben umflattert. Den Friedhof konnte ich nicht gewahr wer-

den; er mußte durch das angrenzende Priesterhaus verdeckt sein, das ziemlich düster aus einer schattigen Lindenumpflanzung hervorsah. In einiger Entfernung schräg gegenüber stand ein niederes Häuschen. Die gelb angestrichenen Türen und Fensterrahmen kennzeichneten es als militärisches Gebäude; im übrigen sah es ganz wie eine kleine Bauernwirtschaft aus. Schiebkarren, Hauen und Schaufeln lehnten in der Nähe einer Cisterne an der Mauer, und rückwärts war, kunstlos umzäunt, ein Gärtchen angelegt, in welchem rot und weiß die Apfelblüten schimmerten. Zwischen diesem Häuschen und der Kirche schlängelte sich ein breiter Fußpfad hin. Er schien zu den äußersten Werken des Forts zu führen, über welchen, verhüllend, tiefgelber Sonnenduft lag.

am Ring: gemeint ist der Altstädter Ringplatz im Zentrum der Prager Altstadt.
Retraite: hier Zapfenstreich, Dienstschluß.

Ferdinand von Saar wurde am 30. September 1833 in Wien geboren. Er hatte früh seinen Vater verloren und trat 1849 auf Anraten seines Vormundes in die österreichische Armee ein. 1854 wurde er Offizier und ein Jahr später mit seinem Infanterie-Regiment an die Prager Garnison versetzt, wo er bis zum Frühjahr 1859 blieb. In dieser Zeit hat er oft auf dem Vyšehrad Wache bezogen, auf dem er nach eigenem Bekunden zu seiner Erzählung angeregt wurde. Von Prag aus wurde er nach Italien in Marsch gesetzt, wo er den Krieg Österreichs gegen Piemont mitmachte. Obwohl er nicht ins Feuer kam, litt er unter den Anforderungen des militärischen Dienstes, der auch seine finanziellen Erwartungen nicht erfüllte. So quittierte er 1860 die Soldatenlaufbahn und lebte als freier Schriftsteller. Seine nuancenreichen Schilderungen weisen auf den Wiener Impressionismus voraus. Am 24. Juli 1906 hat er, schwerkrank, seinem Leben in Döbling bei Wien ein Ende gemacht.

☞ ***Neue Probstei (Nové proboštství)***

Vom Wischehrader Tor gelangt man über einen gepflasterten, von Bäumen gesäumten, aufwärts führenden Weg zu der Neuen Probstei (Nr. 4/89) und der dahinter liegenden, weniger ansehnlichen Alten Probstei (Nr. 1/69). Mit den Augen eines Offiziers betrachtet, kann dieser Gebäudekomplex durchaus als eine »Art Kloster« bezeichnet werden: Wie bei dem »Priesterhaus« der Erzählung handelt es sich bei der Neuen Probstei um ein stattliches zweigeschossiges, von Linden umschattetes Gebäude, das tatsächlich den angrenzenden Friedhof den Blicken den Betrachters entzieht. Das im Text erwähnte Papstwappen (die gekreuzten Schlüssel Petri, darüber Kreuz, Mitra und Bischofsstab) befindet sich allerdings nicht mehr über dem Portal, sondern ist neuerdings zwischen den Fenstern der Nordfront angebracht worden.

Wenn man das Anwesen im Westen umgeht, gelangt man zwischen Friedhofs- und Basteimauern in südlicher Richtung zur Kollegiatskirche St. Peter und Paul. Rechter Hand die Weinstube »Zum Wischehrad« (vinárná »Na Vyšchradě«) (Nr. 2/102), ein einstöckiges Haus mit Garten-Restaurant, das mit der kleinen Bauernwirtschaft identisch sein muß, in dem Ludmilla und ihre Familie wohnt. Es liegt tatsächlich »in einiger Entfernung schräg gegenüber« den Probsteien und außerdem so, daß zwischen ihm und der Kirche der breite Pfad zur Bastei führt, der im Text vorausgesetzt wird:

> Ich verließ die Schanze und ging dem Wiesengrunde zu. Als ich an dem kleinen Hause vorüberkam, stand ein junges Weib in der offenen Tür. Sie hielt ein Kind säugend an der Brust und sah einem kleinen, etwa sechsjährigen Mädchen zu, wie es draußen mit einem munteren Zicklein spielte, dessen Sprünge eine scharrende Hühnerfamilie in Angst und Verwirrung setzten. Bei dem Geräusch meiner Schritte blickte sie auf, und eine dunkle Röte schoß in ihr Antlitz. Dann wandte sie sich rasch und ging hinein, wobei

sie mir eine reiche Fülle blonden Haares wies, das ihr in ungekünstelten Flechten weit über den Nacken hinabhing. Drüben um das Priesterhaus wehte eine melancholische Ruhe. Das Tor mit dem geistlichen Wappen darüber war zu, und man hätte das ziemlich weitläufige Gebäude für gänzlich unbewohnt gehalten, wären nicht einige Fenster im ersten Stockwerk offen und mit Blumentöpfen bestellt gewesen.

☞ ***Wischehrader Friedhof (Vyšehradský hřbitov)***
Nachdem der Offizier die Idylle »an dem kleinen Hause« beobachtet hat, betritt er den Friedhof, auf dem das Grabmal eines jungen Mädchens seine Aufmerksamkeit auf sich zieht, dessen tragisches Schicksal ihm später von dem auf dem Wischehrad lebenden Priester erzählt wird:

Als ich um die Kirche bog, die gleichfalls geschlossen war, hatte ich den Friedhof voll schattender Weiden und Sebenbäume zur Seite. Die Hügel waren dicht gereiht, aber sorglich gehalten und auf das schönste bepflanzt. Da die Tür des Eisengitters halb offen stand, so trat ich in die durftige Kühle hinein und schritt langsam auf dem schmalen, mit feinem Sande bestreuten Wege zwischen den Gräben hin. Ein einsamer Falter flatterte mir still über den Blumen voran, während ich hier und dort die Inschriften und Namen auf den schlichten Kreuzen las. Unter den Monumenten, deren es hier nur wenige gab, zog mich eines durch edle und ergreifende Einfachheit besonders an. Es war ein kleiner Obelisk aus weißem Marmor und stand, etwas abseits von den übrigen, unter einer breitästigen Tränenweide. Die Inschrift war in römischen Lettern, deren Vergoldung schon etwas gelitten hatte, eingehauen und lautete: Frederike Friedheim, geb: 16ten Januar 1829, gest: 30ten Mai 1846. Vor diesem Grabe stand ich lange. Wer war dieses Mädchen, das der Tod so früh gebrochen, das man vor mehr als einem Jahrzehnt hier bestattet hatte?

Sebenbäume: ein wacholderartiges Nadelholz mit dunklem Schuppennadelbesatz.

Nach der Aufhebung der Festung wurde der kleine, seit der Mitte des 17. Jahrhunderts bestehende Friedhof erweitert und allmählich zu einer nationalen Begräbnisstätte ausgestaltet, wobei man sich bei den 1908 fertiggestellten Arkaden vom »Campo Santo« in Pisa inspirieren ließ. Die Bedeutung der Anlage wuchs noch, als man an ihrer Ostseite den Slavín errichtete, eine Gemeinschaftsgruft für verdiente tschechische Künstler, die 1901 ihrer Bestimmung übergeben wurde und die Inschrift trägt: »Obwohl sie gestorben sind, sprechen sie noch.«

Auf dem Friedhof ruhen etwa zweihundert Gelehrte, Politiker, Schriftsteller, Musiker, Schauspieler und bildende Künstler. Viele Grabmonumente haben künstlerischen Rang.

Der Wischehrader Friedhof – Blick auf die Ehrengrabstätte »Slavín«

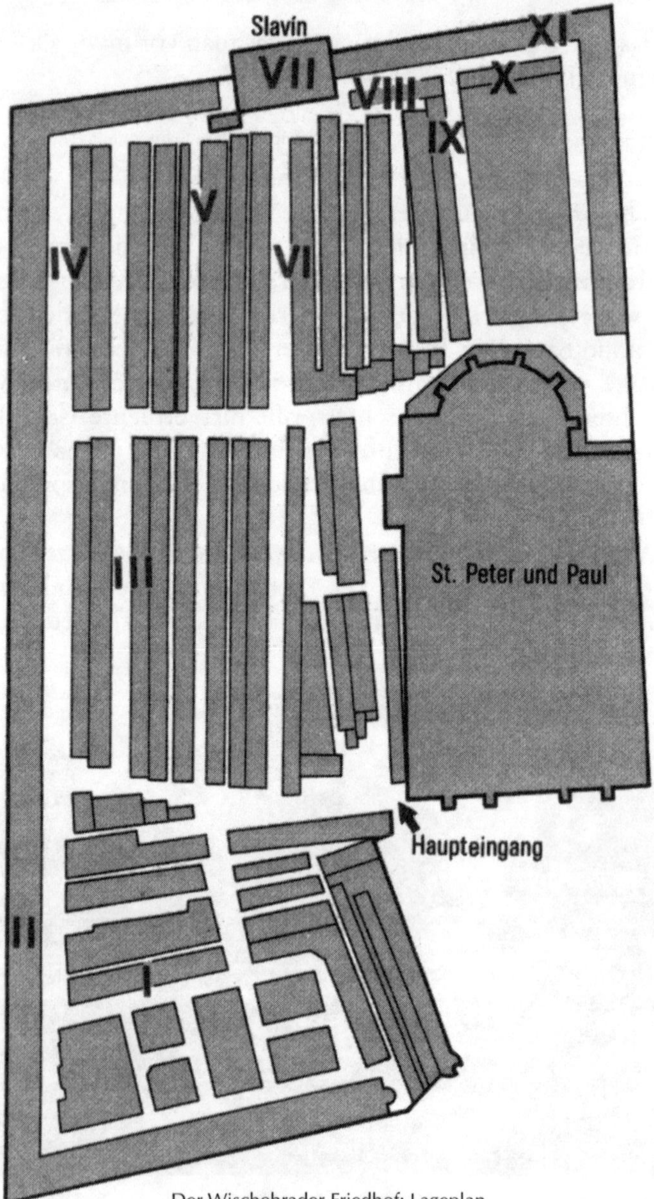

Der Wischehrader Friedhof: Lageplan

Hier seien wenigstens diejenigen Gräber bezeichnet, die im Zusammenhang mit dem Thema dieses Buches besondere Beachtung verdienen:

I: Svatopluk Čech (1846–1908), vgl. S. 134.

II: Antonín Dvořák (1841–1904), der im deutschen Sprachraum vor allem durch seine Sinfonien und seine Oper *Rusalka* (1900) bekannte Komponist, der jedoch auch durch seine Kammermusik von Bedeutung ist.

III: Karel Hynek Mácha (1810–1836), Hauptvertreter der tschechischen Romantik, vgl. S. 69.

IV: Karel Čapek (1890–1938), der sein literarisches Werk vielfach zusammen mit seinem Bruder Josef (1887–1945) schrieb. Er fand im deutschen Sprachraum besonders mit seinen Erzählungen *Gottesmarter* (1917) sowie den Dramen *Aus dem Leben der Insekten* (1921) und *Die Sache Makropulos* (1922) Beachtung, in denen er die Auswirkungen der modernen Technisierung kritisch beleuchtet.

V: Eduard Bass (1888–1946), vgl. S. 268.

VI: Vítězslav Nezval (1900–1958), vgl. S. 241.

VII: Ehrengruft Slavín:

– Julius Zeyer (1841–1901), ein Hauptvertreter der tschechischen Neuromantik, der mit Rainer Maria Rilke befreundet war. (Vgl. S. 226)

– Josef Hora (1891–1945), der Lyriker, dessen letzter Ruhestätte Jaroslav Seifert (vgl. S. 15) im titellosen Eingangsgedicht seiner Sammlung *Die Pestsäule* auf diese Weise gedenkt:

Für Josef Hora las ich meine Verse,
als sein Sarg vor uns ruhte
im Nationalfriedhof auf der Treppe zum Slavín.
Ich las ihm zu Füßen
leise und demutsvoll.
Vom Festungswall nahe dem Friedhof
hat man einen weiten Ausblick auf Prag,

und im Norden steht der Berg Říp
wie von Kinderhand hingekippt.
Er gehört zwar uns allen, die wir hier sind,
aber Hora gehört er besonders.

Alte tschechische Mythen besagen, daß der Stammvater Čech mit seinem Volk nach Böhmen gezogen war und bei einem Rundblick von dem bei Roudnice gelegenen Berg Říp zu der Erkenntis kam, in diesem gesegneten Land siedeln zu wollen. – Jaroslav Vrchlický (1853–1912), Dramatiker und Lyriker, der aus dem Deutschen, Italienischen und Spanischen übersetzte, aber maßgeblich daran beteiligt war, daß sich die tschechische Kultur seit dem letzten Drittel des 19. Jahrhunderts nicht mehr an deutschen, sondern an französischen Vorbildern orientierte. (Vgl. S. 17)
VIII: Bedřich Smetana (1824–1884), der dem Musikfreund durch seine Opern *Die verkaufte Braut* (1866) und *Dalibor* (1868) (vgl. S. 130) sowie durch den schon erwähnten Zyklus sinfonischer Dichtungen vertraut ist.
IX: Václav Beneš Třebízský (1849–1884), der aus Volksüberlieferungen schöpfte und seine Erzählungen in der Hussitenzeit, der Reformation und Gegenreformation ansiedelte. Sein Grab ziert eine von František Bílek geschaffene allegorische Plastik *(Leid)*. Sie ist der Beweis dafür, daß Kafka, der seine täglichen Spaziergänge manchmal bis an den Vyšehrad ausdehnte, auch den Friedhof kannte, denn in einem Brief an Max Brod vom 31. Juli 1922 erwähnt er diese Statue unter den Werken des von ihm bewunderten Bildhauers.
X : Jan Neruda (1834–1891), vgl. S. 101.
XI : Božena Němcová (1820–1862), die große Erzählerin, die mit ihrem Roman *Babička* (1855) *(Großmutter)* ein übrigens auch von Kafka hochgeschätztes Werk der Weltliteratur schrieb.

In seinem autobiographischen Roman *Wo der Hund begraben liegt* schildert der tschechische Schriftsteller Pavel Kohout einen Besuch des Ich-Erzählers auf dem Wischehrader Friedhof:

Es ist Mittag und auf dem Vyšehrad keine Menschenseele, ich liebe diesen Friedhof seit der Zeit, an die ich mich nicht einmal erinnere, ich muß hier zum ersten Mal als Kind gewesen sein, wahrscheinlich mit der Mutter, die gerade jene Künstler bewunderte, die hier begraben liegen, bis zum Kinderwagen zurück scheint meine Gewohnheit zu reichen, der sich auch Zet schon lange angeschlossen hat, hier zu Ostern, zu Allerseelen und zu Weihnachten auf den Gräbern der geliebten Dichter und Musiker Kerzen anzuzünden; das haben viele Prager getan und tun es bis heute, und Zet hat manches Unrecht dieses posthumen Plebiszits wieder gut gemacht: Die einsamen Kerzen auf dem Grab des vergessenen Svatopluk Čech oder des politisch boykottierten Vítězslav Nezval kamen von ihr.
Das Grab VIII/23 ist sehr einfach, es wird von einem Vogel bewacht, der in Bronze stirbt; im Gras, in dem ich jetzt wie bei jedem Besuch das Unkraut jäte, liegen zwei Marmortafeln mit den Namen, die beiden Urnen habe ich mit dem Totengräber eigenhändig darunter gelegt, es ist noch Platz für zwei davor, oft muß ich daran denken, daß Zet und ich auf demselben Quadratmeter geboren wurden, im Kreißsaal in der Londýnská-Straße, wird daraus eine Geschichte, von der Wiege bis zum Grab? Schon bald, ohne daß ich das jetzt ahnen kann, werde ich andere bitten müssen, den Kampf mit dem ewigen Unkraut an meiner Statt aufzunehmen, und nicht lange darauf werde ich mich auch – dank meines Naturells, und auch dank Zet – an ein Land gewöhnt haben, in dem meine Wiege nicht stand; trotzdem aber möchte ich bei aller Liebe und Achtung dort eines Tages nur ein zeitweiliges Grab haben, so zeitweilig höchstens, wie der Auf-

enthalt der sowjetischen Armeen in Böhmen, immer habe ich behauptet, daß ich wie der Kern in die Zwetschge nach Prag gehöre, das gilt auch jetzt und wird immer gelten. Ich höre mir die Vögel an, wische mit dem Taschentuch die Tafeln ab, vom Totengräber leihe ich mir Streichhölzer und zünde die erloschenen Kerzen an, aus einer merkwürdigen Gewohnheit berühre ich noch einmal das Gras mit beiden Händen und beende damit die erste Reprise meines übermorgigen Geburtstags, ich gehe langsam an Smetana, Neruda, Němcová, Čapek, Dvořák und Mácha vorbei zum Grab von Zets schöner Großmutter Fína, danach noch wie immer zu der alten Burgschanze, die hoch über der Moldau emporragt, und nachdem ich mich am mir entfremdeten Hradschin satt gesehen habe, fahre ich schnurstracks eben dorthin.

Das Grab VIII/23: Das Grab von Kohouts Eltern befindet sich auf dem zum »Slavín« führenden Hauptweg (auf der linken Seite und etwa 25 Meter von diesem Monument entfernt). Das später erwähnte Grab seiner Großmutter Fina Mašinová liegt in einer Familiengruft auf der entgegengesetzten Seite des Friedhofs unter dem einzigen nicht ausgemalten Arkadenbogen.
Zet: Der Ich-Erzähler hat Z. Sylvester 1970 in Karlsbad geheiratet.
Londýnská: Gemeint ist die früher in dieser Straße der Prager Neustadt gelegene, inzwischen aber aufgelöste gynäkologische Abteilung des Allgemeinen Krankenhauses. (Vgl. S. 273)

Pavel Kohout wurde am 20. Juli 1928 in Prag geboren und trat zunächst mit Lyrik und Stücken im Sinn des sozialistischen Realismus hervor. Später wurde er zum Wortführer des Prager Frühlings. Deswegen erhielt er nach der 1968 erfolgten Invasion der Warschauer-Pakt-Staaten Publikationsverbot, wurde aus der Kommunistischen Partei ausgeschlossen und 1979 ausgebürgert. Kohout, der heute in Wien lebt, ist Initiator und Unterzeichner der *Charta* 77, in der sich die tschechoslowakische Bürgerrechtsbewegung nach der Unterdrückung aller Reformideen mit politischen Forderungen in der Öffentlichkeit Gehör zu verschaffen suchte.

☞ ***Bastei (Bašta)***

Zwischen der Kollegiatskirche St. Peter und Paul und der vinárná »Na Vyšehradě« hindurchgehend, gelangt man zu einem Steinportal, das sich zu den Wischehrader Parkanlagen öffnet. Der Fußweg führt zwischen einem rechts liegenden Birkenwäldchen und vier monumentalen Steinskulpturen linker Hand hindurch, die Motive aus der tschechischen Sagenwelt darstellen. Sie sind von Josef Myslbek (1848–1922) für die Prager Palacký-Brücke (Palackého most) geschaffen und später hierher übertragen worden. Nach links am Mauerwerk entlang etwas aufwärts gehend, kommt man zu einer der Basteien, die wegen ihrer Aussicht sowohl vom Helden des Romas *Wo der Hund begraben liegt* als auch vom Offizier in Ferdinand von Saars *Innocens* aufgesucht wird:

> Solche Gedanken und Empfindungen zitterten noch in mir, als ich schon wieder draußen auf dem Pfade hinschritt und mich einer Bastei näherte, die als äußerster Punkt des Forts in einem stumpfen Winkel gegen den Fluß zu aussprang. Still und verlassen lag sie da, fast ganz von Schleh- und Hagedorn überwuchert. Ein verfallenes Blockhaus erhob sich darin, an dessen rötlich-grauem Mauerwerk einige hohe Fliederbüsche in voller Blüte standen, was sich ebenso lieblich wie überraschend ausnahm. Selbst zwei verkrüppelte Obstbäume hatten sich in dieses entlegene Werk verirrt. Sie wurzelten dicht an der Brustwehr und streckten ihre knorrigen Äste über eine Kanone, die wie vergessen zwischen ihnen stand und die Mündung harmlos in die sonnige Gegend hinausrichtete. Tief unten an den freundlichen Häusern von Podol und an den bröckelnden Mauerresten der Libussaburg vorüber, zog die Moldau schimmernd nach dem braunen, rauchaufwirbelnden Häusermeere der alten böhmischen Königsstadt. Von dort her grüßte mit funkelnden Zinnen der Hradschin, während stromaufwärts, über die anstei-

genden, wohlbebauten Ufer hinweg, sich eine weite Landschaft auftat und endlich in dem fernen Dufte der Königsaaler Berge verschwamm.

Das in der Erzählung erwähnte verfallene Blockhaus ist zwar in der Zwischenkriegszeit durch ein größeres Gebäude ersetzt worden, dessen Längsfront parallel zur Südflanke der Bastei verläuft, aber noch immer wachsen hier Fliederbüsche, die, wie schon Zeitgenossen bemerkten, die in Kenntnis des Textes den Vyšehrad aufsuchten, von der produktiven Einbildungskraft von Saars zur traulichen Laube umgestaltet wurden.

Nach Süden schauend, sieht man linker Hand die Häuser von Podolí (Podol), schräg gegenüber am Westufer der Moldau flußaufwärts ist der spitze Turm der Kirche von Zlíchov (Slichow) auszumachen, den Rilke in seinem Gedicht »Im Sommer« (aus den 1895 gedruckten *Larenopfern*) zum Ziel eines literarischen Ausflugs gemacht hat. Dahinter, mehr zu erahnen als wirklich zu erkennen, die Pferderennbahn von Chuchle (Kuchelbad), über der sich die Berge von Zbraslav (Königssaal) im Dunst verlieren. Dampferfahrten, die vom Prager Moldauquai aus in dieser Richtung bis Davle oder Stěchovice (Stechowitz) führten und sich dann in Wanderungen im Tal der Berounka (Beraun) oder Sázava (Sasau) fortsetzten, gehörten in den ersten Jahrzehnten dieses Jahrhunderts zu den Freizeitvergnügungen der Prager Bevölkerung und waren auch bei den in der Stadt lebenden deutschen Autoren beliebt. Neben Rilke haben Max Brod (vgl. S. 97), der die erwähnten Orte häufig mit seinem Freund Kafka besuchte, in seinem Gedicht »Dampferfahrt« (aus der 1907 gedruckten Sammlung *Der Weg des Verliebten*) und Franz Werfel (vgl. S. 225) mit dem »Kindersonntagsausflug« (1911 im *Weltfreund*) dieser Region ein Denkmal gesetzt.

Dem Vyšehrad direkt gegenüber auf der anderen Flußseite die Fabrikvorstadt Smíchov (Smichow), weiter flußabwärts, in

Verlängerung der Befestigungsanlagen, der Hradschin: »Prag läßt nicht los«, hatte Kafka am 20. Dezember 1902 an seinen Jugendfreund Oskar Pollak geschrieben, um dann in Anlehnung an die tschechische Wendung »matička Praha« fortzufahren: »Dieses Mütterchen hat Krallen. Da muß man sich fügen oder –. An zwei Stellen müßten wir es anzünden, am Vyšehrad und am Hradschin, dann wäre es möglich, daß wir loskommen. Vielleicht überlegst Du es Dir bis zum Karneval.«

Unterhalb der sich rechter Hand fortsetzenden Befestigungsmauer sind herkömmlicherweise als »Libussas Bäder« bezeichnete Mauerreste zu sehen, es sind die einzigen Überbleibsel des ehemals an dieser Stelle gelegenen mittelalterlichen Palastes. Hier spielen Teile aus dem ersten Band von Adalbert Stifters Spätwerk *Witiko*. Folgende politische Situation ist vorausgesetzt: Der Přemyslide Soběslaw (Soběslav) I., dessen Sohn noch nicht der Herrschaft fähig ist, liegt im Sterben und sendet den jungen Witiko nach Prag, wo sich die Großen des Reichs auf dem Wischehrad versammelt haben, um die Nachfolgefrage zu regeln. Witiko soll dem Herzog die gefaßten Beschlüsse mitteilen, gegen die sich dieser, auch wenn sie ihm feindlich gesinnt sind, keineswegs auflehnen will.

> Als der folgende Tag, der vierte des Monates Hornung, angebrochen war, hatte Witiko sein wohlgereinigtes Lederkleid an, die Lederhaube auf dem Kopf, und das Schwert an der Seite. Als der Priester gekommen war, ging er mit ihm durch die Straßen Prags. In denselben waren Menschen, welche ihre sonntäglichen Gewänder an hatten, in verschiedenen Richtungen gingen, und von den Dingen sprachen, die heute geschehen sollten. Der Priester und Witiko schlugen den Weg nach dem Wyšehrad ein. Menschen gingen desselben Weges. Mancher Reiter zog mit großem Gefolge dahin. Mancher verfolgte einzeln den Weg. So gelangten sie an den Wyšehrad, und gingen durch das Tor ein.

In dem Hofe waren viele Menschen. Der Priester führte Witiko zu einer Treppe, und dann über diese in einen langen Gang. Wenn irgendwo Reisige standen, sagte der Priester ein Wort, und auf das Wort wurden sie vorüber gelassen. Von dem Gange traten sie in ein Gemach. Das Gemach war groß, und in demselben befanden sich sehr viele Menschen. Es waren Diener da, es waren Herren da, selbst Frauen und Mädchen. Von dem Gemache führte eine Tür in ein weiteres Gemach, in das sie gingen, und in dem wieder Menschen waren.

»Hier müssen wir warten«, sagte der Priester zu Witiko.

In dem Gemache war noch weiterhin eine sehr große Tür, an der Bewaffnete standen.

Als sie eine Stunde gewartet hatten, trat ein Mann aus der hohen Tür, und rief: »Witiko.«

»Du mußt allein hineingehen«, sagte der Priester.

Witiko ging an den Bewaffneten vorüber durch die hohe Tür, der Mann mit ihm, die Tür wurde hinter ihnen geschlossen, und Witiko stand vor der Versammlung.

Es war ein sehr großer Saal. Der Saal war rückwärts und seitwärts ganz mit Menschen gefüllt. Nur wo Witiko stand, war ein größerer freier Raum. Er konnte auf alle sehen, und alle konnten auf ihn sehen. Vorne in der Versammlung, wo ein langer Tisch mit Schreibgeräten stand, saß der Bischof von Prag Silvester. An seiner Linken saß der Bischof mit den dunklen Augen und dem braunen Barte, welchen Silvester Zdik den Bischof von Olmütz geheißen hatte. Dann saßen mehrere Äbte und geistliche Herren. Seitwärts saßen Priester, die zu den Untergebenen der Bischöfe und Äbte gehörten. Vorne in der Versammlung saß auch ein Mann in einem sammetnen dunkelpurpurnen weiten Gewande, das ein Gürtel zusammen hielt, in welchem aber kein Schwert hing. Auf dem Haupte hatte er eine dunkelpurpurne Haube mit einer weißen Feder. Ein weißer Bart floß auf das Gewand nieder. Neben ihm saß einer in grauem Gewande mit grüner Haube weißer Feder und weißen Haaren. Es war Smil ein Kriegsanführer, den Witiko im Zuge nach Sachsen gesehen hatte. Neben Smil saß einer in schwarzem Gewande mit schwarzer Haube grauer Feder weißem Barte, dann noch mehrere in kostbaren Gewändern. In den Reihen hinter diesen saßen vornehme Herren Böhmens schön geziert. Alle hatten ein Schwert.

Anschließend entspinnt sich eine Diskussion über Witiko. Während ein Teil der versammelten Würdenträger seine Anwesenheit als Provokation empfindet, ihn als Kundschafter bezeichnet, den man für seine Frechheit bestrafen oder gar aufhängen müsse, erreichen andere, daß er sein Anliegen vorbringen kann, worauf die Mehrheit der Anwesenden auch damit einverstanden ist, daß er den Beratungen zuhören darf. Nach längerem Hin und Her beschließt die Versammlung, nach dem Tod Soběslaws den Sohn seines verstorbenen Bruders, Wladislaw, zum Herzog auszurufen, also den Sohn Soběslaws zu übergehen. Witiko überbringt Soběslaw diese schlechte Nachricht und wird reich beschenkt.

Adalbert Stifter wurde am 23. Oktober 1805 in Oberplan (Horní Planá) im Böhmerwald geboren und durchlief von 1818 bis 1826 bei den Benediktinerpatres im Stift von Kremsmünster das Gymnasium. Anschließend studierte er bis 1830 in Wien Jura. In diese Zeit fällt seine Liebe zu Fanny Greipl, die in dem seinem Heimatort benachbarten Friedberg (Frymburk) an der Moldau lebte. Das tragische Scheitern dieser im Sommer 1828 beginnenden Beziehung, die seit 1832 kriselte und 1835 ihr endgültiges Ende fand, prägte Stifters Gefühlsleben auf Dauer und spiegelt sich an zahlreichen Stellen seines literarischen Werks.

Seit 1840 veröffentlichte Stifter Erzählungen, mit denen er sich als Schilderer der Böhmerwaldlandschaft einen Namen machte (»Der Kondor«, »Das Haidedorf« und »Hochwald«). Seit 1850 versah er das Amt eines Schulrats und

Inspektors der oberösterreichischen Volksschulen, das aber Enttäuschungen mit sich brachte. 1857 erschien *Der Nachsommer*, ein Bildungsroman, in dem die Versagungen des Autors und seine daraus resultierende Weltsicht zur literarischen Utopie verklärt werden. Das lange gegenüber den frühen Erzählungen abgewertete Werk wurde erst aufgrund einer nach dem Ersten Weltkrieg einsetzenden Stifter-Renaissance besserem Verständnis erschlossen.

Den ersten Band des *Witiko* hat Stifter geschrieben, ohne Prag gesehen zu haben. Im zweiten Band war darzustellen, wie die belagerte Stadt sich gegen Konrad von Znaim verteidigt, während Herzog Wladislaw mit kleinem Gefolge zum Reichstag nach Nürnberg reitet, um die Hilfe des deutschen Kaisers zu gewinnen. Die Darstellung dieser Geschehnisse setzte aber eine genaue Lokalkenntnis voraus. Deswegen kam Stifter 1865 für einige Tage in die Stadt an der Moldau und verbesserte aufgrund der dabei gewonnenen topographischen Einsichten die schon vorhandene Rohfassung dieses Romanteils. Nachdem dieses Mittelstück 1866 erschienen war, schloß Stifter im Frühjahr 1867 den dritten, teilweise ebenfalls in Prag spielenden Teil ab, der noch im gleichen Jahr veröffentlicht wurde. Am 18. Januar 1868 ist er in Linz an einem Selbstmordversuch gestorben.

Die Perspektive eines auf der Bastei weilenden Betrachters nimmt schließlich auch ein Gedicht des Lyrikers und Übersetzers Camill Hoffmann ein, das zuerst 1918 in der Berliner Wochenschrift *Die Aktion* veröffentlicht wurde und Einsamkeit und Verfallsstimmung der verlassenen Wischehrader Zitadelle ebenso beschwört wie die von der Bastei aus bestehende herrliche Aussicht in das sich gegen Süden weitende Tal der Moldau. Mit diesem schwermütigen, *Fedja Michailowitsch* überschriebenen Text sei von der böhmischen Metropole und ihren literarischen Schauplätzen Abschied genommen.

Ach dieser Morgen, Ende Januar!
Aprilen scherzende Sciroccodüfte
Aufsprengen unter Rippen mir die Grüfte,
Verschüttet und vergessen! Wieder ist, was war!

So leuchtete die Luft, als von Dominicus
In Prag ich, monatlich ein Heft, »Casatis Abenteuer
Am dunklen Kongo« heimtrug, angezehrt vom Feuer
Des Unbekannten und der Ferne Rätselgruß.

Die Wolken flogen, und das Herz entflog!
Die Straßen stürzten eng, erst auf den Schanzen
Schien holder Tag Lichtbahnen aufzupflanzen.
Sie wehten breit zum Strom, der um Ruinen bog.

Raddampfer schaukelten, Rennpferde, lang gestreckt,
Durchschnitten glatt das grüne Tuch der Wiesen.
Zwei Flößerjungen Okarina bliesen,
Ein Taubenschwarm entschwirrte aufgeschreckt.

Fedja Michailowitsch, mein liebster Freund,
Kam mit erhobnen Armen mir entgegen:
»O Glück, so wollen wir uns in die Sonne legen,
Die Welt war nicht erschaffen elend eingezäunt!

Sieh, wie die Wolke silbertrunken fliegt,
Unendlich aufgebaut erblaun die Himmelsräume!
So sei Unendlichkeit das Maß der Träume!
O fühl es, wie sich Erde selig an uns schmiegt!«

Fedja Michailowitsch, entflammter Geist,
Wie sind wir oft mit Wolken, Sternen, Vögeln,
Das Herz entankert, auf! mit Purpursegeln
In fabelferne Länderein gereist!

Geschieht's nicht täglich auf dem Vyšehrad,
Daß dort zwei Menschen brüderlich erbrennen,
Um Freundschaft süß und Freiheit Gott zu nennen?
Zu Füßen Prag, die schmerzenreichste Stadt!

Dominicus: Eine Buch-, Kunst- und Musikalienhandlung dieses Namens existierte bis um die Jahrhundertwende in der Národní třída Nr. 38/37.
das grüne Tuch der Wiesen: die Pferderennbahn in Chuchle.

Camill Hoffmann wurde am 31. Oktober 1878 im böhmischen Kolin (Kolín) als Sohn eines jüdischen Gastwirts geboren und durchlief das Prager »Stephans-Gymnasium« (vgl. S. 280) und die »Deutsche Handelsakademie« (vgl. S. 177). Seit 1902 war er als Feuilleton-Redakteur der in Wien erscheinenden Tageszeitung *Die Zeit* tätig, wo er 1908 Werfels erstes Gedicht druckte. 1912 wechselte er zu den *Dresdner Neuesten Nachrichten* über. Von 1921 bis 1938 war er Kulturattaché der tschechoslowakischen Gesandtschaft in Berlin, anschließend lebte er wieder in Prag. 1942 wurde er nach Theresienstadt deportiert und Ende Oktober 1944 in Auschwitz ermordet.

Nachweise

Johanna Anderka: In St. Jakob zu Prag, in: *Sudetenland* 35, 1993.

Guillaume Apollinaire: Der Passant von Prag [Originaltitel: »Le Passant de Prague«], in: *Alt-Prager Almanach*, hrsg. von Paul Nettl, Prag 1926.

Guillaume Apollinaire: Zone, in: G. A.: Poetische Werke. Œuvres Poétiques, Neuwied und Berlin 1969.

Eduard Bass: Ein Prager Sherlock Holmes [Originaltitel: »Pražský Sherlock Holmes«, Teil der Reihe *Pražské a jiné historie* – »Prager und andere Geschichten«], in: Ein Prager Sherlock Holmes. Tschechische Humoresken, (hrsg. von Ludwig Richter), Berlin 1984.

Manfred Bieler: Der Mädchenkrieg. Roman, Hamburg 1975.

Christoph Braendle: Jede Menge Kafka. Prager Metamorphosen, Wien 1994.

Max Brod: Dampferfahrt (An Flaubert, Education Sentimentale, I. Chap.), in: M. B.: Der Weg des Verliebten. Gedichte, Stuttgart, Leipzig 1907.

Max Brod: Jugend im Nebel, Witten und Berlin 1959.

Max Brod: Prager Tagblatt. Roman einer Redaktion [Erstausgabe 1957 unter dem Titel *Rebellische Herzen*], Frankfurt/M. 1979.

Max Brod: Stefan Rott oder Das Jahr der Entscheidung. Roman, Frankfurt/M. 1973.

Max Brod: Tycho Brahes Weg zu Gott. Ein Roman, Leipzig 1916.

Max Brod: Über Franz Kafka, Frankfurt/M. 1966.

Max Brod: Zwillingspaar von Seelen. Ein skizzierter Roman, in: *Die Gegenwart* 68, 1905.

Paul Claudel: Das Prager Jesuskind [Originaltitel: »L'Enfant-Jésus de Prague«], in: P. C.: Gedichte. Mit einem Nachwort von Hans Urs von Baltasar, Heidelberg, Einsiedeln, Zürich, Köln 1963.

Paul Claudel: Œuvre poétique: Introduction par Stanislas Fumet, Textes établis et annotés par Jacques Petit, Paris 1967.

Svatopluk Čech: Die wahre Reise des Herrn Brouček zum Mond [Originaltitel: *Pravý výlet pana Broučka do měsíce*], in: Tschechische Erzähler des 19. und 20. Jahrhunderts. Auswahl, Übersetzung, Nachwort und Anmerkungen von Peter Sacher, Zürich 1990.

Vladimír Diviš: Apollinaire. Chronik eines Dichterlebens, Prag 1966.

Ota Filip: Café Slavia. Roman, Frankfurt/M. 1985.

Alfred Fuchs: Oltář a rotačka [»Altar und Rotationsmaschine«], Praha 1930.

Rudolf Fuchs: Die Prager Aposteluhr, in: R. F.: Die Prager Aposteluhr. Gedichte, Prosa, Briefe, hrsg. von Ilse Seehase, Halle, Leipzig 1985.

Hermann Grab: Der Stadtpark und andere Erzählungen. Mit einem Nachwort von Peter Staengle, Frankfurt/M. 1985.

Peter Härtling: Eine Frau. Roman. Hubert oder Die Rückkehr nach Casablanca. Roman, Neuwied 1993.

Jaroslav Hašek: Die Abenteuer des braven Soldaten Schweijk [Originaltitel: *Osudy dobrého vojáka Švejka za světové války*], Reinbek bei Hamburg 1962.

Jaroslav Hašek: Der Amtseifer des Mauteinnehmers auf der Prager Brücke, Štépána Brych [Originaltitel: *Úřední horlivost pana Štépána Brycha, výběrčího na Pražském mostě*], in: J. H.: Schule des Humors, Frankfurt/M. 1984.

Camill Hoffmann: Fedja Michailowitsch, in: *Die Aktion* 8, Heft 7/8 (23. II. 1918).

Bohumil Hrabal: Ich habe den englischen König bedient. Roman [Originaltitel: *Obsluhoval jsem anglického krále*]. Aus dem Tschechischen von Karl-Heinz Jähn, Frankfurt/M. 1990.

Franz Kafka: Beschreibung eines Kampfes. Die zwei Fassungen. Parallelausgabe nach den Handschriften. Hrsg. und mit einem Nachwort versehen von Max Brod. Textedition von Ludwig Dietz, Frankfurt/M. 1969.

Franz Kafka: Er, in: F. K.: Beschreibung eines Kampfes. Novellen, Skizzen, Aphorismen aus dem Nachlaß, (hrsg. von Max Brod), Frankfurt/M. 1954.

Franz Kafka: Briefe 1902–1924, (hrsg. von Max Brod), Frankfurt 1958.

Franz Kafka: Briefe an Felice und andere Korrespondenz aus der Verlobungszeit, hrsg. von Erich Heller und Jürgen Born, Frankfurt/M. 1967.

Franz Kafka: Briefe an Milena. Erweiterte und neu geordnete Auflage, hrsg. von Jürgen Born und Michael Müller, Frankfurt/M. 1983.

Franz Kafka: Das Urteil, in: F. K.: Erzählungen, (hrsg. von Max Brod), Frankfurt/M. 1952.

Franz Kafka: Brief an den Vater, in: F. K.: Hochzeitsvorbereitungen auf dem Lande und andere Prosa aus dem Nachlaß, (hrsg. von Max Brod), Frankfurt/M. 1953.

Franz Kafka: Der Prozeß. Roman, (hrsg. von Max Brod), Frankfurt/M. 1950.

Franz Kafka: Tagebücher, hrsg. von Hans-Gerd Koch, Michael Müller und Malcolm Pasley, Frankfurt/M. 1990.

[Dr. med. Keim:] Das Prager Lied, in: Paul Nettl: Prag im Studentenlied, München 1964. (Schriftenreihe der sudetendeutschen Ärzte, Nummer 6)

Egon Erwin Kisch: Geschichten vom Brückenkreuzer, Die Gifthütte; Das Haus *Zu den zwei goldenen Bären;* in: E. E. K.: Aus Prager Gassen und Nächten. Prager Kinder. Die Abenteuer in Prag, Berlin und Weimer 1968.

Egon Erwin Kisch: Den Golem wiederzuerwecken [eine erste Fassung 1925 unter dem Titel »Dem Golem auf der Spur« in der Sammlung *Der rasende Reporter*]; Der Räuberhauptmann Babinsky, in: E. E. K.: Geschichten aus sieben Ghettos. Eintritt verboten. Nachlese, Berlin und Weimar 1973.

Egon Erwin Kisch: Die Geheimnisse des Salons Goldschmied, in: E. E. K.: Hetzjagd durch die Zeit, Berlin 1926.

Egon Erwin Kisch: Der Mädchenhirt. Schreib das auf, Kisch! Komödien, Berlin und Weimer 1976.

Egon Erwin Kisch: Wie der Türke auf der Karlsbrücke um seinen Säbel kam, in: E. E. K.: Prager Pitaval. Späte Reportagen, Berlin und Weimar 1969.

S.[alomon] Kohn: Die Antipoden, in: S. K.: Prager Ghettobilder, Leipzig 1884.

Pavel Kohout: Wo der Hund begraben liegt. Roman [Originaltitel: *Kde je zakopán pes*], München und Hamburg 1987.

Olly Komenda-Soentgerath: Café Slavia, in: *Sudetenland* 35, 1993.

Oskar Kraus: MEYRIAS. Die Meyriade. Humoristisches Epos aus dem Gymnasialleben, Leipzig 1891.

Milan Kundera: Die unerträgliche Leichtigkeit des Seins. Roman [Originaltitel: *Nesnesitelná lehkost bytí*]. Aus dem Tschechischen von Susanna Roth, München, Wien 1984.

Else Lasker-Schüler: Der alte Tempel in Prag, in: E. L.-S.: Sämtliche Gedichte, München 1966.

Paul Leppin: Das Antlitz der Mutter. Mit einer Selbstbiographie des Dichters, Prag 1938.

Paul Leppin: Frühlingslied, in: Max Brod: Der Prager Kreis, Stuttgart, Berlin, Köln, Mainz 1966.

Paul Leppin: Gespenster, in: *Bohemia* 80, Nr. 282 (12. X. 1907).

Detlev von Liliencron: Poggfred, 5. Auflage, hrsg. von Richard Dehmel, Berlin 1915.

Detlev von Liliencron: Poggfred. Kunterbuntes Epos in vierundzwanzig Cantussen. Vierte, veränderte und um die Hälfte vermehrte Auflage, Zweiter Teil: Streifzüge um Poggfred, Berlin und Leipzig 1904.

Antonín Macek: Frühling auf der Insel Kampa [Originaltitel: »Jaro na Kampě«], in: *Prager Presse* 10, Nr. 89 (30. III. 1930), Beilage *Dichtung und Welt* Nr. 13.

Alfred Meißner: Lemberger und Sohn. Eine Prager Judengeschichte, Berlin 1865.

Gustav Meyrink: Der Golem. Mit 25 Illustrationen von Hugo Steiner-Prag, München, Wien 1972.

Gustav Meyrink: Dr. Haselmayers weißer Kakadu, in: G. M.: Das Haus zur letzten Latern. Nachgelassenes und Verstreutes, hrsg. von Eduard Frank, München, Wien 1973.

Gustav Meyrink: Walpurgisnacht. Roman. Mit einem Nachwort von Gerhard Fritsch, München, Wien 1977.

Christian Morgenstern: Palmström bei Gogo, in: Egon Erwin Kisch: Hetzjagd durch die Zeit, Berlin 1926.

Jan Neruda: Eine Woche in einem stillen Haus, in: J. N.: Kleinseitner Geschichten [Originaltitel: *Povídky malostranské*], München 1977.

Jan Neruda: Eine Prager Idylle; Was mir der Mond erzählt, in: J. N.: Bilder aus dem alten Prag [Originaltitel: *Arabesky a jiné povídky*], (ausgewählt und übersetzt von Hans Gaertner), (4. Auflage), Berlin und Weimar 1984.

Vítězslav Nezval: Der Porschitsch [Originaltitel: »Poříč«], in: V. N.: Ausgewählte Gedichte. Übersetzt, herausgegeben und mit einem Nachwort versehen von Johannes Schröpfer, Frankfurt/M. 1967. [Zuerst gedruckt in der Sammlung *Praha s prsty deště*] Praha 1936.

Rudolf Pannwitz: Der Judenfriedhof, in: R. P.: Wasser wird sich ballen. Gesammelte Gedichte, Stuttgart 1963.

Leo Perutz: Nachts unter der steinernen Brücke. Phantastischer Roman, Frankfurt/M. 1978.

Pascal Pia: Guillaume Apollinaire in Selbstzeugnissen und Bilddokumenten, Reinbek bei Hamburg 1961.

Wilhelm Raabe: Holunderblüte, in: W. R.: Werke, Band 4: Erzählungen, hrsg. von Karl Hoppe, München 1973.

Rainer Maria Rilke: Beim Friedland; Frieden; Im Kreuzgang von Loretto; Im Sommer; Im Straßenkapellchen; Mein Geburtshaus; Unser Abendgang, in: R. M. R.: Die Gedichte, Frankurt/M. 1986.

Rainer Maria Rilke: Die Geschwister; König Bohusch, in: R. M. R.: Zwei Prager Geschichten und Ein Prager Künstler, hrsg. von Josef Mühlberger, Frankfurt/M. 1976.

Christian Saalberg: Die alten Nächte IV, in: C. S.: Die alten Nächte. Prager Gedichte, Heroldsberg 1987.

Ferdinand von Saar: Innocens. Kritisch herausgegeben und gedeutet von Jens Stüben, Bonn 1986.

Josef V. Scheybal: Senzace pěti století v kramářské písni, Hradec Králové 1991.

Jaroslav Seifert: Am Fenster des Kaffeehauses Slavie; Eine vertrauliche Mitteilung; Ein Strauß künstlicher Veilchen; Fräulein Toyen; Russische Bliny, in: J. S.: Alle Schönheiten der Welt. Geschichten und Erinnerungen [Originaltitel: *Všecky krásy světa. Příběhy a vzpomínky*]. Deutsch von Eckhard Thiele, Berlin und Weimar 1987.

Jaroslav Seifert: Das Café *Slavia* [Originaltitel: »Kavárna Slávie«, Teil der Sammlung *Halleyova kometa*], in: Das Prager Kaffeehaus. Literarische Tischgesellschaften, hrsg. von Karl-Heinz Jähn, Berlin 1988.

Jaroslav Seifert: Fingerabdrücke; (Während eines seiner frühen Vorträge …) [Originaltitel: Na jedné ze svých dávných přednášek …], in: J. S.: Der

Regenschirm vom Piccadilly. Die Pestsäule [Originaltitel: *Deštník z Piccadilly. Morový sloup*]. Gedichte in der Übertragung aus dem Tschechischen von Franz Peter Künzel, München 1985.

Jaroslav Seifert: Allegro con spirito; Am Novotny-Steg; Tempo di Minuetto; Der Veilchenregen, in: J. S.: Gewitter der Welt. Vom süßen Unglück, ein Dichter zu sein [Originaltitel: Býti básníkem – »Ein Dichter sein«]. Übertragen von Hermann Buchner. Illustrationen von Irena Rácek, Karlsruhe 1984.

Josef Škvorecký: Als Zuschauer in der Februarnacht [Originaltitel: »Čtení na léto«], in: Die Prager Moderne. Erzählungen, Gedichte, Manifeste. Mit einer Einleitung von Milan Kundera und mit einem Nachwort versehen von Květoslav Chvatík, Frankfurt/M. 1991.

Adalbert Stifter: Witiko, München 1967.

Karl Hans Strobl: Die Flamänder von Prag [vom Verfasser revidierte Neuausgabe des *Schipkapasses*], Karlsbad-Drahowitz und Leipzig 1932.

Karl Hans Strobl: Die Vaclavbude. Eine Prager Studentengeschichte [revidierte Ausgabe], Leipzig 1919.

Karl Hans Strobl: Heimat im frühen Licht. Jugenderinnerungen aus deutschem Ostland [Neufassung des 1920 erschienenen Bandes *Verlorene Heimat*], Budweis, Leipzig 1942.

Inge Thiele: Das Kloster unter dem Hradschin, in: Das hunderttürmige Prag im Spiegel der deutschen Dichtung und Urkunden, hrsg. von Josef Mühlberger, München 1969.

Friedrich Torberg: Die Tante Jolesch oder Der Untergang des Abendlandes in Anekdoten, München 1977.

Friedrich Torberg: Golems Wiederkehr, in: F. T.: Golems Wiederkehr und andere Erzählungen, Frankfurt/M. 1968.

Johannes Urzidil: Relief der Stadt; Vermächtnis eines Jünglings, in: J. U.: Prager Triptychon. Erzählungen, München 1960.

F.[ranz] C.[arl] Weiskopf: Das Slawenlied. Roman aus den letzten Tagen Österreichs und den ersten Jahren der Tschechoslowakei, Berlin 1931.

Franz Werfel: Der Abituriententag. Die Geschichte einer Jugendschuld, (hrsg. von Knut Beck), Frankfurt/M. 1990.

Aussprache tschechischer Laute

á:	langes a wie in Tat
é:	langes ä wie in Bär
ě:	jä wie in jäh
í, ý:	langes i wie in Liebe
o, ó:	kurzes und langes, stets offenes o
ů:	langes u wie in gut
c:	immer wie ts (auch am Wortende und vor k)
č:	wie tsch in deutsch
ch:	wie in Bach
d’, t’:	Verschmelzung von d bzw. t und j zu einem Laut
h:	stark behaucht, in allen Stellungen zu hören
ň:	Verschmelzung von n und j zu einem Laut wie in Kognak
ř:	1. Im Auslaut und neben stimmlosen Konsonanten Verschmelzung von r und s zu einem Laut 2. In allen anderen Positionen Verschmelzung von r und z zu einem Laut
s:	immer stimmlos wie in Haus
š:	wie sch in schön
v:	wie w, am Wortende wie f
z:	wie s (stimmhaft) in Rose
ž:	wie g in Genie

Franz Werfel: Barbara oder Die Frömmigkeit, Berlin, Wien, Leipzig 1929.
Franz Werfel: Das Trauerhaus, in: F. W.: Die Entfremdung. Erzählungen, hrsg. von Knut Beck, Frankfurt/M. 1990.
Franz Werfel: Kleine Verhältnisse, in: F. W.: Erzählungen aus zwei Welten, hrsg. von Adolf D. Klarmann, Band II, Frankfurt/M. 1952.
Franz Werfel: Erster Frühling; Kindersonntagsausflug, Sechs Setterime zu Ehren des Frühlings von Neunzehnhundertfünf, in: F. W.: Das lyrische Werk, hrsg. von Adolf D. Klarmann, Frankfurt/M. 1967.
Franz Werfel: Erinnerung an Karl Brand, in: F. W.: Zwischen Oben und Unten. Prosa. Tagebücher. Aphorismen. Literarische Nachträge, (hrsg. von Adolf D. Klarmann), Frankfurt/M. 1975.
Paul Wiegler: Das Haus an der Moldau. Roman, Berlin 1934 [recte 1933].
Oskar Wiener: Mit Detlev von Liliencron durch Prag, in: O. W.: Alt-Prager Guckkasten. Wanderungen durch das romantische Prag, Prag, Wien, Leipzig 1922.
Zikmund Winter: Dies irae [Originaltitel des Romans: *Mistr Kampanus*], in: Tschechische Erzähler des 19. und 20. Jahrhunderts. Auswahl, Übersetzung aus dem Tschechischen, Nachwort und Anmerkungen von Peter Sacher, Zürich 1990.

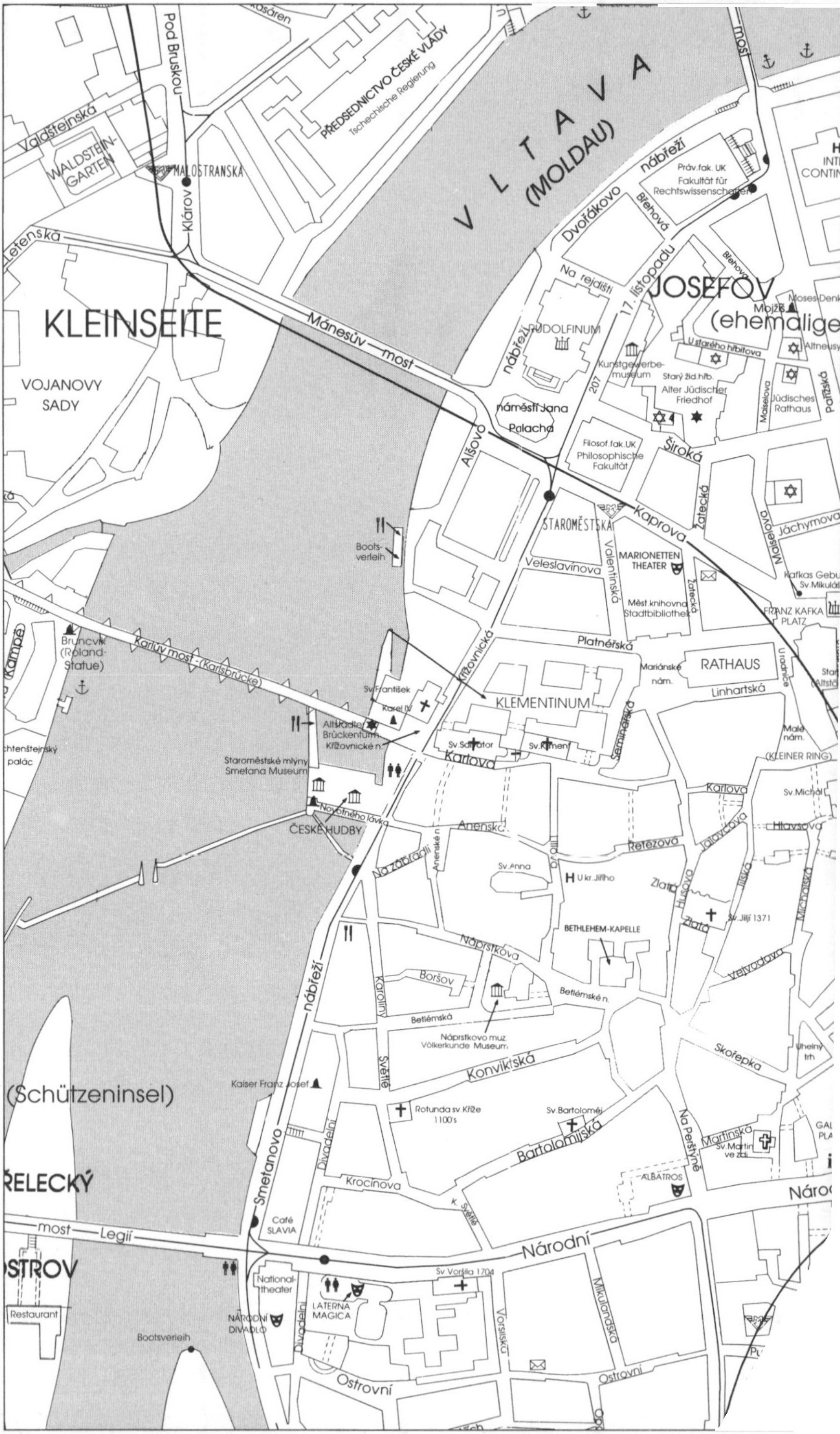

Pod Bruskou
PŘEDSEDNICTVO ČESKÉ VLÁDY
Tschechische Regierung
Valdštejnská
WALDSTEIN-GARTEN
MALOSTRANSKÁ
Klárov
V L T A V A
(MOLDAU)
Letenská
Dvořákovo nábřeží
Práv.fak. UK
Fakultät für Rechtswissenschaften
Břehová
INTER CONTIN
Na rejdišti
17. listopadu
JOSEFOV
(ehemalige
Mojžíš
Moses Denkm
KLEINSEITE
Mánesův most
RUDOLFINUM
nábřeží
U starého hřbitova
Altneusyn
Kunstgewerbe-museum
Starý žid.hřb.
Alter Jüdischer Friedhof
Maiselova
Jüdisches Rathaus
Pařížská
207
VOJANOVY SADY
náměstí Jana Palacha
Alšovo
Filosof.fak.UK
Philosophische Fakultät
Široká
STAROMĚSTSKÁ
Kaprova
Žatecká
Jáchymova
Bootsverleih
Veleslavínova
MARIONETTEN THEATER
Valentinská
Kafkas Geburt
Sv.Mikuláš
Měst.knihovna
Stadtbibliothek
FRANZ KAFKA PLATZ
Kampa
Bruncvík (Roland-Statue)
Karlův most - (Karlsbrücke)
Platnéřská
Křižovnická
Mariánské nám.
RATHAUS
U radnice
Sv.František
Karel IV
KLEMENTINUM
Linhartská
Altstädter Brückenturm
Křižovnické n.
Sv.Salvator
Sv.Kliment
Seminářská
Malé nám.
(KLEINER RING)
chtenštejnský palác
Staroměstské mlýny
Smetana Museum
Karlova
Sv.Michal
Novotného lávka
ČESKÉ HUDBY
Anenská
Řetězová
Jalovcova
Hlavsova
Anenské n.
Na zábradlí
Sv.Anna
Liliová
U kr.Jiřího
Zlatá
Husova
Michalská
Sv.Jiljí 1371
Jilská
BETHLEHEM-KAPELLE
Náprstkova
Vejvodova
Boršov
Karoliny
Betlémské n.
nábřeží
Betlémská
Náprstkovo muz.
Völkerkunde Museum
Uhelný trh
Skořepka
Konviktská
Světlé
Kaiser Franz Josef
(Schützeninsel)
Rotunda sv.Kříže 1100's
Sv.Bartoloměj
Bartolomějská
Na Perštýně
Martinská
Sv.Martin ve zdi
Smetanovo
Divadelní
STŘELECKÝ
Krocínova
ALBATROS
K. Světlé
Národní
Café SLAVIA
most Legií
Národní
OSTROV
Sv.Voršila 1704
National-theater
LATERNA MAGICA
NÁRODNÍ DIVADLO
Mikulandská
Restaurant
Bootsverleih
Divadelní
Voršilská
Ostrovní
Ostrovní

Quellennachweis

Die in diesem Band reproduzierten Photos entstammen dem Archiv des Verfassers.
Autor und Verlag haben sich bemüht, die zuständigen Lizenzgeber ausfindig zu machen. Sofern noch nicht abgegoltene Ansprüche bestehen, werden die entsprechenden Lizenzgeber gebeten, sich mit dem Verlag in Verbindung zu setzen.

Johanna Anderka, »In St. Jakob zu Prag«, aus: Europäische Kulturzeitschrift Sudetenland, 1993. Mit freundlicher Genehmigung der Autorin; Eduard Bass, »Ein Prager Sherlock Holmes«, aus: Ludwig Richter (Hg.): *Ein Prager Sherlock Holmes.* © 1984 Verlag der Nation, Bayreuth; Manfred Bieler, *Der Mädchenkrieg.* © 1975 Hoffmann und Campe Verlag, Hamburg; Christoph Braendle, *Jede Menge Kafka.* © 1994 Verlag Christian Brandstätter, Wien; Max Brod, *Stefan Rott oder Das Jahr der Entscheidung; Jugend im Nebel; Prager Tagblatt; Tycho Brahes Weg zu Gott.* Alle Texte mit freundlicher Genehmigung von Ilse Ester Hoffe; Ota Filip, *Café Slavia.* © S. Fischer Verlag GmbH, Frankfurt am Main 1985; Rudolf Fuchs, *Die Prager Aposteluhr.* © Mitteldeutscher Verlag, Halle 1985; Peter Härtling, *Hubert oder die Rückkehr nach Casablanca.* © 1995 Verlag Kiepenheuer & Witsch Köln; Camill Hoffmann, »Fedja Michailowitsch«, in: Die Aktion 8, 1918. Mit freundlicher Genehmigung von Dr. Edith Yapou; Bohumil Hrabal, *Ich habe den englischen König bedient.* © Suhrkamp Verlag Frankfurt am Main 1988; Egon Erwin Kisch, »Wie der Türke auf der Karlsbrücke um seinen Säbel kam«, aus: Egon Erwin Kisch, *Prager Pitaval/Späte Reportagen.* Ges. Werke in Einzelausgaben, Bd. 3; *Der Mädchenhirt/Schreib das auf, Kisch!;* »Der Räuberhauptmann Babinsky«, aus: Egon Erwin Kisch, *Prager Gassen und Nächte/Prager Kinder/Die Abenteuer in Prag.* Ges. Werke in Einzelausgaben, Bd. 2. © Aufbau-Verlag Berlin und Weimar 1992; Pavel Kohout, *Wo der Hund begraben liegt.* Mit freundlicher Genehmigung der Albrecht Knaus Verlags GmbH, München; Olly Komenda-Soentgerath, »Café Slavia«, in: *Unerreichbar nahe.*

Klett-Cotta

Printed in Germany
Umschlag: Finken & Bumiller, Stuttgart
Foto oben: Zefa / Icdag
Foto unten: Stephen Simpson / getty images
Gesetzt aus der Janson Text von Steffen Hahn, Kornwestheim
Auf säure- und holzfreiem Werkdruckpapier gedruckt und gebunden
von Gutmann, Talheim
ISBN 3-608-93361-1

Dritte, durchgesehene Auflage, 2002

Richard Miklin:
Wien
Literarische Spaziergänge durch Vergangenheit und Gegenwart
224 Seiten, zahlreiche Illustrationen, eine Karte, Lesebändchen, gebunden
ISBN 3-608-91992-9

In acht Spaziergängen erschließt sich die offene und manchmal versteckte Schönheit der einstigen »Reichshaupt- und Residenzstadt«, öffnen sich aber auch Einblicke in Abgründe und Schattenseiten der Stadt.

Bernhard Setzwein:
München
Spaziergänge durch die Geschichte einer Stadt
208 Seiten, gebunden, zahlreiche Abbildungen, 2 Karten, Lesebändchen,
ISBN 3-608-94190-8

Bei seinen elf Spaziergängen durch München zitiert Bernhard Setzwein Autoren wie Oskar Maria Graf, Lion Feuchtwanger, Herbert Rosendorfer oder Carl Amery herbei, um das Bild der ›heimlichen Hauptstadt‹ lebendig werden zu lassen. Nicht zu kurz kommt der typisch münchnerische Charakter, etwa bei Karl Valentin oder Gerhard Polt. Und daß die Olympiastadt von 1972 immer noch quicklebendig ist, beweist die jüngere Autorengeneration mit Helmut Krausser und Andreas Neumeister.

Michael Bienert:
Berlin
Wege durch den Text der Stadt
227Seiten, gebunden, zahlreiche Illustrationen, eine Karte, Lesebändchen
ISBN 3-608-91967-8

Mit dem Buch in der Hand läßt sich die Literaturmetropole Berlin auf 10 mühelos nachzuvollziehenden Spaziergängen erwandern. Dabei kommen neben klassischen Autoren auch Schriftsteller der Gegenwart wie Christa Wolf, Oskar Pastior und Uwe Kolbe zu Wort.

Klett-Cotta